The Legal Regulation on the
Misconducts of the Securities Fund Managers

厦门大学国际经济法文库

证券投资基金管理人不当行为的法律规则

陈斌彬 著

厦门大学出版社
XIAMEN UNIVERSITY PRESS

内容提要

本书综合运用法学、经济学理论，采用比较分析、历史分析、案例分析、规则分析以及经济分析等方法，以美国共同基金为基点，由内而外将美国规制基金管理人不当行为的法律机制分解为信赖义务规范、独立董事规范、信息披露规范和法律责任规范四个核心环节，以展开系统深入的研究。同时，本书在总结美国上述规制经验的基础上也力图结合我国的实际为如何更好完善我国基金管理人不当行为的治理献言献策，以期在我国建立起一个投资基金能得以持续、健康、快速发展的法律保障机制。本书语言风格简练，逻辑清楚，适合证券、基金公司等金融机构从业人员，公安、检察、法院等司法机关工作人员，法律类、财经类等高等院校师生以及其他对证券、基金业监管感兴趣的人员阅读和参考。

序　言

国际经济法是发展中的边缘性法学学科。在世界范围，国际经济法作为独立的法学学科，已有近60年的发展史。在中国，经过20多年的发展，国际经济法已成为法学各学科中理论研究最活跃、实践性最强的学科之一。当前，在经济全球化和中国加入世界贸易组织的新形势下，国际经济法更呈现其鲜明的时代性和蓬勃的生命力。

得改革开放风气之先，厦门大学在我国较早开展国际经济法的教学和研究。经原国家教委批准，厦门大学于1981年和1985年在全国率先招收国际经济法专业硕士生和本科生，1986年开始招收国际经济法专业(1997年后调整扩大为国际法专业)博士生。1987年成立厦门大学国际经济法研究所。1995年，厦门大学“国际经济法及台港澳法研究”学科点被列为全国高校“211”工程重点建设项目。2002年，厦门大学国际法专业由教育部批准为国家重点学科。长期以来，厦门大学国际法专业学术群体秉承“自强不息，止于至善”的校训，囊萤映雪，开展了一系列国家急需的国际经济法理论和实务研究工作，为我国的法治建设和学科发展作出了应有的贡献。同时，经过不断探索，本专业逐渐形成“出人才”和“创成果”相互促进、相辅相成的研究生培养模式，培养了大批“懂法律、懂经济、懂外语”的国际经济法专门人才。

把本专业建成我国国际法领域的重要研究基地和人才培养基地是我们的奋斗目标。“厦门大学国际经济法文库”的编辑出版，是本专业学科建设和发展的长期性工作。“文库”的宗旨是以系列学术专著的形式，集中展现国际经济法领域的专题研究成果，促进学术和社会发展。“文库”立足出版厦门大学学者、校友在国际经济法领域的研究成果，更欢迎海内外国际经济法学者惠赐佳作。“文库”坚持作品的原创性标准，崇尚严谨治学，鼓励学术创新和争鸣。在出版国际经济法专家学者力作的同时，尤其关注国际经济法学界的新人新作，包括在优秀博士学位论文基础上发展的学术专著。我们期望“文库”成为国际经济法专家学者辛勤耕耘的园地，源源不断地产出智慧之果，启迪思想，弘扬学术。同时，更希望“文库”发挥国际经济法“智库”的功能，为我国的国际经济条约实践、涉外经贸立法以及涉外经贸实务提供有益的理论指导或参考。

“厦门大学国际经济法文库”编辑委员会

2003年6月2日

目　录

绪　论

一、研究的背景和目的

1868年成立于英国的“海外及殖民地政府信托”(Foreign and Colonial Government Trust)被公认为世界上证券投资基金业诞生的标志,美国的证券投资基金则肇端于1924年的“马萨诸塞投资信托基金”(Massachusetts Investors Trust)。如今,投资基金在美、英等发达资本主义国家的地位和作用已经超过商业银行而成为引领资本市场的“领头羊”。[①] 与英美等国不同,我国的投资基金起步较晚。在20世纪的90年代初,亦即1991年10月,首只投资基金——武汉证券投资基金才经中国人民银行武汉分行批准成立。此后到1997年《证券投资基金管理暂行办法》(以下简称《暂行办法》)出台之前,全国共有投资基金75只,基金类证券(受益券、组合凭证等)47只。其中有51只投资基金、11只基金类证券在国内证券交易所、交易中心挂牌上市。[②] 1998年3月,在《暂行办法》实施后不到一年的时间内,首批两个新基金即“基金开元”和“基金金泰”募集成功并分别率先在深圳证券交易所和上海证券交易所上市。[③] 截至2007年底,我国共有58家基金管理公司,发行投资基金363只,总份额超过

---

① 如没特别说明,本书的“投资基金”指的就是“证券投资基金”。

② 欧阳卫民主编:《中外基金市场与管理法规》,法律出版社1998版,第1页。

③ 新基金是基金业内人士对《暂行办法》出台后组建的基金的称呼,以区别于《暂行办法》出台之前成立的老基金。

223 23亿份，资产净值高达 32 754 亿元。[①] 可见，证券投资基金对我国证券市场的影响日益增长。

然而，与英、美等发达的资本主义国家相比，我国现有的基金法制很不完善，这突出地表现在基金管理人不当行为的规制欠缺方面。因而实践中，我国基金管理人侵害基金持有人权益的各种不当行为屡禁不绝，基金市场的运行秩序和基金持有人的投资信心曾一度受到极大的干扰。2000 年末发生在我国证券市场的“基金黑幕”就是典型的明证。该“黑幕”揭示我国很多基金管理人在管理基金资产过程中并非从基金或基金持有人利益最大化出发，相反地，是以自己或其控股股东的利益为重。比如，为赚取高额的管理费，很多基金管理人经常暗中玩弄基金“净值游戏”，不当提高基金资产组合的投资风险；或者运用基金资产从事“对倒”、“倒仓”或“拉托”等操纵市场行为，或者为控股股东高位接盘，转移基金利益；或者在基金信息披露中进行虚假陈述以误导和欺骗基金持有人。[②] 如今，虽然旧的“基金黑幕”已过去多年，但蛰伏在我国基金业中的不当行为依旧没有远去，而且手段更诡秘，形式更多样——很多基金管理人要么与券商结盟，进行“互惠交易”，合谋赚取高额佣金；要么利用所管理的同一基金集团下的各基金联手“抬轿子”，进行“割麦苗”式的分红；要么私下与上市公司和庄家勾结，帮助他们锁仓、进行内幕交易；要么干脆自

---

① 确切数据是：基金份额数为 2 232 319 992 358.56 份，资产净值为3 275 402 810 275.48元。相关数据可参阅，《2007 年 12 月 31 日中国基金管理公司管理基金汇总表》，At http://www.chinafund.cn/Datacenter/200814/200814_62560.html 2006－1－5.

② 有关我国基金管理人在“基金黑幕”中不当行为的详情，可参见平湖、李箐：《基金黑幕——关于基金行为的研究报告解析》，《财经》2000 年第 10 期。

己构建“老鼠仓”，偷食基金盈利，等等。[①] 而且，面对基金管理人的这些不当行为，我国基金持有人又很难根据现有的法律法规寻求相应的救济，结果使得目前我国整个基金管理行业道德水准低下，基金运行效率不高，且出现大面积的亏损。根据我国历年基金年报统计显示，2004 年，我国 153 只投资基金业绩总共亏损金额高达 67 亿元，2005 年资金亏损额至少也有 8.6 亿元之多。[②] 而 2006 年的证券牛市虽使基金业绩呈现出前所未有的好转，但好景不长，随着大盘在 2007 年 10 月的逆转，基金管理人繁荣时期被暂时掩盖的不当行为问题浮出水面。[③] 据保守统计，从 2007 年下半年到 2008 年第一季度，我国 342 只基金总共亏损高达 7 194.99 亿元。[④]

“水能载舟，亦能覆舟”，虽然自然因素影响的存在使我们很难将基金业绩的亏损全部归咎于基金管理人的不当行为。[⑤] 但基金管理人愈演愈烈的不当行为无疑会大大减损基金的收益，累及基金业绩的提高。很难想象，一个连基金持有人权益都无法得到充分保证的

① 所谓“抬轿子”是指基金集团的管理人为维持其旗下某个基金净值处于高位状态，不惜通过牺牲其他基金的投资利益，基金管理人厚此薄彼的做法的目的是为了树立自己旗下某个基金业绩的品牌。而“割麦苗”式的分红是指基金管理人为吸引投资者的目光，频繁地进行基金收益的分红，故意误导投资者以分红次数多少来衡量基金好坏。其实，频繁分红的结果不仅使得基金持有人不能获取更长时间复利收益，而且为了分红，基金还必须经常保持较高的流动性而牺牲长期的收益。构建“老鼠仓”是指基金管理人在运用基金资金大量买入某种证券之前，先用自己或其关系户（或者关系户的关系户）的资金在低位建仓，待基金资金将该证券拉升到高位后，又让自己或其关系户的证券率先卖出获利。

② 王波、周宏：《153 只基金去年业绩亏损 67 亿元》，《上海证券报》，2005 年 3 月 31 日第 4 版；刘瑛：《基金亏损 8 亿，管理人报酬 40 亿，托管人收入 8 亿》，http://news.hexun.com/2643_1587771.shtml，2006－3－31。

③ 从 2007 年下半年，我国证券市场就频繁爆出包括南方宝元债券和南方成份精选原基金经理王黎敏和上投摩根成长先锋原基金经理唐建等在内的基金管理人构建“老鼠仓”被查处的事件。证监会副主席范福春在 2008 年 3 月 6 日曾对外公开表示，证监会将严查“老鼠仓”事件，发现一起，查处一起，处置一起，决不手软。

④ 其中，2007 年第四季度亏损额为 720 亿元，2008 年第一季度为 6 474.99 亿元。详情参见郑焰、周宏：《基金一季度亏损 6 474.99 亿元》，《上海证券报》，2008 年 4 月 22 日第 4 版。

⑤ 有关“自然因素”的含义，本书在第二章第二节有详细的解释。

基金市场会获得人们的进一步青睐和积极的参与,更遑论今后能得以持续、健康、快速的发展。因此,随着投资基金在我国国民经济和证券市场中地位和作用的日益增强,如何在法律上构建一套严密有效的基金管理人不当行为规制机制并从根本上扭转我国基金持有人权益频受侵害的局面已成为当前构建证券市场法制秩序的重要课题之一。诚如有学者所言:"共同基金的国际实践主要是美国的实践,共同基金相关法律的国际坐标也主要是美国的法律。"[①]为此,笔者遵循探索舶来品的一般进路,习惯性地将研究的目光投向海外,特别是集中在当今被公认为基金法律监管制度最为完善的美国去努力探索能为我所用的经验。笔者不敢说美国的各种做法都能放之四海而皆准,但作为当今世界上基金业最发达的国家,美国治理基金管理人不当行为的成功经验肯定有很多值得我国师法和借鉴之处。基于此,本书以基金管理人不当行为的法律规制方法作为研究对象,拟通过全面系统地介绍和评析当前美国所实施的规制基金管理人不当行为的各种法律安排,并试图从中挖掘出能为我所用的规制环节与成功经验,以期能更好地增进我国基金持有人的利益维护,恢复基金持有人的信心,最大限度地缓和我国基金管理人不当行为频仍的局面,进而达到助益于我国资本市场的有序运作和社会经济的健康发展的作用。

二、研究的思路和结构

除了前言和结语之外,本书的正文部分共分五章。

研究证券投资基金管理人不当行为的法律规制,必须首先搞清"证券投资基金"、"基金管理人"以及"不当行为"等词的真正含义和基金管理人不当行为的产生原因。因此,本书第一章作为全文"发现问题"和"分析问题"的部分,旨在为整体研究设定基本语境和必要的

---

① 朱伟一:《共同基金是条美女蛇》,《投资与证券》(人大复印资料),2003 年第 1 期,第 13 页。

理论铺垫，除了重点介绍投资基金在各国基金法制上的称谓和定义、投资基金的分类、制度特征、运行机理和委托代理关系的性质之外，笔者还借助制度经济学上的委托代理理论和公司治理理论详细阐释了基金管理人不当行为的产生机理和相应的三种治理方略，并结合美国的成功经验就我国基金业的发展现状，提出法律规制机制应成为我国当前规制基金管理人不当行为的核心手段。

本书的第二章、第三章、第四章与第五章以美国公司型基金（共同基金）的组织结构为基点，由内至外分别剖析了美国基金法上针对基金管理人不当行为的四种核心机制，即信赖义务机制、独立董事机制、信息披露机制和法律责任机制。其中，信赖义务是法律根据基金运行的信托法理对基金管理人课以的要求其在管理基金资产时必须将个人利益置于基金利益之下的一种义务。这种法律义务将基金管理人的职业道德上升为法律规范，使得基金管理人以基金利益的唯一性和优先性管理基金资产不再是出自于道义所驱，而是守法的应有之义。本书第二章正是围绕基金管理人的信赖义务，从忠实义务和注意义务两个方面详细探究了信赖义务对基金管理人的关联交易、管理费收入、投资行为和行使基金股票表决权的具体规制内容。在研究中，笔者以美国法为中心，有选择地联系和对比其他几个国家或地区的相关规定，力求凸现出美国法的合理性与科学性，展现出其对投资基金业规范与发展的良好互动关系。

应该说，信赖义务对基金管理人不当行为的威慑作用不容置疑，很多基金管理人由于惧怕承担违反信赖义务的法律责任，肯定会事先自动减少或收敛那些明显违法的不当行为。但是，在信赖义务规范没有规定或规定不明的情形下，或者在基金管理人对不当行为预期收益高于成本的情形下，信赖义务也会出现“震慑失败”（deterrent failure）的现象。即基金管理人虽然明知自身违背了信赖义务，但为图私利，仍会冒“信赖义务之不韪”而冒险从事一些“高回报”的不当行为。因此，单纯在基金法上确立基金管理人的信赖义务并不足以在事前消弭或减少基金管理人的不当行为。为弥补信赖义务规范之不足，美国法又设置了防范基金管理人不当行为的第二环——基金独立董事机制，授权基金独立董事作为中小基金持有人利益的代表可以对基金管理人的许多重大的资产管理行为加以审批和监督。显见，独立董事在一定程度上克服了信赖义务受制于基金管理人主观意识的不足，从而加大了基金管理人实施不当行为的违法成本。本书第三章对美国法上的基金独立董事制度给予了一个较为全面的剖析：包括基金独立董事的概念、功能，基金独立董事所取得的成就与不足及美国为改革与完善基金独立董事制度所作的一系列努力。在研究中，笔者认为美国基金独立董事制度虽还存在着种种的缺陷，无法做到尽善尽美，但迄今为止却是基金组织内部代表基金利益监督和遏制基金管理人不当行为的最佳安排。

不过，信赖义务和独立董事毕竟属于基金组织内部的规制机制，如果没有第三方力量加入不当行为的治理，则恐怕很难保证基金独立董事不被基金管理人所利用或与基金管理人合谋勾结从事不当行为。为此美国法又设置了防范基金管理人不当行为的第三环——信息披露机制。所谓“暴露于大庭广众者，谅必注意其体形”，信息披露使得基金运作的基本信息、包括基金管理人和基金独立董事的工作情况都必须在法定的时间内公之于众，使基金管理人和独立董事置于基金监管当局和社会公众力量的双重监督之下，从而大大提高基金管理人从事不当行为的违法成本。因此，本书第四章专门介绍有关基金管理人不当行为的信息披露规制机制，具体包括基金信息披露的概念、种类和基本原则，美国基金信息披露制度的内容体系及美国为完善基金信息披露制度所作的努力。在研究中，笔者认为信息披露制度是唯一将基金监管当局和社会公众力量引入基金治理的法律安排，更是减少基金管理人与基金持有人之间信息不对称的最佳通道之一，对遏制和减少基金管理人不当行为的发生极为重要。

诚然，“任何法律都不能没有牙齿，制度只有以责任为后盾，才具有法律上之力”。[①] 无论是信赖义务机制、独立董事机制，还是信息披露机制，如果缺乏相应的法律责任机制作保障，则其对不当行为的威慑作用就无从谈起。因此，美国法非常重视有关基金管理人不当行为的法律责任机制的构建。本书第五章就是专门介绍有关基金管理人不当行为的法律责任机制：包括基金管理人不当行为的行政责任机制、民事责任机制和刑事责任机制，并重点剖析实务中较为多见的行政责任机制和民事责任机制。

最后，必须强调的是，由于本书研究的出发点和最终落脚点都在于更好地认识和解决我国基金管理人不当行为的法律规制问题，且笔者在学习研究过程中始终牢记著名的社会学家费孝通先生所言，“改革开放，不能只学外国的表面文章，而是要拿那些在现代化过程中形成的先进的文明成果为我所用”。[②] 有鉴于此，在以上各章的末节以及各节的最后部分，笔者也分别对我国现有基金法制中有关基金管理人不当行为的法律规制存在的缺陷作相应的评述，并在检讨以往我国基金法规范基金管理人不当行为得失的基础上结合美国现有的成功经验，提出契合我国国情和基金业发展实际的一系列完善设想和改进意见。

三、研究的方法

从研究方法上，本书主要采用比较分析、历史分析、案例分析和经济分析四种研究方法。

首先，本书既以美国法为中心来研究如何更好地认识和解决我国基金管理人不当行为的法律规制欠缺问题，因而比较分析的方法自然始终贯穿本书的全过程。这其中，既有美国基金法制在不同时期的不同规定之间的比较，也有美国与其他国家或地区的基金法制之间的比较，更有中美双方法律规定内容之比较。通过比较，笔者意

---

① 杨志华：《证券法律制度研究》，中国政法大学出版社 1995 版，第 250 页。

② 费孝通：《“三级两跳”中的文化思考》，《读书》2001 年第 4 期，第 8 页。

在深入理解各国证券投资基金监管制度的差异，减少今后引进借鉴美国投资基金法规和理论时的盲目性。

其次，正如历史分析的方法已经成为研究社会科学的通用方法那样，本书也不例外。而且从法学理论上而言，美国基金法之所以能形成今天如此完善严密的不当行为法律治理机制，那是历史的积累与沉淀。如果离开了对美国基金法长达六十余年制度嬗变的纵深审视以及若干关键修正案的细致观察，恐怕很难完整地把握美国法律规则的现状。因此，以历史的、发展的视角来探讨美国基金管理人不当行为规制机制所引发的法律问题不仅有助于增进对它的整体理解与认识，而且有助于更好地洞察和把握美国现今法律规则的合理性与科学性。这对我国目前已存的基金监管立法也有着不可忽视的借鉴意义。

再次，案例分析也是本书的一大特色。众所周知，作为典型的英美法系国家，判例法在美国法律规则形成过程中的作用不可低估，尤其是在美国成文法没有规定或规定不够明确时，法院所作的判例意见就显得特别重要。因此，笔者在分析美国对基金管理人不当行为的四种法律规制环节时，都精心挑选了许多富有代表性的典型案例来加以阐释。通过案例分析，以加深对美国法相关规定适用情况的理解和把握，从而对当前美国法的相关规定不仅能“知其然”，还能“知其所以然”。

最后，经济分析方法在本书也随处可见。效益不仅是经济学家关注的目标，也是法学家，特别是金融法学家关注的重点。因为在市场经济迅猛发展的今天，效益早已成为法律价值中不可缺少的组成部分。就投资基金业而言，其本身就是市场经济发展到一定阶段的产物，根本目的就在于通过基金管理人这种专家理财的方式来为投资者谋求更大的经济收益、节减投资成本。因此，在探讨基金管理人不当行为的法律规制时，就非常有必要引入经济分析的方法，以在效益与公平、规范与发展之间寻求最佳的平衡点。本书在分析基金管理费忠实义务规制、投资行为的注意义务规制和基金信息披露法律价值时也都着重借用了经济分析方法。

第一章

导论:理论基础与制度特征

证券投资基金是一种特殊的委托代理关系。在这种关系中,由于基金委托人(基金持有人)和基金代理人(基金管理人)两者之间存在基金信息不对称(asymmetric information)、自然因素的不确定性、基金契约的不完备性和潜在的利益冲突性,导致基金管理人的各种不当行为,如净值操纵、操纵市场、内幕交易或不当的关联交易等频频发生。在分析基金管理人不当行为的三种规制机制后,本书就我国现阶段基金业起步发展的现状,提出要有效地规制我国基金管理人的不当行为,就应该在基金治理活动中引入法律规制机制,充分发挥法律固有的强制和引导作用。本章在分析基金管理人不当行为法律规制的必要性之前,第一节先对投资基金的基础知识做一梳理,重点介绍了投资基金的概念、分类和特征。第二节转入主题,借助制度经济学的委托代理理论分析了基金管理人不当行为的产生机理,并提纲挈领地归纳了基金管理人不当行为的主要表现形式和危害。第三节,从公司治理的角度分析了基金管理人不当行为的三种规制方式,并以美国为例证提出在一国基金业发展的初期,相对于道德、经济层面的规制,法律机制应该成为我国规制基金管理人不当行为的基础,从而为下面各章节的进一步分析奠定逻辑起点。

第一节　证券投资基金概述

一、投资基金的定义

"基金"一词来源于英文的"fund"和"foundation",其含义相当广泛。《辞海》的定义是“国民经济中有特定用途的物资或资金。在社会主义制度下,它是指按国家、企业和居民的特定需要有计划地建立起来的”。《汉语大词典》则定义为“为兴办、维持或发展某种事业而储备的资金或专门拨款,且必须用于特定的用途和单独进行核算”。可见,基金有两层内涵:一是基金表现为资金或其他特定的物资;二是基金具有特定的用途。一般而言,基金有两类:一是国家或社会基金,亦即由政府拨款或民间自发集资的方式形成的非赢利性基金会,比如中国青少年希望工程基金、中国人口福利基金、国家基本建设基金、国家社科基金、国家社会保障基金等。这些基金成立和运作的主要目的在于实现某种特定的公益目的和社会福祉,即解决诸如贫困青少年求学、社会人口福利、国家基础设施建设、科研经费和离退休人员工资发放等特定的问题。它们并不追求资本增值或资本收益,因而不能随意用作市场投资或改为他用。可以说,这类基金是一种财务管理方法,是会计上的一种静态科目。另一类基金就是投资基金。与前一类基金不同,投资基金旨在通过投资来赚取利润,实现资本增值。比如,产业投资基金(创业投资基金)专门为一些高科技型的创造企业注入股权资本以直接参与该企业创业历程,并在被投资企业发展到一定成熟阶段后通过资本运营(比如转让股权等)以获取中长期资本的增值收益。① 还有时下方兴未艾的证券投资基金,这种投资基金也是为追求高额稳定的投资收益,由专门的理财机构将

---

① 自 1995 年以来,国家计委(现改为国家发改委)一直在对基金业进行研究,在国家计委起草的有关规章中,“产业投资基金”和“创业投资基金”这两个概念是交替使用的。比如,2001 年国家计委上报国务院的《产业投资基金管理暂行办法》(征求意见稿)最后送审稿第 2 条称:本办法所称的产业投资基金,是指对未上市企业进行股权投资并参与企业管理的集合投资方式,即通过募集基金股份设立基金,由基金委托基金管理人管理基金财产,并委托基金托管人托管基金资产,投资者按照其出资份额分享投资收益,承担投资风险。在此之前,2000 年这个征求意见稿还被称为《创业投资基金管理办法》,其中第 2 条是:本办法所称创业投资基金,是指一种对未上市创业企业进行股权投资和提供参与企业管理的集合投资方式。根据这种界定,产业投资基金既不是目前社会上一些人所理解的“投资于产业化后期的直接投资基金”,也不等同于“投资于某个特定产业的直接投资基金”,而是一个与创业投资基金相对等的概念。

广大投资者集合起来的资金投资于证券市场。本书所要研究的投资基金正是这种证券投资基金。

投资基金在各国法制中的称谓,因不同国家和地区而异,在我国内地被称为证券投资基金,在美国被称为投资公司(investment company)或共同基金(mutual fund),①在英国和我国香港地区被称为集合投资计划(collective investment schemes),在德国被称为证券特别资本,而在日本、韩国和我国台湾地区则被纳入信托范围,并特别限制为证券投资信托(securities investment trust)。各国法制对投资基金定义的分歧不仅体现了立法技术的差异,而且更重要的是反映了各国在基金领域金融创新的广度和深度。②

那么,究竟什么是投资基金呢?各国法制对投资基金的定义一般从主体角度或功能角度出发,前一种定义方式又分为两种形式:侧重于基金这种主体所体现的目的或经济特征与侧重于基金这种主体的运行机理或法律结构形式的定义。概言之,各国基金法制对投资基金的定义方式主要有三种:目的导向主义、结构导向主义和功能导向主义。

(一)目的主义式的定义

该定义以美国和德国为代表。美国投资基金主要是以投资公司形态出现的,按照美国《1940年投资公司法》(Investment Company Act of 1940,以下简称:《投资公司法》)的定义,投资公司系指任何一个实体组织:(1)从事或主要从事证券投资、再投资或证券交易;(2)主要从事或拟从事证券投资、再投资、拥有、持有或证券交易,并购买或拟定购买超过本身资产总值的40%的投资证券(不包括政府证券

---

① 事实上,美国的投资公司有三类,一是"面额凭证公司",二是"单位投资信托公司",三是"投资管理公司"亦即人们常说的"共同基金"。由于现行的美国投资公司基本上都采纳"共同基金"的形式,因而人们常把投资公司和共同基金等同起来。

② 王苏生著:《证券投资基金管理人的责任》,北京大学出版社2001版,第4页。

和现金项目)。[①] 至于是否"主要"从事证券投资,美国在立法上采用了两项独立的标准:其一是主观标准,即一家公司"显示"它主要从事证券投资业务。在实践中,美国联邦证券交易委员会(Securities Exchange Commission,以下简称:SEC)[②]主要依据如下因素予以判断:(1)公司的历史发展情况;(2)公司政策的公开说明;(3)公司董事、高级职员的行为;(4)公司资产的性质;(5)收益来源。[③] 其二是客观标准,即公司资产40%以上用于证券投资。德国法则表述为:"证券特别资本是一种信贷机构,其主要业务范围为,本着分散风险的基本原则,以自己的名义,将投放在该机构的货币与自有资产区分开来,投资于本法所允许的证券形式。"[④]显见,这两种定义方式并没有如一般概念模式那样直接阐明投资基金的法律形式,也没有体现投资基金各组成成员的结构及其相互间的权利义务关系,而是紧紧抓住投资基金的业务范围及投资对象这两个特征,力图揭示投资基金投资获利的本性及目的,因而笔者把这种定义方式总结为目的导向主义。事实上,目的导向主义在我国目前国内有关投资基金定义中较为盛行,最典型的当推"投资工具论"和"投资方式(制度)论"。比如,"投资工具论"就认为"投资基金就是集中不确定的众多投资者的零散资金,交由专门的投资机构进行投资,投资收益由原有的投资者按出资

---

① 15 U.S.C. §80a-3(c)(1994).原文内容为:"When used in this title ,'investment company means any issuer which is engaged in the business of investing, reinvesting, owning, holding, or trading in securities, and owns or proposes to acquire investment securities having a value exceeding 40 per centum of the value of such issuer's total assets(exclusive of government securities and cash items)on an unconsolidated basis."

② 证券交易委员会是美国政府根据《1934年证券交易法》的规定而设立的专门管理和执行证券法律、法规的机构,是一个独立的、准司法性质的行政机构。委员会领导小组的成员必须经总统提名,经国会批准。一般由5个人组成,每人任期5年,且这5个人中不能有任何3位属于同一党派。证券交易委员会内部设有公司融资部(corporation finance)、执行部(enforcement)、市场监管部(market regulation)、投资管理部(investment management)、总顾问室及其他部门(SEC offices)。

③ Peter Farmery, Keith Walmsley, *United States Securities and Investments Regulation Handbook*, Graham & Trotman, 1992, p. 178.

④ 德国《投资公司法》第1条第1款。

比例分享的一种投资工具”。[①]“投资方式（制度）论”也认为“投资基金是汇集不特定多数具有共同目的的投资者的资金，交由专业的金融投资机构进行科学性、组合性、流动性投资，借以分散与降低风险，共同受益的一种投资方式或制度。”[②]

（二）结构主义式的定义

这种定义方式以日本、韩国最为典型。日本1951年《证券投资信托法》第2条第1款对“证券投资信托”的概念作如下定义：“本法中所称证券投资信托，是指依照委托人的指示，以将信托财产作为对特定有价证券的投资加以运用为目的的信托。且以将受益权分割，使不特定的多数人取得为宗旨。”韩国《证券投资信托业法》第2条第1款的定义与日本相似，即“证券投资信托是指受托者按照委托者的指示，将投资信托的信托财产向特定有价证券进行投资和使用，并分割其收益权，以使不特定多数人获取之为目的”。可见，在投资基金的定义上，日、韩首先将投资基金定性为一种信托；其次又根据信托法理规范了委托人、受托人及受益人三者之间的权利义务关系；最后才明确了投资基金的投资对象。显然，这种定义与美、德不同，其更注重反映和揭示投资基金这种委托人、受托人和受益人三位一体的信托结构及其相互间的权利义务关系，法律定义的味道似乎更浓一些。故笔者将之称为结构导向主义式的定义。同样，我国国内也有很多专家和学者深受结构导向主义的影响，比如目前较为盛行的“信托业务论”和“资本集合体论”就是结构导向主义的典型代表。这些定义的共性就是在概念表述上直接或间接地揭示投资基金的信托性质。比如，“信托业务论”就认为投资基金是“指通过发行受益凭证，

① 孔敏、孙佩兰、胡海峰主编：《投资基金实用知识》，北京气象出版社1994年版，第1页。同样的观点可见于邓映翎主编：《投资基金指南》，四川人民出版社1994年版，第1～2页；深圳市南山风险投资基金公司编著：《投资基金的理论与实践》，海天出版社1993版，第3页。

② 许占涛著：《投资基金论》，经济科学出版社1998年版，第14页。

募集资金后，委托专门经营管理机构用于证券投资的一种信托业务”。[①] “资本集合体论”也认为投资基金是“由多数投资者缴纳的出资所组成的，由投资者委托他人投资于约定的项目，投资收益按投资者的出资份额共享、投资风险由投资者共担的资本集合体”。[②]

（三）功能主义式的定义

这种定义方式以英国及我国香港地区为代表。在英国，投资基金是作为集体投资计划而受金融服务法规范的。[③] 英国《2000 年金融服务与市场法》（*Financial Services and Markets Act* 2000）第 22 条将集合投资计划定义为“一种涉及专门投资的活动。其功能是使参加该安排的公司或其代理人以获取、占有、管理或处分特定财产所带来的利润或收益”。[④] 显然，这里的“获取、占有、管理或处分”是投资和再投资的另一种表述。与美、日两国相比，英国的定义相当抽象宽泛，因为它没有对投资基金的财产性质、安排形式以及财产管理的含义等做出明确的限定，纯粹强调集合投资计划的经济功能。

2003 年 10 月 28 日，我国出台的第一部投资基金法——《中华人民共和国证券投资基金法》（以下简称《投资基金法》）采取了变通的方式，通过对法律适用对象的规定概述了投资基金内部结构的基本法律关系，即该法第 2 条规定“在中华人民共和国境内，通过公开发售基金份额募集证券投资基金（以下简称基金），由基金管理人管理，基金托管人托管，为基金份额持有人的利益，以资产组合方式进行证券投资活动，适用本法。本法未规定的，适用《中华人民共和国信托法》（以下简称《信托法》）、《中华人民共和国证券法》（以下简称《证券法》）和其他有关法律、行政法规的规定”。由此观之，该条虽没

---

① 《深圳市投资基金管理暂行规定》第 2 条第 1 款。相似的观点见李大军、张岷著：《投资基金论》，西南财经大学出版社 1996 版，第 10 页。

② 刘俊海：《投资基金立法中的若干争议问题研究》，《杭州师范学院学报》2002 年第 2 期，第 26 页。

③ 周玉华著：《投资信托基金法律应用》，人民法院出版社 2000 年版，第 163 页。

④ 参见英国《2000 年金融服务与市场法》第 22 条。

有对投资基金做出正面定义，但字里行间却流露出目的主义和结构主义的韵味，主要体现为：其一，该规定揭示出投资基金的目的，即旨在通过资产组合方式进行证券投资活动；其二，该规定基本阐明了投资基金的法律框架和各个当事人之间的关系，明确提出以信托法作为投资基金的基本法，因而间接承认了投资基金的信托性质。

正所谓"横看成岭侧成峰，远近高低各不同"，笔者认为，无论是目的导向主义、结构导向主义抑或是功能导向主义，这些定义方式都能从一定的角度和侧面描述投资基金的性质，具有相应的合理性。这好比对人这一概念的界定，目的导向主义定义就如同立足于人的物质或社会属性即"人活着是为干什么"这一目的出发，结构导向主义定义如同立足于人的整体身体结构如头部、身躯和腿脚的协调联系出发，功能导向主义定义则好比从人的生理功能即人会走路、说话、吃饭等特征出发。毋庸置疑，无论上述从哪方面性质来界定人这一概念都是正确的。投资基金亦是如此，比如投资基金发行的基金单位与股票、债券、票据、股票期权、期货等证券理财产品上并无不同，本质上都属于金融投资工具。[①] 投资者一旦购买基金单位成为基金持有人之后，就等于选择了一种与购买股票、债券等相似的投资方式。故从基金单位或投资者的角度出发，投资基金确可视为一种投资工具或投资理财方式。但是，当我们关注投资基金的存在形态或组成结构时，我们就会发现投资基金其实就是一堆为价值增值而集合起来的货币资本，且这堆货币资本是以信托作为基本的运营架构。因此，从这一角度看，投资基金又是一种资本集合体或一种特殊的信托业务。在笔者看来，理论界和实务界对投资基金性质的认识之所以素有分歧，完全在于探讨问题的角度不同。"投资工具论"、

---

① 本书所指的基金单位是基金份额和基金股份两种的总称。其中，基金份额是契约型基金发行的基金单位，而基金股份是公司型基金发行的基金单位。笔者如果要专门讨论基金份额或基金股份，在文中都会给予特别的指明，事实上，人们在买卖证券投资基金单位时往往与买卖某某股票或债券的叫法类似，直接称之为买卖某某基金，这实际上是把证券投资基金理解为一种投资工具。

"投资方式(制度)论"、"资本集合体论"和"信托业务论"成立的基础在于其立足点分别是基金单位(unit certificate)、基金持有人(unit holder)、基金资产(trust account)以及基金运行机理(operation mechanism)。因为概念是反映事物属性并通过词语来表达的一种思维形式,各个学科都可以根据自身的研究需要从本学科的角度来界定投资基金的概念。所以,笔者十分赞同我国《投资基金法》的立法例,主张不必在法律上硬性对投资基金给出一个绝对完整、唯一的定义。在笔者看来,投资基金的基本内涵和外延主要体现在以下几个方面:

1. 投资基金具有集合投资性。投资基金的资本(或资金)是由不特定的多数人手中分散、不等额的资金积少成多、集合而成。该集合方式一般采用公开发行基金份额或基金股份两种方式募集,具体运作方式因投资基金形态而异。如果该运行方式是以公司形式设立的,所谓的投资基金便是公司型基金,如果采用契约形式设立,则为契约型基金。

2. 投资基金以证券投资为主营业务。为充分拓展基金的投资渠道,增强基金资产的盈利能力,投资基金的资产当然可以被用于证券市场之外的其他项目投资,但各国政府为保证基金资产必要的流动性以及与产业基金、风险投资基金相区别,都要求其以证券投资为主,非证券投资为辅。

3. 投资基金以信托法理为运行机制。通常而言,一个典型的信托关系是由委托人、受托人和受益人三方的权利和义务构成。其中,任何一方或数方的委托人、受托人和受益人既可为单人,也可为数人。除此之外,信托财产(由委托人转移给受托人予以管理或处分的财产)和信托契约(设立和实施信托所要达到的目的合同文件)同样也是信托关系必不可缺的要素。信托在英国历经长达百年多的司法实践,已经形成了定型化的法理。[①] 后世引进信托制度的国家,无论

① 周小明著:《信托制度的比较法研究》,法律出版社 1996 年版,第 12 页。

是普通法系的美国,抑或是大陆法系的日本、韩国及我国,尽管在一定程度上实行了本土化改造,但莫不以承继信托的基本法理为主导。无论信托产品如何的千变万化,信托法理始终体现如下的四个特征:

第一,所有权与利益相分离。信托财产所有权的性质很特殊,一方面,受托人可以按照信托契约的要求像所有权人那样独立地管理和处分信托财产;另一方面,受益人虽然不能管理和处分信托财产,但却有权享受信托的收益,在特定的时候还可以按照信托的安排要求收回信托财产本身。由此可见,受托人和受益人对信托财产都具有部分类似于所有权的权利,但又都不具有大陆法系民法上所有权的部分权能。在英美法上,受托人对信托财产的权利被称为“普通法上的所有权”(legal title)或“名义上的所有权”,而受益人享有的权利则被称为“衡平法上的所有权”(equitable title)或“实际上的收益所有权”,因而形成信托法上所谓“双重所有权”的提法。相比之下,大陆法系国家奉行一物一权主义并无双重所有权产生的可能,因此,“受托人享有的主要是一种纯粹管理性权利,受益人则拥有纯粹的收益权利”。[①]

第二,信托财产的独立性。信托一经有效设立,信托财产就从委托人、受托人和受益人的自有财产中分离出来,成为独立的财产,其运作仅服从于信托目的。详言之,委托人一旦将财产交付受托人,便丧失对该财产的所有权。而受托人虽取得信托财产的所有权,但这仅为形式上的名义所有权,因为其不得享有信托收益。受益人固然享有收益权,但主要是一种信托收益的请求权,在信托存续期间,其不得行使对信托财产的所有权。即使信托完成,委托人也可将信托财产归属自己或第三人。同时,委托人、受托人、受益人中的任何一方的债权人均无权主张以信托财产偿债。可见,信托财产这种独立性和与外界隔绝的“闭锁效应”使得信托财产具有很强的人格化倾向。

---

① 周小明著:《信托制度的比较法研究》,法律出版社 1996 年版,第 29 页。

第三,信托全面的有限责任原则。信托的这个特征是与信托财产的独立性紧密相连的。信托的这种有限责任体现在信托结构的内外部关系中。内部的有限责任是指在恪守信托契约和信托职守的前提下,受托人在管理和处分信托财产中对所造成的正常财产损失不承担赔偿责任。外部的有限责任则指受托人对于因管理和处分信托财产过程中给第三人所造成的损失,皆以该信托财产为限对外承担责任。委托人、受托人和受益人无需用自有的财产进行清偿。

第四,信托管理的连续性。信托一旦设立,便可按照信托契约规定的目的进行运作,并不因受托人的变更或被解散而受到影响。只要信托财产依在,信托的目的还能实现,则信托就可通过一些变通的方式存续下去。

虽然信托一般都由信托契约、信托财产以及包括委托人、受托人和受益人在内的三方当事人构成,并具有上述四个稳定特征,但信托本身也是一种极富弹性、颇为灵活的财产转移和管理制度。聪明的英国人正是挖掘到了信托的这种弹性魅力,率先将信托从民事领域应用到商事领域,从而在1868年别出心裁地创造出世界上首家公众投资基金"海外及殖民地政府信托"。此后,英国所属的殖民地(新西兰、印度、澳大利亚、香港)、日本和韩国的契约型基金都直接沿袭上述的信托结构方式。至于在美国兴起的公司型基金,尽管组织外观形式跟一般的股份制投资银行无异,但由于公司型基金自身不具有投资能力,其实际运作过程中通常不由自身的内部机构负责,而是由基金董事会按照基金契约将基金财产委托给外部的专业基金管理公司——投资顾问进行管理和处分。只不过此时名义上的基金委托人不再是原来彼此分散的基金持有人,而由他们的共同利益载体——基金公司来承担。可见,公司型基金虽具有形式意义上的公司外观,但其实质上的外部化管理机制早就超脱了传统公司的范畴,充其量是一个单纯的公司外壳(corporate shell),因而不能将之等同于普通公司去理解。相反,公司型基金之所以采用公司的外壳则是因为要利用公司这种便利组织结构来运作基金,克服契约型基金所有人缺位的弊端以更好地保护基金持有人的利益。因此，笔者认为对公司型基金起支配作用的并非公司法理，而恰恰仍是信托法理。对此，国内也有学者总结道，“公司型基金的信托化经营方式决定了其本质上仍具有信托属性”。①

由上观之，投资基金是信托在证券市场和公司领域扩张的结果，无论是契约型基金还是公司型基金，两者运作的核心机理都是信托法理，此对契约型基金而言尤为明显，以至学界喜欢直呼其为信托型基金。正因为如此，世界各国皆将投资基金作为一种特殊的信托产品直接或间接纳入信托法的规制范围之中，通行的做法是在信托法的基础上制定投资基金法，通过普通法和特别法的双重法理体系来保证投资基金的信托精神得到彻底的贯彻。

二、投资基金的分类

投资基金按不同的标准可以有不同的分类，如按投资风险和收益的不同，投资基金可分为成长型基金、收入型基金和平衡型基金；按投资对象的不同，投资基金又可分为股票基金、债券基金、混合基金和货币市场基金；按资金来源和运用的渠道不同，投资基金还可分为国内基金、海外基金、国际基金与离岸基金等。② 但最基本的分类有两种：一是按基金组织形式所划分的契约型基金与公司型基金；另一种是按基金交易方式所划分的封闭式基金与开放式基金。实际上，这两种基金是互相交叉的。换言之，无论是契约型基金，还是公司型基金，其必定都有开放式与封闭式之分。同样，无论是开放式抑或封闭式基金，在运行中必定要落脚于契约型或公司型上。

（一）契约型基金与公司型基金

1. 契约型基金（contractual-type fund），又称信托型基金，是根

① 王彦国主编：《证券投资基金论》，北京大学出版社 2002 年版，第 13 页。

② 李曜主编：《证券投资基金学》（第二版），清华大学出版社 2005 年版，第 39～48 页。

据信托法理来组织各方当事人之间关系的一种松散组织。其运作模式为:基金管理人负责发起、设立基金,预先达成基金契约和选聘基金托管人,然后经监管当局同意后与基金托管人签订基金托管协议,根据基金契约公开出售基金份额,募集资金。契约型基金比较常见,包括日本、韩国、我国台湾地区的证券投资信托,英国和我国香港在内的单位信托(unit trust)以及我国时下方兴未艾的证券投资基金都是一种契约型的投资基金。下面,笔者将进一步解剖契约型基金的运作结构:

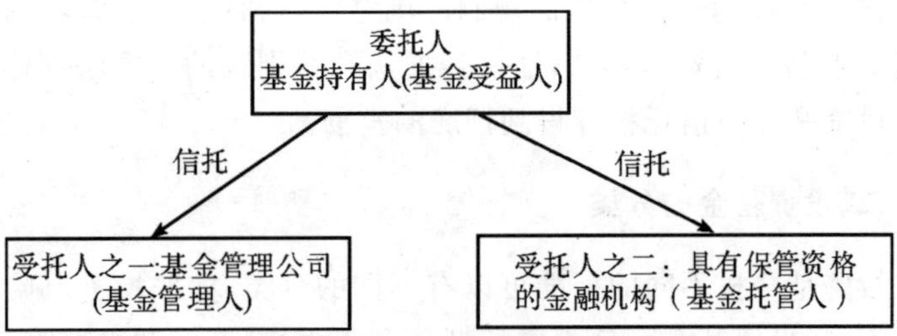

图 2-1 契约型基金的运作架构

必须指出,上面仅是笔者依据我国现行的基金法制对契约型基金结构所作的一种解剖,并非契约型基金结构的唯一表示方式。事实上,关于契约型基金的构造,各国投资基金法制历来就有"分离论"与"统一论"之争。① 持"分离论"者以德国为代表,认为契约型基金具有二元契约结构,即除了在基金持有人与基金管理人之间确立信托关系之外,还应在基金管理人与基金托管人之间确立保管关系。因此,德国 1956 年制定的《投资公司法》就明确规定证券特别资本的法律构造是通过两个并存的基金契约来规范投资者、投资公司(基金管理人)和保管银行(基金托管人)之间的相互关系。即投资者先通过购买基金受益凭证与投资公司订立信托契约以取得委托人兼受益

① 参见铃木竹雄:《证券投资信托约款法的性质》,《经济法》1961 年第 4 期,转引自陈春山:《证券投资信托专论》,五南图书馆出版社 2000 年版,第 96~98 页。

人的地位。而后投资公司又以“证券特别资本”名义所有人的身份与保管银行订立保管契约,由保管银行负责基金资产的保管,并监督投资公司,对其特定的违法行为提出诉讼,甚至在必要时可以停止投资公司权利的行使。[①] 而以日、韩为代表的“统一论”者则主张基金持有人、基金管理人和基金托管人“三位一体”,即统一由一个基金契约来加以规范。比如,日本 1951 年的《证券投资信托法》在整体结构上就以证券投资信托契约为核心,以此契约结合受益人(投资者),委托人(证券投资委托公司)及受托人(信托公司),形成三位一体的关系。[②]

面对上述的争议,我国基金法制素来立场坚定,早在 1997 年的《暂行办法》第 15 条就规定:“经批准设立的基金,应当委托商业银行作为基金托管人托管基金资产,委托基金管理公司作为基金管理人管理和运用基金资产。”证监会同年颁布的《证券投资基金管理暂行办法》实施准则第一号《证券投资基金基金契约的内容与格式(试行)》第 2 条也规定,“凡在中华人民共和国境内申请设立证券投资基金,基金发起人或者由基金发起人委托的基金主要发起人应当按照本准则的要求与基金管理人、基金托管人订立证券投资基金契约”。而且,该实施准则要求基金契约应当分别规定基金持有人、基金管理人及托管人的权利和义务。显见,我国基金法制意在一个基金契约框架下解决基金持有人、基金管理人和托管人的法律关系问题,当属“统一论”支持者。然而如何在“统一论”框架下构造基金三方关系人的法律关系,我国的做法与日、韩颇为不同。日、韩等国采用以基金管理人为委托人,基金托管人为受托人,基金持有人为受益人的统一

① 参见德国《投资公司法》第 12 条、第 13 条、第 15 条。另外,由于目前我国国内对德国基金法规的论述寥寥无几,涉及相关法律条款更是雾里看花,目前笔者所掌握的国内首部较为系统的德国《投资公司法》完整的中文译本辑于柳志伟博士主编的《基金业立法和发展:比较与借鉴》(中国政法大学出版社 2003 年版)一书的附录二,本书有关德国投资基金的法律条款论述主要参阅该译本。

② 竹中正明:《证券投资信托法的构造》,《综合法学》1961 年第 35 期,转引自陈春山著:《证券投资信托专论》,五南图书馆出版社 2000 年版,第 256 页。

信托模式，而我国《投资基金法》则采用共同受托人的信托模式，即“基金管理人、基金托管人依照本法和基金合同的约定，履行受托职责”。[①] 相比之下，笔者认为日、韩将基金管理人置于委托人的地位比较不妥。原因有二，一是基金管理人管理和处分基金资产，应为信托受托人而非委托人的职责要求；二是将基金管理人作为委托人，与现实颇为不符，无法从信托法理上来解释和回应诸如委托人从基金资产中收取基金管理费的请求权源于何处。委托人为何对基金持有人(受益人)负有广泛义务等一系列棘手的问题。事实上，后来很多日本学者也不得不从学理上做出解释以承认基金管理人的双重身份，即从形式上看，委托人(即基金管理人)为证券投资委托公司，受托人(即基金托管人)为信托会社。但实质上，受益人因信赖委托人之证券投资能力而交付资金，委托人亦依此信赖原则而为基金财产的运用指示。因此相对于基金持有人而言，基金管理人也是基金受托人。[②] 可见，我国基金法将基金管理人和基金托管人定位于“共同受托人”不仅具有日、韩统一信托模式简易、明确的优点，而且在保护基金持有人的合法权益方面更显周延。这种“共同受托人模式”要求基金管理人作为基金财产管理的经营受托人，基金托管人作为基金财产的保管受托人，两者不但要各自分工，履行受托职责，而且还要相互协作、制衡，共同完成和实现基金财产的信托目的。这不能不说是我国新近基金立法的一大进步。

2. 公司型基金(statutory-type fund)，是指依公司法、投资基金法设立、通过发行股票的方式公开募集资金，并将之运用于证券投资，以股息和红利的形式对基金持有人进行利益分配的一种特殊的股份有限公司。公司型基金尽管采用股份公司的外观形式，但其运行方式却有别于一般的股份公司。这主要表现为公司型基金资产通

---

① 参见《中华人民共和国证券投资基金法》第3条。

② 铃木竹雄：《证券投资信托约款法的性质》，《经济法》1961年第4期，转引自陈春山著：《证券投资信托专论》，五南图书馆出版社2000年版，第96～98页。

常不由公司内部化管理,而是委托给外部独立的基金管理公司和金融机构进行管理和保管。[①] 详言之,与一般股份公司相比,公司型基金在运作上具有以下八个方面的特殊性:(1)资本结构没有所谓普通股和优先股之分,仅局限于有投票权的股票,这些股票在投票、股息和赎回等方面享受平等的权利。(2)在满足法定条件下,基金能持续不断地以当日基金的资产净值向社会公众销售和赎回基金股份。(3)基金的投资和其他日常事务通常不采取内部管理的方式,而是委托给外部的专业机构负责。(4)基金的大多数董事会成员与外部的专业机构无利害关系,或与基金进行交易的公司无利害关系,包括基金承销商、经纪商等。(5)禁止基金与关联人的主要交易,对关联人涉及代理和经纪业务的佣金进行限制。(6)基金资产必须由外部银行托管以及雇员和职员被授权支取这些证券和现金的强制保荐。(7)基金对外借、贷款受到更严格的限制。(8)关于委托书征集,对股东的报告以及独立公共会计师的任命和选举方面有特别的要求。[②] 目前,公司型基金作为一种新型的基金组织形式,已在英、美等发达国家广泛盛行,尤其是美国的公司型基金——共同基金,因其成熟规范的运作模式和完善的法律保障机制引领当今世界上公司型基金的潮流,下面笔者就以美国共同基金为例,来详细图解公司型基金的运作架构。

从图 2-2 看出,公司型基金的当事人主要包括基金股东、基金董事会、投资顾问和托管机构:

(1)基金股东(fund shareholders)。与一般股份公司一样,公司型基金股东当然享有完整的股东权,但除此之外,基金股东作为基金持有人还享有基金的受益权。虽然在公司型基金中,基金股东不能

---

① 公司型基金可分为由基金公司自行管理运作和由基金公司托付给外人管理运作的两种基金类型。前一种情形虽有理论上的可能性,但在美国实践中极为少见,不具有代表性,这里不作讨论。本书仅研究后一种公司型基金。

② See Leland e. Modesitt, The Mutual Fund－A Corporate Anomaly. *UCLA Law Rev.*, 1967, Vol. 14, No. 2, pp. 1256～1257.

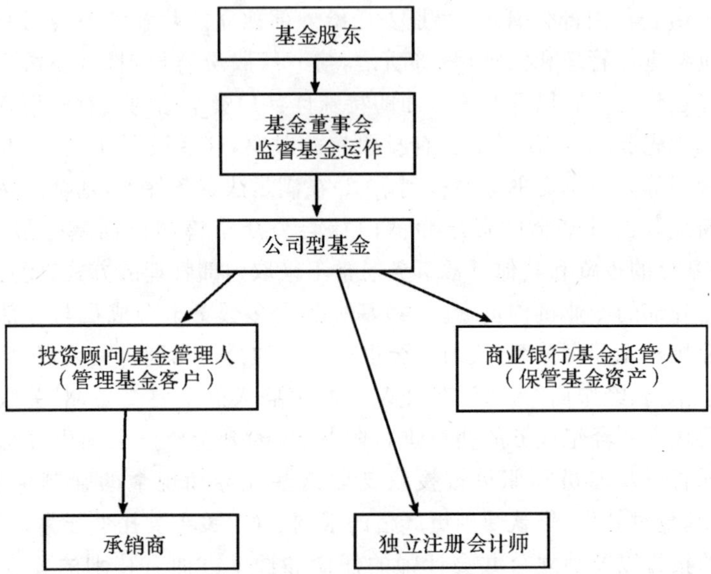

图 2-2　公司型基金的运作架构

如同契约型基金那样以受益人的身份与基金管理人缔结达成直接的信托关系，但基金最终仍必须将其获得的信托收益分配给基金股东。就此而言，公司型基金仅是形式上的基金受益人，而基金股东才是实质上的基金受益人。①

（2）基金董事会（fund board）。公司型基金不具有完整的经营机构，通常仅设立一个代表基金股东利益的董事会负责基金的决策及对基金管理人日常工作的监督。② 除此之外，基金董事会还负责与投资顾问、商业银行签订投资顾问合同与基金托管协议，并批准基金销售协议。

① 基于此，本书不再区分公司型基金的基金股东与契约型基金的基金受益人，统称为“基金持有人”。

② 这里的基金决策不是对基金投资操作的决策，而是对基金类型的定位，对基金主要服务提供商的选择和聘用等方面的决策。对基金投资操作过程的决策是基金管理人的事情。

(3)投资顾问(investment adviser)。一般情况下,公司型基金都聘请外部专业的投资顾问来担当基金管理人。投资顾问作为基金公司的受托人,主要负责基金资产的日常管理和投资运作,包括制订基金的投资方针和投资策略以及基金的财务报表、登记注册文件和招募说明书,并代表基金定期对外进行信息披露、办理基金收益的分配和本金的偿还等。投资顾问与公司型基金的上述权利和义务关系由信托法理和双方之间的投资顾问合同加以规范。

(4)托管机构(custodians)。为防止基金资产被投资顾问随意挪用,公司型基金通常委托外部独立的托管机构作为基金托管人来保管基金资产。在美国,根据《投资公司法》的要求,所有的公司型基金都必须将基金资产交由托管银行托管,而且托管银行必须保证基金资产的独立性,将基金资产与银行自身资产分账保管。①

(二)封闭式基金与开放式基金

1. 封闭式基金(close-end fund),也称"固定型基金",是指基金的发行份额和资本总额一旦发行募集成功后就进行封闭,在一定时期内不再增发新基金单位的投资基金。也就是说,封闭式基金的持有人在基金封闭期间只能通过证券二级市场买卖来实现基金单位的流通,既不能要求基金赎回手中的基金单位,也不能再申购新的基金单位。一般而言,各国的封闭式基金单位都同上市公司的股票、债券一样在证券交易所公开挂牌交易。其价格虽然以基金资产净值为基础,但更多的却受到证券市场供求关系波动的影响,因而往往产生基金价格与基金净资产价值之间的"溢价"或"折价"现象。

2. 开放式基金(open-end fund),也称"可追加型基金",是指基金资产总额和发行份额并不固定,基金持有人可以随时按基金的报价在规定的营业场所申购或者赎回基金单位的一种投资基金。开放式基金不上市交易,其买卖价格受证券市场供求关系的影响较少,主要由基金当日的资产净值加减少量的手续费构成,因而与基金的资

① 15 U.S.C. §80a—15(f) (1994).

产净值较为接近，是衡量基金管理人管理基金业绩高低的一个实质性指标。因此，与封闭式基金相比，开放式基金具有市场选择性强、便于投资、流动性强、价格透明度高等优点。正是这些优点的存在，使得开放式基金在各国甫一推出，就受到广大投资者的青睐和追捧，并迅速取代封闭式基金成为引领当今世界基金业的主流基金品种。

三、投资基金的特征

从经济学的意义上讲，投资基金与普通商事公司和信托一样，均具有集合投资的功能。但是，与普通商事公司和信托组织相比，投资基金又具有自身的特质：

首先，投资基金中的信托关系有其独特性。因为普通民事信托一般是先有委托人后再有受托人。意即委托人先设定信托目标和确定受益人，然后才寻找确定能帮助他实现信托目的的受托人，以将其财产转移给受托人，由受托人为受益人或其专门指定的第三人的利益管理信托财产。然与之不同，投资基金的这种信托是先有受托人再有委托人。在信托的设立上，受托人更具有积极意义。在契约型基金中，基金管理人早就以担任广大投资者的"受托人"自居，他们主动设计不同类型、不同投资政策、不同经营方针的投资基金，并公开邀请投资者参加投资基金。[①] 投资者也只有投资了基金才能成为基金持有人即委托人。公司型基金亦然，也是先由基金受托人即投资顾问发起组建基金公司，然后再由基金公司代表基金持有人以基金委托人身份将基金资产委托给投资顾问经营管理。所以，公司型基金也不像普通公司那样须遵循先成立公司而后再聘任经营管理者的传统程序，因为实践中，参与发起和组建投资基金的投资顾问基本上就是该基金的管理者。

其次，投资基金在运作上采用管理人和托管人分立并存的架构。

---

① 余劲松主编：《中国涉外经济法律问题新探》，武汉大学出版社 1999 年版，第 478 页。

虽然对于基金管理人和基金托管人两者之间究竟是共同受托人关系还是基于法律的分工形成的特殊的受托人关系,学界一直存在争议,但从运作外观上看,投资基金基本采用管理人与托管人分立并存的运行架构:基金管理人负责基金资产的管理与运营,基金托管人负责基金资产的保管和核对(有的还负责对基金管理人的监督),两者既存在分工协作又相互独立。而普通的商事信托和商事公司,在运作上与投资基金相去甚远,一般由内部单一的专业机构如董事会或经理独立行使上述的职能,并没有所谓的资产托管人的存在。

最后,投资基金的资产和单位凭证具有很强的流动性。与公司和商事信托不同,投资基金的主要业务是将基金资产集中投资于股票、债券、期货、期权、认股权以及货币市场上的各种短期票据等有价证券,因而基金资产很容易通过证券二级市场交易或货币市场贴现等方式得到变现,相对公司或商事信托财产更具流动性。而对基金单位凭证而言,其主要通过转让和赎回两种渠道得以自由流通。前述分析表明,封闭式基金单位可以在证券交易所挂牌交易,基金持有人可像买卖股票那样在证券二级市场自由转让手中的基金单位;而开放式基金既可以在证券交易所上市交易,也可以在各商业银行的销售网点上接受基金持有人的申购和赎回请求。① 可见,封闭式基金在交易所上的这种可转让性是普通商事信托的受益利益所不能具备的,而开放式基金的可赎回性则迥异于普通商事公司。因为普通商事公司一般必须恪守资本维持原则,除非发生特殊的情况,否则不

---

① 目前,各国出现的在证券交易所挂牌上市的开放式基金主要包括"上市开放式基金"(listed open-ended fund,简称 LOF)和"交易所交易基金"(exchanged traded fund,简称 ETF)两种。上市开放式基金是指基金单位发行结束后,投资者既可以在指定网点申购与赎回基金单位,也可以在交易所买卖该基金单位。不过,如果是在指定网点申购的基金单位,投资者想要上网抛出,须办理一定的转托管手续;同样,如果是在交易所网上买进的基金单位,想要在指定网点赎回,也要办理一定的转托管手续。而交易所交易基金是指基金单位发行结束后,投资者可以像封闭式基金一样在交易所二级市场进行方便的交易。另外,它又可以像开放式基金一样申购、赎回。不同的是,它的申购是用一揽子股票换取 ETF 份额,赎回时也是换回一揽子股票而不是现金。

能随意赎回发行在外的股份。①

第二节 基金管理人不当行为的甄别

一、"不当行为"的起源考察

如果从历史渊源考察的话，人类最早注意到商业组织中"不当行为"(misconduct)这一现象的应推古典经济学家亚当·斯密。早在1776年，亚当·斯密就敏锐地观察到了股份公司可能产生的不当行为问题，他对当时商业组织中所有权和控制权分离的后果深表忧虑，并作了如下断言："在钱财的处理上，股份公司的董事为他人尽力，而私人合伙公司的伙员，则纯粹是为自己打算。所以，要想股份公司的董事们监视钱财的用途，像私人合伙公司伙员那样用意周到，那是很难做到的。因为疏忽和浪费，常为股份公司业务经营上多少难免的弊端。"②斯密的这段话里虽然没有使用"不当行为"一词，但他所谈到的问题实际上就是我们今天关注的委托代理中的不当行为问题。只不过囿于时代，他没有对此做出更为深入的研究。

不过，亚当·斯密所论及的疏忽和浪费的弊端虽没有马上引起股份公司所有者的重视，但却引起保险业界内保险人的深切关注。早在19世纪初，由于海上贸易和航海技术的迅速发展，为寻求更大的获利，许多西方国家的保险商纷纷大量进军和扩展海上运输保险业务，但好景不长，他们很快就发现无论他们事先如何精确地估算海上运输保险事故发生的平均概率，只要船舶一投保，其在海上遭遇火灾、船舶碰撞危险事故的概率都比投保前高出很多。结果，他们不但不能盈利，反而还要为此支付很多预算不到的保险金。后来，很多保

① 比如我国《公司法》第143条规定：公司不得收购本公司的股票，但为减少公司资本而注销股份或者与持有本公司股票的其他公司合并时除外。

② [英]亚当·斯密著：《国民财富的性质和原因的分析(下卷)》，郭大力、王亚南译，商务印书馆1974年版，第303页。

险商派人通过大量的专门随船暗访,发现问题的原因并不在于船舶投保后海上的气候环境变得更加恶劣,而是这些船东前所未有的侥幸心理在作祟,即认为船舶一旦远洋外出,那么远在陆地的保险公司根本无力监控他们。所以这些船东对船舶驾驶的谨慎程度,防灾救火、设备维修的努力程度远远不如投保之前。更有甚者,某些道德修养低下的船东为骗取巨额的保险金还故意创造各种条件来引发保险事故的发生。由此,保险公司从海船航行的调查中得到启示,投保人自身的道德修养高低与他们海上保险业务的收益多寡息息相关。因此,为要求当时保险经纪人在跟这些船东签单之前能将船东们的道德品质做一硬性指标加以考察,这些保险商就开始在海上运输保单内专门开辟"道德风险"(moral hazard)一栏,要求船东们在此栏中对他们的道德信誉做出必要的承诺和担保。按当时保险商的解释,他们提出"道德风险"一词的意义不仅在于对外表明保险公司已经意识到保险业务很容易经受投保人自身道德修养不佳潜在的负面影响,而且关键在于寻求控制这种负面影响的对策,以维护保险商作为保险人应得的利益。[①] 就这样,"道德风险"一词随着海上运输保险业务的推行而被引介到其他领域的保险业务中,成为保险学上的一个十分流行的专业术语,意指投保人投保后,由于利益得到了保障而放纵对其保险标的物的注意和保护,从而给保险公司的利益收入带来的潜在和现实损害。[②]

在现代经济学文献中,"道德风险"这个主题的复兴可以追溯到1971年,当时美国著名经济学家阿罗为了补充阿罗一德布鲁德模型所要求的可观察性条件,在其《风险分担理论的论文集》一书中率先将"道德风险"这个概念从保险学拓展到整个经济学领域,用于证明

---

① Tom Baker. On the Genealogy of Moral Hazard. *Texas Law Review*, 1996, Vol. 237, No. 23, pp. 237～240.

② Tom Baker. On the Genealogy of Moral Hazard. *Texas Law Review*, 1996, Vol. 237, No. 23, p. 254.

自然状态是不能被完全观测的(不可证实性或者证实具有成本)。[①]随后兴起的“委托代理理论”则以保险公司与投保人的关系作为委托代理关系的一般原型来揭示代理人的不当行为,提出了在因社会分工需要而联结成的各种委托代理关系中,委托人的利益都不同程度地要经受代理人不当行为的损害。[②] 委托代理理论认为代理人之所以在代理中会发生损害委托人利益的不当行为,主要是由信息不对称、自然状态的不确定性、代理契约的不完全性以及利益冲突性这四个因素共同所致。[③] 具体到投资基金,如上所述,基金持有人与基金管理人之间形成一种委托代理关系,基金管理人在代理运营基金资产的过程中自身不用承担任何金融风险,由于上述四个因素的作用,在基金持有人无法实时和准确地观测基金管理人时,基金管理人就可能不积极、认真地履行其管理、运营基金的代理职责,甚至还会为谋求自利而作出一些不惜损害、牺牲基金或基金持有人利益的行为。因此,本书所论指的基金管理人“不当行为”,不是泛指一切的“不正当行为”,而是专指在委托代理情境下,基金管理人为求自身利益所从事的一切损害、牺牲基金或基金持有人的利益的行为,或称基金管理人的“道德风险行为”。[④]

二、基金管理人不当行为的产生

根据上面的分析,在投资基金中,基金持有人本身并不直接参与证券市场的投资,而是依照既定的基金契约,通过购买基金单位将手

---

① 曾欣著:《中国证券市场道德风险研究》,西南财经大学出版社 2003 年版,第 11 页。

② S. Ross. The Economic Theory of Agent: The Principal's Problem. *American Economic Review*, 1971, Vol. 163, No. 1, p. 21.

③ S. Ross, The Economic Theory of Agent: The Principal's Problem. *American Economic Review*, 1971, Vol. 163, No. 1, pp. 22～23.

④ 对于“misconduct”一词,虽然按字面意思可直接将之翻译为“不当行为”,但本书所用的“不当行为”取自西方经济学特定语境的含义,是一种狭义的“不当行为”,专指委托代理情境下的“道德风险行为”,并不是人们通常所理解的宽泛意义上“不正当行为”的简称。国内也有学者基此角度将这种狭义的不当行为翻译为“败德行为”。

中货币资金汇集委托给基金管理人管理获取投资收益,并相应支付给基金管理人报酬。可见,投资基金也是一种典型的委托代理关系。在这种关系中,基金持有人是委托人,基金管理人是代理人。为此,下面笔者将援引前述的委托代理理论,结合投资基金的特质来进一步探究基金管理人不当行为的产生原因。

首先,基金持有人与基金管理人之间存在着有关基金运行信息的不对称。所谓信息不对称,简单地说,就是指在市场交易中,交易的一方无法获知另一方的完全信息,或无法观察到另一方的行为。[①]基金运行信息的不对称不仅包括基金持有人与基金管理人之间业已存在的外生信息不对称,如基金持有人在决定投资基金之前对该基金管理人的市场判断能力、风险控制能力、投资组合、选股能力等业务素质高低的不知情,而且也包括内生的信息不对称,即基金持有人对基金管理人管理基金过程的不了解。众所周知,投资基金的管理是一种极其复杂和技术化的理财过程。由于平时分散各地,普通的基金持有人鲜有机会到现场去了解基金管理人的管理活动,加上自身专业知识的匮乏和信息的单一,他们更是没有能力去甄别基金管理人的投资策略和具体选股方案的利弊。再者,普通基金持有人多为中小投资者,人数众多,且所持的基金单位分散,天生"搭便车"的心理使之难以形成足够的力量来对基金管理人进行有效的监控。所以,在基金持有人与基金管理人对基金运作信息存在不对称的情况下,基金持有人要判断基金管理人是否"出工不出力"是一件十分困难的事,这使得基金管理人在管理基金资产的过程中有可能滥用信息优势从事各种不当行为以图私利。

其次,除了基金管理人的管理水平之外,基金单位的收益有时也

① Joseph e. Stiglitz. Market Failures, and Development. *American Economic Review*, 1989, Vol. 79, No. 5, p. 197.

会受到很多自然因素的影响。[①] 基金以证券市场上的股票、债券等有价证券为投资对象，而这些有价证券又经常遭受如宏观经济周期、汇率、国家政策、政治骚乱等许多不确定的自然因素的影响而发生价格波动，因而以这些有价证券市场价格为基础计算出来的基金资产净值也带有很多不确定性。这种不确定性使得在短时间内，基金资产净值的高低与基金管理人的投资水平和努力程度并不一定形成绝对的正比关系。换言之，基金的经营业绩是基金管理人努力程度和基金管理人不能控制的外部因素共同作用的结果，有时基金管理人即便尽职尽力，也不能保证基金业绩一定增长。因此，有时基金净值出现下滑，基金持有人很难准确判定这其中究竟是由于基金管理人不当行为造成的，还是自然因素的不确定性造成的。无疑，这种不确定性为基金管理人不当行为提供了成长的温床。

再次，基金契约具有天生的不完全性。所谓契约的不完全性，是指囿于信息的不对称性和自然因素的不确定性，加上当事人的有限理性，契约当事人或契约的仲裁者无法证实或观察一切事实而造成契约条款内容的欠缺与不完全。[②] 作为规范基金持有人与基金管理人管理基金资产内容的基金契约，同样概莫能外。首先，基金契约作为代理契约的一种，自然不可能将各种条件下的所有权利、责任规定得十分清楚和详尽。而且，基金契约是一种由基金管理人在发起成立基金时就单方面已经负责起草的格式契约，投资者只有通过购买基金单位完成投资后才能成为真正意义上的基金持有人，并且投资

---

① 所谓“自然因素”，指代理人在代理决策过程中发生的随机事件，它的现实反映是“自然”的外生选择而非代理人的内生选择，具有不可控性。委托代理理论认为委托代理关系的代理结果(outcome)是由代理人主观的努力行动和代理人本身主观无法控制的其他因素即自然因素(factors of nature)综合决定的。有关自然因素的具体内容，See S. Ross. The Economic Theory of Agent: The Principal's Problem. *American Economic Review*, 1971, Vol. 163, No. 1, p. 22.

② Grossman, G. and Hart, O., the Costs and Benefits of Ownership: A Theory of Vertical and Lateral Integration. *Journal of Political Economy*, 1978, Vol. 194, No. 3, p. 691.

者在成为基金持有人的同时也就意味着其已经无条件地接受基金契约，对基金契约根本没有任何讨价还价的余地。可以想象，基金契约作为基金管理人单方负责的格式契约，很难要求基金管理人站在基金持有人的利益立场对自我管理行为作出周密详尽的规定。因此，基金契约天生形成的缺陷注定了其在保护基金持有人利益方面并不周延。

最后，在投资基金中，基金持有人和基金管理人潜在的利益冲突比一般的委托代理关系更为激烈。与我们通常可见的委托代理关系如商事公司不同，投资基金并不由自身的雇员来经营，相反的，其主要依赖外部独立的服务提供者即基金的投资顾问来负责基金的日常经营事务，包括基金资产的管理及为基金提供行政服务、办公场所和人员安排等。基金持有人将基金资产交由基金管理人管理，意在借助基金管理人的专家理财服务来谋求基金收益的最大化。而基金管理人提供上述的服务则在谋取基金管理费。虽然提高基金资产净值能给基金管理人带来较高的管理费收入，但基金资产净值并非一提高就能马上给基金带来收益的增加。比如，基金资产净值的提高若是基金管理人通过净值操纵的手段所得，那么基金持有人的长远利益就会受到损害。而且，基金管理费一般都是按前一日基金资产净值的一定比例直接从基金总资产中加以扣除，基金持有人和基金管理人之间的利益分配构成了一种典型的"零和游戏"，即在基金总资产不变的情况下，基金管理人计提的管理费越多，基金持有人得到的收益就越少。因而两者潜在的利益冲突较一般的委托代理关系更为尖锐。

综上，与一般的委托代理关系相比，投资基金不仅同样存在着信息不对称、自然因素的不确定性、代理契约的不完全性以及代理利益的潜在冲突性，而且在程度上都比一般的委托代理关系表现得更为严重和尖锐。这也向我们昭示着，在投资基金这种委托代理领域中，基金管理人出现不当行为不仅同样不可避免，而且可能比其他代理领域更为频繁和严重。

三、基金管理人不当行为的主要表现

基金管理人实施不当行为不仅手段诡秘，而且变化多端。因为基金管理人经常会随着具体市场条件和外部监管环境的变化，不断地对自身的不当行为做出适应性的调整。只要一种旧的不当行为被查处和揭秘，他们就会竞相进行违法“创新”，创造出另一种新的不当行为以规避外部的监管。因此，在笔者看来，基金管理人的不当行为是一个动态的概念，很难将基金管理人不当行为的各种表现形式在此逐一穷举。下面，笔者仅就基金管理人在基金投资、销售、交易环节中的几种主要不当行为的表现形式加以剖析。

（一）基金投资中的不当行为

投资是基金管理人管理基金资产的核心手段，也是基金实现保值、增值的根本途径。然而，基金投资是一个极其复杂和技术化的过程，信息不对称的存在使得一般的基金持有人犹如潜行在漫漫的黑夜，根本无法把握和监控基金管理人的投资行为。所以，在基金业发展的过程中，基金的投资领域成为基金管理人的不当行为最为集中频发的地带，最常见的有：

1. 净值操纵(net value-manipulation)

净值操纵是指基金管理人为了提高基金单位净值，在交易日结束前夕故意改变原有投资组合中的证券配置结构，临时调高基金资产净值以计提更多基金管理费的操作手法。这种行为往往发生在基金交易日结束前夕的最后几分钟内，基金管理人择机用不大的交易量将市场上残存不多但已被基金事先重仓持有的股票吸纳，从而抬高该股票的价格，有意识促使基金资产净值的暂时上升。[①] 比如，假设一个基金管理人管理的某一个基金的投资组合中已经持有某只股票的数量为 500 万股，在闭市收盘前的最后几分钟内，基金管理人如

① 由于基金的资产价值一般是以基金投资组合中的各种股票的收盘价来计算，一旦基金投资组合中股票价格提高，肯定造成基金资产价值的上升。

果动用 50 万元的资金将该股票的市场价格拉高 1 元,则马上可使基金投资组合的证券价值增加 500 万元,而基金管理人所用资金与净值提升的比例为 1∶10。

从以往实践中看,净值操纵这种不当行为一般是发生在业绩较差的基金管理人身上。由于基金资产净值的高低与基金管理费的计提数量和基金业绩的排名顺序息息相关,且基金管理费的计提都是以前一交易日结束后的基金资产净值为基数按一定比例提取,而基金业绩的排名是按周进行,那些原本业绩较差的基金管理人往往在每个交易日、每周最后一个交易日或每年最后一个交易日,甚至是在该交易日收盘前的最后几分钟内迅速提高投资组合中某只股票的持有量,放手一搏以扭转基金单位净值低下的局面。如此既可以使自己从升高的基金资产净值中计提更多的基金管理费,又能在短时间内迅速提升业绩排名。美国的投资基金专家 Brown, Harlow 和 Starks 在 1996 年以竞标模型(tournaments)研究了基金管理人操纵净值的行为时就发现了这种情况。他们以 1976 年到 1991 年的 330 家成长型基金为样本,利用各年度基金累积报酬率的中位数根把管理这些基金的基金管理人划分为赢家(winners)与输家(losers),并作卡方检定,结果发现输家操纵净值的频率远远大于赢家。[①]

众所周知,基金资产净值的真正提高应是一个循序渐进的价值挖掘过程。即基金管理人必须通过长期不断地跟踪、研究、分析上市公司的各方面信息因素后挖掘出那些质地优良、核心竞争力强且能为投资者带来长期价值的蓝筹股或绩优股作为基金长期投资的重点。而上述净值操纵的手法显然与价值投资的原则相违背,这种短期炒作行为往往扰乱了基金已有的投资组合,不但降低基金资产的流动性,而且增加了基金运行的成本。特别是随着证券市场规模的

① Brown ,K. C. , W. V. Harlow, and L. T. Starks. Of Tournaments and Temptations, an Analysis of Managerial Incentives in the Mutual Fund Industry. *Journal of Financie*, 1996, Vol. 51, No. 1, pp . 85～110.

扩大和市场中其他机构投资者数量的增多，各种股票数量分布相对比较均匀的情况下，基金管理人净值操纵的成本势必越来越高，而且很容易造成操纵失败，以致净值一落千丈。毋庸置疑，基金管理人的这种净值操纵实质上是以牺牲基金持有人的长期利益为代价，是一种饮鸩止渴的投资策略。这种短暂虚高的基金资产净值好比在阳光下被人为吹起的肥皂泡，外表虽光彩诱人，但肯定好景不长，且一旦破灭就不复存在。而最终的受损还是由基金持有人埋单。

2. 操纵市场(market-manipulation)

如果说净值操纵是基金管理人个体的不当行为，那么操纵市场则一般是指基金管理人群体的不当行为。这些基金管理人为分享超额利润或减少在证券市场投资的风险，经常串通合谋，综合利用他们的资金和信息优势来制造市场假象，影响某一股票价格以诱导市场上其他投资者在不了解事实真相的情况下做出投资决策。基金管理人操纵市场的方式多为：

(1)对倒，又称“洗售”(wash sale)，以影响证券市场行情为目的，人为制造基金投资交易的虚假繁荣，从事证券所有权非真实转移的交易行为。主要包括三种：一是几个基金管理人在短时间内先后相互买卖彼此管理的基金投资组合中的某一证券，其间并无证券与款项的交割行为；二是基金管理人管理的两个以上的基金就彼此持有的几种证券进行不转移所有权的相互买卖；三是几个基金管理人合谋，先由预先安排好的基金管理人买进，继而又将证券还给卖方，取回价款。

(2)轧空，该类行为在美国被称为“通过市场控制能力的操纵行为”(market power manipulation)，是指基金管理人利用自己所管理的基金资产庞大的优势，将证券市场的某种或某些流通股票吸纳，集中成为“庄家”，致使证券市场上无其他来源可供补进股票，从而借机操纵该股票的价格。通常，轧空发生在卖空交易情形下，在股票价格上涨时，部分投机者会认为股价已经上涨过头并可能下跌，于是融券卖空。庄家也就此开始替卖空者融券。然后证券价格上涨后，卖空者继续卖空,庄家试图将证券市场的某只证券全部吸纳,吸纳的股票再融券给卖空者继续卖空,最后,形成融券股票数量超过流通在外的股票数量的情形。当这种情形继续到卖空者警觉或感到绝望并试图补回卖空股票时,庄家也同时要求收回借出的股票。此时,卖空者已无其他来源的股票可供购买,只好与庄家了结,价格由庄家随意决定。

(3)合谋买卖,是指两个或两个以上的基金管理人,集合各自管理的基金的资金、信息、人才、经验等优势,进行证券交易的行为。惯用的手法为:以合谋或默契的方式,在相似的时间、相似的地点、相似的数量、相似的价格买卖同种证券,造成某种或某些证券交易量的上升,从而操纵市场价格。

(4)连续交易,即以抬高或压低证券交易价格为目的,在短时间内,基金管理人应用基金资产对某种或某些证券进行连续买卖,从而造成实际或表象的交易活跃,诱使其他不明真相的中小投资者"跟进"或"跟出",待股票价格涨到一定程度,基金管理人再抛出基金组合中的股票以获取高额的差价。

(5)拉托,是指基金管理人借助与市场咨询机构或股评人士散布谣言或不实资料,影响某种或某些证券的交易量和交易价格,从中牟取非法利益的行为。拉托的目的意在吸引其他公众投资者对某种股票的买入兴趣,并维持到基金管理人将其持有的股票全部卖出为止时,再促成股票价格的下跌。

3. 内幕交易(insider trading)

内幕交易是指内幕人员和以不正当手段获取内幕信息的其他人员违反法律、法规规定,泄露内幕信息,并根据内幕信息买卖证券或者向其他人提出买卖证券建议的行为。基金管理人的内幕交易行为一般主要有三种:(1)基金管理人利用基金所投资的上市公司的内幕信息进行的内幕交易,表现为基金管理人凭借其作为基金代理股东的地位,以迎合上市公司管理层特殊需要为代价,如行使投票权支持上市公司管理层提出的某些议案以换取有关上市公司董事会的决议、公司的增资减资、股票的发行与包销、股份分割、公司合并、解散、新产品或新技术的产业化、固定资产得失、公司涉讼纠纷、公司涉讼案件败诉以及公司预期赢利变化等一系列影响上市公司股票价格的内幕信息，并将之暗中透露给其控股股东或其他利益相关者，或者根据该信息建议他们进行特定的证券交易。(2)基金管理人利用基金持股比例较大的优势与上市公司的内部管理人员合谋共同参与内幕交易。(3)基金管理人利用基金本身的内幕信息进行的内幕交易。有关基金运行的内幕信息如未公布的基金净值大小、基金的投资组合、基金持股的种类和数量、基金股票仓位的调整变化等在其未公开披露之前都将对基金本身及基金单位的交易价格产生实质影响。因此，基金管理人很可能会将这些内幕信息事泄露给其关联人使用。较为典型的是基金管理人构建"老鼠仓"(front-running)的行为。即基金管理人事先将基金投资组合要购入的某种股票信息暗中提前透露给其关联人士，待其关联人士以低价买入该股票建仓后，基金管理人再代表基金下达实施购买该股票的指令。由于基金资产庞大，其购买证券的交易量一般都很大，其买入该股票的行为一般都会带动股票价格的上扬。于是，基金管理人的关联人士就会在适当的时机再将原来低价购买的股票以高价抛售给基金，从中赚取买卖差额。

4. 不当的关联交易(affiliated trading)

不当的关联交易是指基金管理人或其关联人与基金之间发生的不公平交易。基金管理人进行的不当关联交易主要有两种形式：一是基金管理人指使基金与其控股股东之间的不公平交易，另一种是同一基金管理人所管理的不同基金之间的不公平交易。前一种行为还包括：(1)基金管理人运用基金资产配合其控股股东的新股发售(Initial Public Officer，简称 IPO)，以偏离公允价格的方式认购控股股东发行的新股；(2)基金管理人频繁在二级市场进行不必要的买卖操作以为其控股股东(经纪商)制造交易量指标和创造佣金收益；(3)基金管理人运用基金资产接受其控股股东(承销商)滞销的证券，化解其控股股东承销证券的风险，等等。

同一个基金管理人管理的不同基金之间的不公平交易行为，一般表现为用一个基金的盈利来填补另一个基金的亏损。这种不当关联交易行为通常以基金之间的相互"倒仓"形式表现出来。所谓"倒仓"是指基金管理人故意安排其管理之下的甲、乙两个基金以事先约定的价格、数量和时间在市场上进行相对交易的行为。基金管理人进行其旗下两只基金的相互倒仓，既可以解决先上市的基金的流动性问题，又不影响甚至提高基金单位净值。① 特别是与开放式基金相比，封闭式基金不存在流动性的风险，而且在各国都面临着被"边缘化"的现象。所以对那些既管理开放式基金又管理封闭式基金的基金管理人最经常发生这种"倒仓"行为。因为基金管理人为树立自我品牌形象，在公众面前标榜自我的业绩，就很有可能将开放式基金中流动性差、前景不好的股票倒仓给封闭式基金，以维持其管理的开放式基金单位净值在市场中的领先地位。显然，这种厚此薄彼的做法只能加速封闭式基金的折价和贬值，严重损害了封闭式基金持有人的利益。

（二）基金销售中的互惠交易（reciprocal trading）

在基金销售过程中，基金管理人经常出现的不当行为是与证券公司暗中的互惠交易。众所周知，基金管理人发行的基金单位主要是由证券公司负责销售，为此，很多基金管理人通常都暗中事先向证券公司许诺将基金的证券交易量交由其执行，以此刺激证券公司尽可能扩大基金单位的销售量。所以，通行的做法是哪一家证券公司帮基金管理人销售的基金单位越多，基金管理人分配给这家证券公司的交易量也就越多。根据美国 20 世纪 60 年代所作的一项调查，在当时的美国，证券公司每销售 100 美元的基金单位，则该基金的基金管理人平均就会支付给证券公司的 1 美元的交易佣金作为报答，两者的互惠比例达到 1%，一些规模更大的基金管理人支付的比例

① 基金单位净值是每一基金单位代表的基金资产的净值，它等于基金的总资产减去总负债后的余额再除以当日发行在外的基金单位的总数。

甚至高达5%。[①] 显然,对证券公司而言,庞大的基金资产为其带来的佣金收入是十分客观的。因此,证券公司为了日后能从基金那里获取更多的交易佣金,其自然会竭力向其客户推销手中的基金产品。而对基金管理人来说,不管基金支出的交易佣金有多高,反正最终都是基金持有人买单,不但丝毫不影响其已有的管理费水平,相反地,基金管理人收取的管理费还可以随着基金规模的不断扩大而增加。因此,基金管理人当然更乐于用高于标准的佣金比例来刺激证券公司帮助自己销售更多的基金单位以增加基金的规模。[②]

除了上述原因之外,基金管理人愿意支付高额佣金给证券公司的另一个动机是可以借机把从证券公司享受的额外咨询服务(如证券公司提供给基金管理人的研究报告、统计信息和信息电脑服务终端等)的费用摊入佣金,作为一种隐性的基金成本悄悄地转嫁给基金持有人。如此一来,基金管理人还可以不用自己掏腰包就可以享受证券公司的上述额外服务。[③] 而对基金持有人而言,这种互惠交易行为给之带来的危害是不言而喻的,姑且不论这种毫无节制的基金规模增长是否会影响和制约基金资产的流动性,弱化基金未来的投资收益,单就交易佣金一项,基金持有人肯定要比正常市场交易条件支付更多的成本。显见,互惠交易使得基金管理人与证券公司之间的利益凌驾在基金持有人的利益之上。基金管理人分配交易佣金,证券公司毫无节制的促销基金单位从而导致基金规模的攀升扩大,进而使基金管理人又可以得到更多的基金管理费。而基金管理人所管理的基金规模一扩大,又可以分配给证券公司更大的交易量和交易佣金。如此不断的循环刺激,最终使基金资产在这一循环中被稀

---

① A Study of Mutual Funds, prepared for the United States Securities and Exchange Commission (SEC), *H. R. Rep.* No. 2274, 87th Cong,. 2d Sess. The Wharton School of Finance and Commerce, 1962.

② Glick. Mutual Fund Management Fees: In Search of a Standard, *Bus. Law*, 1970, Vol. 26, No. 1, pp. 1471～1474.

③ Paula dwyer. Mutual Funds: Carpe Diem. *Business Week*, 2004, No. 4, p. 5.

释、摊薄和损害。因此,互惠交易的实际受益者是基金管理人和证券公司,受害者依然是基金持有人。

(三)基金交易中的不当行为

1. 盘后交易(late trading)

盘后交易是指基金单位净值在交易日法定时间结束确定之后,基金管理人暗中允许特定客户以已知价进行基金单位的申购、赎回或转换的行为。在美国,依照 SEC 规定,基金单位净值在美国东部时间下午 4 时证券市场交易日结束之前,由该基金投资组合中各种有价证券的交易价格加权平均而定。因此,凡是交易日下午 4 时后基金管理人所接到的有关基金单位申购、赎回的请求就不能再以当日确定的基金单位净值来计算,而必须推延到下一个交易日所确定的基金单位净值来计算。设想在某交易日美国东部时间的下午 5 时,美国联邦储备委员会突然宣布调低利率,这对股市而言无疑是一个利好的消息。可以预见次日纽约股市将会迎来牛市,相应地,基金单位净值必定会随之升高。如果此时能以今日确定的较低基金单位净值购入大量的基金单位,然后再以次日较高的价格抛出基金单位则必定有利可图。于是,某些特殊的投资者(主要是一些大型的机构投资者)正是看中了上述有利可图之处,因而与基金管理人和证券公司沆瀣一气,合谋从事盘后交易来损害基金持有人的利益。通常的操作程序为:证券公司首先将这类特殊投资者在下午 4 时之后才提交的申购赎回请求的故意记作 4 点之前才收到,并与其他正常买(卖)单一道发给基金管理人办理清算交割。由于事先得到某种好处的允诺,基金管理人最后对证券公司和某些投资者的违法行径假装视而不见,往往会心知肚明地配合这种盘后交易的完成。①

正所谓"客大欺店",基金管理人之所以愿意赋予这类机构投资

① Eric Zitzewitz Who Cares About Shareholders? Arbitrage-Proofing Mutual Funds (October 2002) At http://faculty_gsb. stanford. edu/zitzewitz/Research/arbitrage1002. pdf, 2005-8-16.

者以盘后交易的特权，主要是因为这些特殊机构投资者往往财大气粗，申购和赎回基金单位的数量十分庞大。他们手中资金的去留对基金规模的影响甚大，留住这些大客户对基金管理人而言往往意味着可保住一笔较为稳定的管理费收入。因此，基金管理人基于自身利益的考虑往往是很难拒绝这类大客户的交易请求，主动配合盘后交易的进行也就不足为怪了。

总之，盘后交易极大地稀释和牺牲了基金持有人本应可以得到的收益。这部分收益不但被这些特权投资者所掠夺，而且也间接被基金管理人和证券公司所瓜分，是一种危害程度较大的不当行为。

2. 择时交易(market timing)

择时交易，又称为“短线交易”，本是一个投资术语，这里是指基金管理人允许特定的客户为赚取可能存在的基金单位价格差价而在短时间内频繁买卖基金单位的交易行为。因为很多美国国际基金在境外股票、小盘股、债券上持仓甚重，加上这些基金都以过时的(stale)组合证券价格计算其资产价值，这样就为基金管理人与特定客户进行择时交易打开了方便之门。① 试举一典型的例子，一个美国共同基金重仓持有日本东京证券交易所上市挂牌的某些股票，由于时差的原因，日本股市在美国东部时间凌晨 2 时就闭市了。如果美国基金管理人以日本收市价来计算当天下午 4 时的基金单位净值，则该基金投资组合中的那些日本股票价格信息显然是 14 小时之前的信息。因此，一旦在日本市场休市与纽约股市交易的这段时间内，出现具有全球性影响的重大利好消息以致美国纽约市场股价上扬，则显然可以预见日本股市价格第二天开市后也将随之上扬，但昨天的价格并不能反映这些消息，故此时一些精明的机构投资者就会趁机以昨天过时的价格大量购入该基金单位并在第二天卖出。因为他们知道第二天基金单位的净值一定会升高，赎回或抛出基金单位

① James Pethokoukis, Time for an Accent? *U. S. A. News and World Report*, 2004, No. 5, p. 3.

都可稳赚一把。基金管理人本可以轻而易举地遏制这些大客户的择时交易行为，比如拒绝择时者的申购，或者通过施加严格的基金单位买卖数量和时间的限制，或者加征择时交易费(早期赎回费)归入基金资产，以此来抵消套利者的套利利润，使之无利可图。然而与盘后交易一样，面对着高额利益的诱惑，很多基金管理人往往对这些投资几千万美元的大客户网开一面，默许并进而配合这些客户进行择时交易。

除了跟盘后交易一样能确保收取较大的基金管理费之外，基金管理人还往往能够从择时交易的套利利润中分得一杯羹。然而，为了应付这些套利者短期内频繁持续的申购和赎回请求，基金管理人可能不得不要变现组合中的其他证券以保留较高的现金比例。如此，必然会人为降低基金资产的使用效率，迫使基金管理人在下跌市场中抛出股票，从而放大基金的损失。基金的预期收益就这样在无形中被频繁交易的套利者所稀释和盘剥掉，根据美国一份不完全统计的研究报告：在2003年，美国基金管理人暗中配合套利者进行的择时交易给美国所有的国际基金造成了至少40亿美元的损失。[①]而这些损失显然又落到了广大不明就里的中小基金持有人身上。

四、基金管理人不当行为的危害

基金管理人不当行为不仅损害了基金财产或基金持有人的利益，而且还会扭曲投资基金本应有的市场功能，降低证券市场的资源配置效率，甚至引发整个证券市场的诚信危机。下面，笔者对这些危害性加以具体分析：

(一)基金管理人的不当行为危害和减损了基金的财产利益

析微而知著，通过上文介绍，不难看出，尽管基金管理人不当行

---

① Eric Zitzewitz, Who Cares about Shareholders? Arbitrage－Proofing Mutual Funds (October 2002), At http://faculty_gsb.stanford.edu/zitzewitz/Research/arbitrage1002.pdf, 2005－8－16.

为所发生的领域不同、表现多样，但它们对基金财产利益的危害和减损在本质上如出一辙。这种危害不仅体现为基金要额外承担基金管理人不当行为的各种实施成本，而且更重要的还表现为基金现存财产的减少和未来收益的丧失。质言之，基金管理人通过不当行为所牟取的私人利益如过量的基金管理费、“软美元”收益（有关“软美元”的问题下文将有专门的分析）以及在盘后交易或择时交易中从其他特定客户取得的资金回扣等，都是直接或间接从基金财产中秘密掠夺而来的。所谓直接，表现在基金管理人可以通过各种关联交易以低价卖出高价购入的方式将基金的财产利益输送给其控股股东等其他关联人，或者通过净值操纵的方式从基金资产中收取更多的管理费；所谓间接，表现在基金管理人可以通过“软美元”的形式免费从证券公司享受额外的投资服务，或者从机构投资者的盘后交易或择时交易的利润中分得一杯羹。在笔者看来，无论基金管理人是采取直接或间接途径从基金中窃取私益，在凭借信息不对称和自然因素不确定的客观条件的掩护，基金管理人的不当行为一般都不容易被发现和证明。就以基金管理人在交易日结束前夕突然改变基金的投资组合为例，究竟是基金管理人价值投资的需要还是为操纵净值的故意安排？又比如基金管理人指使基金在二级市场购买其控股股东发行的股票，究竟是基金管理人投资策略的要求还是基金管理人进行利益输送的手段等。所有的这一切，平时远离基金管理人的基金持有人显然是难以察觉的。有学者就批评美国基金管理人在基金设立之初经常打着管理基金资产的幌子，通过误导、歪曲、掩盖、搅乱或混淆的形式要么将基金财产沦为自己赚钱的工具，要么干脆将基金应有的部分收益中饱私囊。[①] 哈佛大学经济学家安德雷·施莱佛（Andrei Shlfifer）更是将基金管理人的不当行为形象地比喻为“隧道行为”，即基金管理人从事不当行为就好比在基金财产和基金管理人自

① Richard D. Schuler, Fiduciary Obligations of Mutual Fund Managers in Portfolio Transactions. *Syracuse Law Reviews*, 1970, Vol. 22, No. 1, p. 1109.

有财产之间挖掘出一条见不得日光的地下通道,将基金财产慢慢地掏空。[①]

(二)基金管理人的不当行为扭曲了投资基金的直接融资功能

投资基金具有能将社会分散的闲置资金集合起来投资于各种有价证券,从而实现储蓄资金向产业资金转化,促进资本市场资金供给的功能。投资基金这种直接融资功能的发挥除了取决于投资基金的竞争优势、基金理财水平和证券市场的发展状况之外,还取决于基金管理人是否具备良好的职业道德和诚实守信的经营行为。然而,基金管理人的不当行为恰恰与之背道而驰。因此,普通的投资者即使手里有暂时不用的资金,他们也不敢将之交给基金管理人去管理,而情愿选择将钱存入银行。有学者评论道,如果基金管理人一味想以净值操纵、内幕交易等不当的行径来赚钱,则无异于搬石头砸自己的脚。其后果必定是基金理财无人问津,基金管理人无财可理。[②] 倘若如此,就遑论投资基金直接融资功能的发挥。

(三)基金管理人的不当行为降低了证券市场的运行效率

众所周知,在一个有效率的证券市场上,风险与收益应当是相匹配的。换言之,在这样的市场中找不到套利机会。如果有套利机会,市场就不是有效率的,资源配置也就无法达到帕累托最优状态。[③] 投资基金的出现显然具有增进市场效率之功效。因为投资基金可以利用专家理财的优势,通过对市场进行深入的研究、挖掘和操作,使市场上的所有投资品种的风险与收益对称起来。比如,一方面,投资

---

① 转引自:Richard D. Schuler, Fiduciary Obligations of Mutual Fund Managers in Portfolio Transactions. *Syracuse Law Reviews*, 1970, Vol. 22, No. 1, p. 1113.

② 李建国著:《基金治理结构,一个分析框架及其对中国问题的解释》,中国社会科学出版社 2003 年版,第 69 页。

③ 帕累托最优状态(Pareto Optimum)是指在市场经济体制下,如果改换商品生产与商品交换的方法,能使一个人改善其生活,同时又不损害另一个人或一些人的生活,则改变前的状态即算不上是帕累托最优状态或社会最佳状态。意大利经济学家帕累托首先使用了"最佳状态"一词,并为它制定了严格的定义,因而与他的名字连在一起,成为社会科学界普遍使用的名词。

基金可通过对具有增长潜力或价值被低估的股票的购买，实现基金的投资价值，同时引导资源向效率高的企业或有利可图的项目流动；另一方面，投资基金又可通过对业绩将要下降的股票的卖出，在规避投资风险的同时，引导资源流出低效率企业或落后的项目。所以，投资基金参与证券市场的投资可以增进市场对上市公司基本面的反映能力，提高证券市场的资源配置效率。当然，这一功能的发挥完全是以基金管理人贯彻长期价值投资理念为基础的。因此，如果基金管理人可以通过操纵基金净值、操纵市场、内幕交易、关联交易等行为轻而易举地实现个人的高额收益，那么他们肯定不会劳神费力去研究上市公司的基本面。可见，基金管理人的不当行为很容易使投资基金偏离长期价值投资的轨道，不但对增进证券市场的运行效率无益，加剧市场的波动，而且，还会扩大单个股票风险收益的不对称状态，使资源配置错位，削弱证券市场的资源配置功能。

五、基金管理人的不当行为与违法违规行为

不当行为与违法违规行为既有联系又有区别：前者是委托代理关系的产物，主要是经济学特别是新制度经济学研究的对象；而后者则纯粹是一个法学概念的范畴。当然，两者在很大的程度上也存在交叉，特别是就本书的研究对象即基金管理人的不当行为而言，像前文所列举的如净值操纵、内幕交易、操纵市场、盘后交易、择时交易等本身就是一种违反证券法和证券交易规则的违法违规行为。

在契约经济理论中，就对本书所研究的这种狭义的“不当行为”给出了的严格定义：当签约一方在不完全承担风险后果时所采取的对自身利益最大化的自利行为。[1] 这个定义揭示判断一个行为是不是不当行为，必须根据两个标准：首先双方必须签订代理契约或存在隐性的契约关系。不当行为是指签约后的行为而非签约前的行为。

---

① 转引自曾欣著：《中国证券市场道德风险研究》，西南财经大学出版社 2003 年版，第 25 页。

其次,在代理契约授权的范围内,不当行为的实施者凭借委托代理关系可以不用直接承担其行为的成本和风险后果。比如张三和李四在街上走,张三突然对李四实施抢劫,而后被警察逮捕入狱。这显然就是一个纯粹的违法违规的案例,但却不是制度经济学意义上的不当行为。首先,张三没有和李四签订合同;其次即便张三和李四之间存在着某种隐性的契约关系,只要张三必须直接承担其抢劫行为的成本和风险后果,那么张三的行为就不是严格意义上的不当行为。除非张三的父亲是当地的公安局长,并且长期对张三的肇事行为给予溺爱和包庇,张三在抢劫前就有着对父亲会再度法外开恩,出手相救的肯定预期,即坚信自己东窗事发后无须直接承担或全部承担抢劫的风险后果(比如因其父亲的徇私枉法而免于服刑入狱),那么,在此前提下,张三这个时候的抢劫行为才能够得上是一种狭义的不当行为,即道德风险行为。

具体到投资基金业而言,如果基金管理人不是拿自己的钱而是借助自己管理基金资产权利之便,将基金持有人的钱即基金资产拿去操纵股价,那么这既是一个违法违规的行为,也是一个不当行为。而如果基金管理人拿着自己自有的货币资金在股市上操纵股价,那么这显然是一个违法违规的行为,也是宽泛意义上的"不当行为",但不是本书所要研究的"不当行为";而基金管理人若只是在上班工作的过程中出现临时偷懒、不努力或者过度消费,如追求豪华办公室或汽车等,那么这种行为对基金财产的危害程度较轻,充其量只是违背职业道德,显然还够不上违法违规,但也属于本书所讨论的不当行为。为对上述两种不当行为加以区分,有学者将违反了法律法规的不当行为称为严重的不当行为,而将没有违反法律法规但有悖于职业道德的不当行为称为一般的不当行为。[①] 但总而言之,无论是严重的不当行为还是一般的不当行为,两者的共性都是代理人对最优

① Tamar Frankel. *The Regulation of Money Managers: The Investment Company Act and the Investment Advisers Act*. Little Brown and Company, 1980, p. 473.

代理契约执行结果的偏离，在减损委托人利益的同时自身不用承担任何的风险与成本。

第三节 基金管理人不当行为的规制

一、问题的提出

基金管理人不当行为的规制是基金治理工作中的首要问题。所谓基金治理，又称基金治理结构，是指有关基金资产控制权和剩余索取权分配的一系列制度性安排。[①] 同公司治理结构一样，有效的基金治理结构就是对投资基金中的三方当事人特别是基金管理人进行必要的激励和约束，使基金能以最小的成本获取最大的投资回报，或者说在既定的利益下尽可能地降低代理成本。从法学的角度来理解就是以保护基金持有人利益为目的，在基金运营的过程中对基金当事人之间的权力和责任进行合理的配置，建立起一个相互制衡的机制。

由于基金治理源自于公司治理，目前，从国外有关基金治理的相关文献中，对基金管理人不当行为的治理基本遵循公司治理的方案，主要有道德、经济和法律三种层面的规制机制。笔者下面分而述之：

第一，道德层面的规制主要是声誉机制，该规制方式认为声誉是一种重要的无形资产，是投资者长期以来对基金管理人良好履约历史的累积记忆，因而是基金管理人对基金持有人公开做出的一种不从事不当行为的保证与承诺。这种保证与承诺虽不具备法律上的可执行性，但却是基金管理人从事不当行为的一种机会成本。如果基金管理人自食其言，不履行这种保证与承诺，那就会遭到社会道德舆论的谴责，不仅吸引不了新投资者的光顾，而且还会因此被现有的基

① 李建国著：《基金治理结构，一个分析框架及其对中国问题的解释》，中国社会科学出版社 2003 年版，第 3 页。

金持有人所抛弃。由此推断，声誉机制是维持基金管理人与基金持有人之间交易关系不可或缺的基础。很多基金管理人为了获取良好的声誉与取得长期的经营利益而不得不自觉强化自身的内控机制，约束自身的不当行为。[①]

第二，经济层面的规制则分有内部规制和外部规制两种。内部规制主要是改进和强化基金管理人的激励机制，比如使用相对业绩考核基金管理人，推行基金经理期权制度，赋予基金管理人部分的剩余索取权，或者使基金管理人承担部分管理行为的风险，等等。内部规制旨在通过矫正基金管理人的剩余控制权与剩余索取权的不匹配，最大限度地弱化基金管理人和基金持有人在基金代理利益上的冲突，进而减少基金管理人的不当行为。外部规制主要有：(1)基金产品市场，比如大力推行开放式基金产品，赋予基金持有人以“用脚投票”的方式来自主选择基金产品，表达对基金管理人的不满。如果某个基金管理人的不当行为非常严重，以致基金业绩较差，则基金持有人可以要求该基金管理人赎回自己手中基金单位而选择其他的基金管理人。(2)基金控制权市场，即一个基金管理人如果总是通过不当行为运用基金资产以满足私利，则长此以往其所管理的基金资产不但不能实现保值、增值的目的，而且还会贬值，从而为其他持有该基金股份的基金的兼并收购提供了很大的机会。一旦兼并收购成功，接收者就会设法使原来的基金管理人交出基金控制权。(3)基金管理人市场，如果基金独立董事对现职的基金管理人表示不满，则其有权通过终止投资顾问合同的方式在基金管理人市场中重新遴选新的优良的基金管理人。因此，如果一个基金管理人不当行为较为严重，已经不能胜任基金管理业务时，则其便有被外部潜在的新的基金管理人所取代的危险。基金管理人市场越发达，则其给现有在职的

① George Djurasovic. The Regulation of Socially Responsible Mutual Funds, *Iowa J. Corp. L.* 1997, Vol. 22, No. 1, p. 275.

基金管理人的外在压力越大,使其不得不自觉地收敛自身的不当行为。[①]

第三,法律层面的规制是指立法机关和政府部门运用公权力制定法律法规对基金当事人特别是基金持有人与基金管理人之间的权力与职责进行强制分配,以在基金组织内外建立起防范和约束基金管理人不当行为的一系列法律安排。[②] 事实上,运用法律来规制基金管理人的不当行为在发达国家早已深入人心。晚近在美国十分盛行的"法与金融"(Law and Finance)理论就认为:一个国家投资基金市场发展的广度与深度与基金的法律规制机制水平存在正相关。意即较完善的基金法律规制机制将导致:(1)较高价值水平的基金市场;(2)更大数量的投资基金的出现;(3)投资基金的产品将更多样化;(4)基金管理人更低的不当行为所得;(5)基金持有人更多的投资收益。[③] 究其原因,根据提出该理论的美国学者 LLSV 的解释,主要在于基金法律规制机制能有效地降低基金管理人的侵占技术效率(expropriation technology)。在法律完全放任不管的情况下,基金管理人可以直接侵占基金的所有利润。随着法律机制逐渐被引入基金治理,基金管理人必须暗中通过扭曲或成本较高的不当行为才能侵占基金的利润,而且只能是部分利润。比如,基金管理人可以通过不当的关联交易将基金的部分利益输送给自己或第三方。如果基金

---

① George Djurasovic. The Regulation of Socially Responsible Mutual Funds, *Iowa J. Corp. L.* 1997, Vol. 22, No. 1, p. 277.

② George Djurasovic. The Regulation of Socially Responsible Mutual Funds, *Iowa J. Corp. L.* 1997, Vol. 22, No. 1, p. 279.

③ "法与金融"理论主要由美国的四个大腕经济学家:Rafael Laporta、Lepez－De－Silanes、Andrei Shleifer、Visney(简称:LLSV)共同提出来的。该理论的基本思路起源于制度经济学派,认为制度安排对市场发展、经济增长具有重要影响;在分析方法上,该理论着眼于"保护投资者利益"的法律及相关制度的研究。有关该理论观点的详细阐述,可参见:Rafael Laporta. Investor Protection and Corporate Governance. *Fin Econ*, 2000, 58(3); Lepez-De-Silanes. Law and Finance. *Pol. Econ*, 1998, Vol. 106, p. 1113; Andrei Shleifer. Legal Deterenceminants of External Finance, Fin, 1997, Vol. 52, p. 11131; Visney. Investor Protection: Origin, Effect and Reformation, 2000, *Fin Econ*, 2000, Vol. 58, p. 5.

法律规制机制比较完善,大多数的基金管理人则只能想方设法为自己牟取更多的管理费或者安排亲信进入基金公司工作或从事一些无效的投资项目。当基金法律规制机制达到更为完善的程度,投资顾问就只能选择完全支付基金持有人红利。所以,随着侵占技术效率不断降低,基金管理人的不当行为所得就越低,基金吸引投资的条件就能不断改善。[①] 除此之外,法律规制机制的作用还体现在基金持有人与基金管理人不能签订完全基金契约的情况下,通过提供能使双方共同接受的规则,使不完全的基金契约趋向于完全化。比如,法律规定基金管理人的信赖义务,即能有效地弥补基金持有人与基金管理人之间的契约差距(gaps in the contracts),为契约规定之外的冲突提供解决争端的法律途径。[②] 依此推理,基金法律规制机制能以一些明确的法律原则和灵活的规定,在基金契约没有规定或没有预见的情况下,由法庭或其他的第三方来判断基金管理人的不当行为是否严重,是否需承担相应的法律责任。例如,基金法律规制机制通过规定基金管理人的信赖义务,就可以把上述所描绘的基金管理人的几种常见的不当行为定性为严重的不当行为,纳入违法行为之列而得以追究基金管理人的责任,从而弥补不完全基金契约所带来的不确定性,提高基金持有人对基金市场的信心。

二、对基金管理人不当行为三种规制方式的评析

可以说,以上三种不同层面规制方式在规制基金管理人不当行为上都有其独特的功效,但在一国投资基金业发展的初期,比如我国,笔者认为相对于道德与经济层面的规制机制而言,法律规制机制

---

① Rafael Laporta,Lepez-De-Silanes Andrei Shleifer. What works in Securities Regulation,NBER Working Paper 9882,2001,转引自 Stephen choi. Law, Finance and Path Dependence: Developing Strong Securities Markets, *Texas Law Review*, 2002, 99(2).

② Rafael Laporta, Lepez-De-Silanes, Andrei Shleifer. What Works in Securities Regulation,NBER Working Paper 9882,2001,转引自 Stephen choi. Law, Finance and Path Dependence: Developing Strong Securities Markets, *Texas Law Review*, 2002, 99(2).

尤显亟须和可行，理由如下：

首先，在基金业发展的初期，与投资基金相适应的行业道德基础尚未普遍形成。基金管理人普遍较为急功近利，往往存有先打打法律的“擦边球”捞点私利再说的投机心理。因此，在强大的短期利益的诱惑下，很多基金管理人很可能倾向于一次博弈，甚至先下手为强而置个人的声誉于脑后。在我国基金业界，基金管理人利用证券市场的制度缺陷在二级市场频频进行炒作的现象早已成为一个广为人知的秘密。[①] 因此，在整个基金业的诚信基础和自律机制尚为薄弱之时，声誉很难普遍成为整个基金业的道德诉求。而且，建立和维护声誉机制需要一个很长的时间视野(time horizon)，这就更凸显了这种规制机制天生的脆弱性。特别是对大多数规模较小的基金管理人来说，他们对于声誉这样的长期投资兴趣远不如规模大的基金管理人。因为他们根本无力做专用性投资和大规模的人力资本设备，所以在投资上必然倾向于选择投资少、收效快、风险高的短期投资项目。[②] 所以，单纯利用道德声誉机制很难对他们的不当行为进行有效的规制。

其次，根据前面的分析，经济规制最主要的方法就是将基金的剩余控制权与剩余索取权尽量调适到相互匹配的状态，以消除基金管理人和基金持有人之间的利益冲突。但在投资基金这种委托代理关系中，剩余控制权和剩余索取权基本是分离的。因为基金契约或基金章程一般都规定基金的剩余控制权，即基金契约中没有规定的基金的投资权限由基金管理人独享；而基金的剩余索取权，即基金的剩余收益由基金持有人分享。所以，无论采取何种内部规制方案，都无法使基金剩余控制权和剩余索取权达到绝对的匹配，当然也就无法彻底地遏制基金管理人的不当行为。同时，与基金业发达的国家如

---

① 贺朝辉：《趁火打劫为己盈利打开空间，基金黑幕再爆揪人心》，At http://finance.tom.com. 2004－6－28.

② 李建国著：《基金治理结构，一个分析框架及其对中国问题的解释》，中国社会科学出版社 2003 年版，第 145 页。

美国相比,由于我国基金管理市场的准入门槛较高,基金管理人市场竞争并不充分,本质上还是一种不完全垄断的买方市场。与充裕的基金资金供应相比,基金管理人的资源相对不足。这种粥多僧少的局面难以对现职的基金管理人形成足够的外在压力。既然基金管理人市场对我国基金管理人不当行为的外部制约效果并不明显,那就更遑论收购市场的规制效果了。对此,笔者认为原因有二:一是我国基金市场本来竞争的有效性就不足,基金相互收购的经济性无从评估,高额的行业垄断利润使基金管理人一般都难以轻易交出基金的控制权。二是我国目前的基金法律禁止基金之间的相互投资,这使得相互收购在我国基金业中不可能发生。①

综上,在投资基金发展的初级阶段,尤其是基金业赖以生存的大环境即整个证券市场发育尚未成熟健全的条件下,单靠道德和经济这两种机制在规制基金管理人不当行为的效果上并不理想,解决不了基金持有人利益的保护问题。因此,必须引入强制性的法律规制机制,即借助法律背后的国家强制力量方能使基金管理人以基金持有人的最大利益去行使剩余控制权,从而自觉地约束自身的不当行为。因为此时基金管理人不仅要为自身的不当行为接受道德舆论的谴责,而且更重要的是还为此承担相应的法律责任。

美国的例子就足以充分证明法律规制机制规制基金管理人不当行为的有效性。在美国基金业发展的初期,特别是从 1929 年美国经济大危机爆发以后到 1940 年《投资公司法》出台之前的十几年间,由于联邦法律并没有任何涉及投资基金规制活动的相关规定,基金管理人趁火打劫,利用基金资产暗中从事不当行为的现象频频发生,而且愈演愈烈。根据 SEC 在 20 世纪 30 年代末所作的一份长达数十卷之多的调查报告显示:从 1929 年到 1935 年,美国投资公司的数量从 1 272 家迅减至 560 家,总资产从 80 亿美元狂降到 37 亿美元。

① 根据《中华人民共和国证券投资基金法》第 59 条规定:“基金财产不得用于下列投资或者活动:(一)……(四)买卖其他基金份额,但是国务院另有规定的除外……”

这其中至少有11亿美元的损失可以归咎于投资顾问业已存在的那些包括不当关联交易、操纵净值操纵市场等在内的各种不当行为。[①]该报告的大意正如1940年1月SEC在国会听证会上所作的陈述：

> ……从整体看，这个产业发展的记录令人惊讶，最悲观的预言家的预言得到证实，无规范的投资基金事业给投资者带来了悲惨的结果。因为充当投资基金发起人和经营管理人的投资顾问往往将该事业当作他个人的附属物用来获取个人的利益，而带给其他基金持有人以损害。太多的例子显示投资顾问和其他关联人滥用权利与基金进行证券买卖；在承销证券时向投资基金高价出售滞销证券；作为经纪商获得高额佣金；利用投资基金帮助其融资、担保、控制目标企业或进行企业并购等。[②]

SEC这份调查报告一出笼，立即引起投资者要求国会进行基金立法的强烈呼声，美国国会也因此更坚定了"原有的普通法(Common law)、各州制定的蓝天法(Blue Sky Law)、交易所规则及自律行为都不能适当、有效地予以规范投资顾问的不当行为，而只有寻求通过联邦法规介入基金治理安排的方式才能遏制这些罪恶，也才能配合整体的联邦证券管理法规(Federal Securities Statutes)的有效实施"。[③] 很快地，在1940年8月20日，国会几乎在没有辩论的情况下就一致通过了由SEC牵头起草的两部专门的投资基金法——《投资公司法》与《投资顾问法》。该两部联邦法律对投资公司的注册、投资与运营、资本结构、信息披露、独立董事、投资顾问的信赖义务、基金持有人的权利以及基金持有人的诉讼救济等方面作了一个颇为详尽的规定，使得投资基金从原来联邦法律监管的空白地带一下子变成

① Walter Werner, Protecting the Mutual Fund Investors: The SEC Reports on the SEC. *Colum. Law Review*, 1968, Vol. 68, p. 7.

② Division of Investment Management, SEC, Protecting Investors: A Half-Century of Investment Company Regulation, 1992. pp. 102～103.

③ Walter Werner, Protecting the Mutual Fund Investors: The SEC Reports on the SEC. *Colum. Law Review*, 1968, Vol. 68, No. 3, p. 13.

美国法律监管最严格的金融领域。根据美国投资公司协会（Investment Company Institute，以下简称 ICI）在 1945 年末所作的一项产业调查，在《投资公司法》与《投资顾问法》出台实施 5 年的时间内，投资顾问先前经常实施的那些令广大投资者深恶痛绝的不当行为在业内基本消失，美国公众对投资基金的信心也逐渐又恢复到大危机前的水平。美国的共同基金业也从此渐入佳境，开始踏上了一条迅速发展的快车道。从 1945 年到 1987 年，投资公司从 68 家发展到 2 300多家，资产从 4.48 亿美元增加到 7 690 亿美元。1997 年基金总额高达 35 392 亿美元，1998 年则增加到 5 万亿美元，首次超过了美国各商业银行的 4.7 万亿美元资产，从而成为影响金融市场的主导投资方式之一。到 2000 年底，投资公司的数量攀升到 8 184 个，其总资产达到 6.967 万亿美元，而 2007 年底，美国国内基金的投资总额就达到 12.0394 万亿美元，超占全球基金市场的 65%。美国当之无愧地成为当今世界上投资基金业最为发达的国家。[①]

① 有关 1940 年《投资公司法》和《投资顾问法》立法以来美国投资基金业各项指标逐年迅速发展的数据，请参见美国投资公司协会网站，http://www.ici.org/stats/mf/index.html。

第二章

基金管理人不当行为的信赖义务规制①

基金管理人作为投资基金的发起人和管理人，是维系基金组织的中枢，在投资基金中无疑扮演着最为核心和关键的角色。因为基金资产能否真正实现保值、增值，基金预期的投资目标能否成功实现，完全倚仗于基金管理人对基金资产的管理和运用。基金管理人每做出一个与基金运营有关的行为如投资策略的制定、投资对象的选择和投资时机的把握等都无不对基金资产的未来收益产生影响。可以说，基金管理人管理和运用基金资产的行为主宰着基金的命运，也直接决定着基金持有人对基金的投资热情和信心。因此，各国或地区建立基金管理人不当行为法律规制机制的第一环就是确立基金管理人的信赖义务，通过法律强制要求基金管理人以基金财产或基金持有人利益的唯一性和优先性作为管理和运用基金资产的准则，自觉约束自身的不当行为。本章先对信赖义务的起源、信赖义务的内容和信赖义务与信托义务的关系作一梳理。然后以美国法为中心联系和比较各国基金法制中有关基金管理人信赖义务的具体规定。

① 本书所用的“规制”一词，不是笔者的偏好，也不是因为汉语中流行这一用语并且使用起来特别贴切的缘故，而是源于美国 SEC 的工作用语之一——英文中的 regulation。Regulation 有条例及规则的意思。例如，在美国，监管机构如 SEC 所制定的规则一般都称为 regulation，而立法机构如国会制定的则为 act 或 law。然而，在 SEC 的法律文件及英美等国学者的著述中，regulation 并不完全等同于规则，还含有通过制定规则以实现对经济生活的调整和管理的含义。英语中此术语既有条例、制度的内涵，也有调整和管理的含义，在汉语中似乎找不到完全吻合的词语，故笔者感到还是“规制”一词最能兼顾以上两重含义，因此，本书使用的“规制”一词，在不同语境中，既可为名词，当成条例、制度或规则使用，也可为动词，意指通过制定规则或法律进行调整和管理。

最后,在前面的分析基础上,就我国现有基金管理人信赖义务规定的不足作出检讨,并提出个人的完善意见。

第一节　信赖义务概述

一、信赖义务的起源

信赖义务(fiduciary duty)及其派生概念受信赖人(fiduciary)、信赖关系(fiduciary relation)都是源自于衡平法的伟大创造——信托制度。衡平法正是在解构信托的法理构造和衡平当事人的权益分配过程中,逐渐抽象出上述的概念。[①] 因为信托本身首先就是基于信赖,为了达到经济上、社会上的某种目的而转移委托人的财产,由受托人为他人的利益而加以管理或者处分的财产关系。[②] 信托虽很早就产生于中世纪古罗马法的财产遗赠活动,但它作为一种独立的财产管理方式在法律制度框架内得以正式确立,却始于英国中世纪后期衡平法院(Chancellor Court)的判例。衡平法在调适信托实务的有关法律行为过程中,逐步建立起关于为了他人的利益履行职责,因而要求更高的行为标准的法律理论。由此,"信托"一词在衡平法上也就有了广泛的含义,它不仅包括作为特定财产管理方式的信托关系本身,而且还被用来泛指那些因为信赖,而由一人为另一人的利益而行为的情形。后来,为了称谓上的准确与方便,衡平法理论将上述情形进一步抽象为信赖关系,用以代指一方承诺将为另一方最大利益而行为,或者为了双方的共同利益而行为的委托代理关系。这种委托代理关系既包括由法律严格规定的信托关系,也包括任何存在于生活中一方委托或信赖另一方而形成的非正式的委托代理关系,如监护人和被监护人、遗嘱执行人和遗产继承人、学生和精神导

① 张开平著:《英美公司董事法律制度研究》,法律出版社 1998 年版,第 149 页。

② 江平著:《西方国家民商法概要》,法律出版社 1984 年版,第 75 页。

师等之间的关系。[①] 因此,当发轫于英国衡平法的信托法已经成为近代社会生活中独立运作的一项法律制度,尤其是在美国发扬光大、其影响也及于大陆法系国家的时候,信赖关系却仍然保留下来,并被用来指代所有类似于信托关系的、具有一定信任特征的法律关系。虽然这种信赖关系的确也是建立在人们自由意志的基础上,但实际状况是一旦受信赖人被授予了权利,他的行为必然将对委托人产生约束力,而另一方面委托人却并不能对其施加完全的控制或者严密的监督。此时委托人只能将希望寄托于受信赖人良好的品德。由此观之,信赖关系在性质上属于特定当事人之间的一种不对等关系(non-arm's length)。因为受信赖人在事实上拥有以自己的行为改变委托人利益状况的能力,而委托人却必须承担这种被"改变"的法律后果,所以使得受信赖人处于一种相对优势地位,委托人则处于弱势地位。由此,衡平法为保护委托人的利益,防止受信赖人滥用权利从事不当行为,就对受信赖人课以信赖义务。信赖义务要求受信赖人为了委托人之利益而应将个人或第三人的利益置于该委托人的利益之下。[②] 斯托利法官对信赖义务作出精辟的归纳,即"只要委以信任,那就必须全力以赴为他人利益,而不得有任何欺骗。一旦获得了影响力,那就不得利欲熏心,工于心计和损人利己。一旦掌握了个人控制的手段,这些手段就必须只限于用在诚实的目的"。[③]

信赖义务在衡平法通常被划分为忠实义务(loyalty duty)和注意义务(care duty)。忠实义务要求受信赖人行使代理权利履行职责时,无论在何种情形下都必须以谋求委托人利益最大化为目标,不能为自身的利益而损害委托人的利益。注意义务则要求受信赖人在代理中作出决策时,其行为标准必须是围绕委托人的利益,以适当的方

---

① 张开平著:《英美公司董事法律制度研究》,法律出版社 1998 年版,第 151 页。

② G. m. d. Bean, *Fiduciary Obligations and Joint Venture*. Londen, Clarendon Press, 1995, p. 23.

③ G. m. d. Bean, *Fiduciary Obligations and Joint Venture Londen*, Clarendon Press, 1995, p. 26.

式并尽合理的注意履行代理职责。[①]

二、信赖义务与信托义务的关系

从上面的论述可以看出，信赖关系起源于信托关系但又超出了信托关系，可以说，信赖关系是信托法理在其他委托代理领域扩张的结果。同样，信赖义务也是信托义务在非信托关系或类似信托关系的扩展或移植，因而，可以说信赖义务在精神实质上与信托义务是一致的。[②] 不过，由于信赖关系是信托关系从财产转移与管理领域向其他领域扩张的结果，信赖关系所包括的范围要比信托关系广泛得多。信赖义务也不完全等同于信托义务，一般来说，信托义务由于适用于信托关系，而且信托关系主要是一种财产管理关系，因而受托人负有依信托目的管理信托财产的信托义务，其主要表现是受托人不能利用信托为自己谋取私利，不能使自己处于受托人职责与个人利益相冲突的地位。而信赖关系发生的领域较为广泛，在不同的领域，由于委托人的授权及其遭到受信赖人不当行为损害的程度不同，必然导致受信赖人承担的信赖义务内容的不同。在有的信赖关系中，比如公司与董事之间，受信赖人还负有运用公司财产为委托人谋取利益的积极义务，因而信赖义务涵盖的范围要比信托义务广泛得多。可见，信赖义务的具体内容富于弹性变化，并无僵硬划一的标准。一般情况下，受信赖人享有的代理权越大，其所承担的信赖义务也就越重。[③] 比如基金管理人就比一个仅享有有限权限的代理人负有更加严格的信赖义务。一言以蔽之，信托义务是只信赖义务在信托关系中的表现，并不能全部代表信赖义务，两者之间在逻辑上是一种从属关系。

---

① G. m. d. Bean, *Fiduciary Obligations and Joint Venture*. Londen, Clarendon Press, 1995, p. 28.

② 王苏生著：《证券投资基金管理人的责任》，北京大学出版社 2001 年版，第 2 页。

③ 张国清著：《投资基金治理结构之法律分析》，中国政法大学经济法专业 2003 级博士论文，第 30 页。

第二节 基金管理人的忠实义务及其对关联交易的规制

一、基金管理人的忠实义务

依据信托法，所谓忠实义务，是指受托人对受益人负有唯一地为受益人利益而管理信托事务的义务，不得在信托管理中为自己或第三人谋利。换言之，忠实义务要求受托人必须抑制自己处于自身利益或第三人利益与受益人利益相冲突的地位，不得利用信托从事不当行为以谋取私利。[①] 赋予受托人忠实义务的目的在于确保受益人对信托财产的权利，受托人可以占有信托财产，但必须仅为受益人的利益而管理、运用该财产，除非受托人另外获得特别授权。信托法对受托人施以忠实义务主要用于防范因受托人品格不良而任意滥用受托权利，从事与信托利益相冲突的各种不当交易行为。[②]

同信托关系中受托人的忠实义务相类似，基金管理人的忠实义务就是指基金管理人在管理基金资产的过程中负有不得将其置身于基金资产或基金持有人利益与其个人或关联人利益相冲突的地位，其主要内容是关联交易限制规则。因为关联交易的目的具有矛盾性：一方面，基金管理人作为基金及基金持有人的受信赖人代理基金管理和运作基金资产，理应在交易中最大限度地为基金持有人谋取利益；可是从另一方面，基金管理人或其关联人作为交易的另一方，又必然拥有自己独立的利益需求。倘若法律不对之加以规制，基金管理人在关联交易中往往会选择牺牲基金持有人的利益而为自己或其关联人图利。因此，法律设置基金管理人忠实义务的初衷就是要禁止或限制基金的关联交易，以阻止基金管理人与基金持有人之间潜在的利益冲突转化成现实的不当关联交易。

---

① George G. Bogert, *Law of Trust*, West Publishing Co. 1973, p. 307.

② George G. Bogert, *Law of Trust*, West Publishing Co. 1973, p. 308.

二、对关联交易主体的法律规制

如前所述，投资基金这种特殊的运行结构决定了其比一般的商事公司存在更为严重的利益冲突问题，从而导致投资基金中管理人的不当行为比一般委托代理关系中的代理人更为严重。实际表明，关联交易是诱发基金管理人滋生不当行为的一大原因，也是基金运作过程中最难解决的问题之一。因此，各国对基金管理人忠实义务的具体内容规定也主要表现为对关联交易的严格规制。这种规制一般从关联交易的主体及形态两个方面展开。

忠实义务对关联交易主体范围的界定在一定程度上反映了法律对关联交易规制的广度和深度。各国基金法制一般采取双层结构来定义关联交易的主体范围，即基金管理人及其关联人（affiliated persons）。如果交易主体的范围界定过于狭窄，那么基金大量的关联交易显然会成为“漏网之鱼”，难以得到忠实义务应有的规制。比如，将关联交易主体的一方仅限于基金管理人，那么基金管理人很容易间接通过指使其关联人士参与交易而轻易地规避掉忠实义务的约束，因而使法律设置忠实义务以保护基金持有人利益的初衷难以实现。但是，如果将交易主体的另一方的范围定得过于宽泛，比如不仅包括基金第一层的关联人士（即基金管理人）和第二层关联人士（即基金管理人的关联人士），而且还拓展到第三层甚至更高层次的关联人士，那么表面上固然可以对基金持有人利益提供更为周延的保护，但实际上法律对交易主体范围的界定每扩大一个层次，受规制交易主体数量的几何级数的增加，法律规制成本也相应的大大增加，与此同时，基金可以从事的交易范围也必然大大地缩小，如此又平添了基金运行的机会成本，反过来又损及基金管理和运营的效率，不利基金持有人利益的实现。在笔者看来，基金关联人士的层次越高，其与基金管理人的利益和情感关系肯定越弱，基金管理人通过关联交易谋求私利的诱因肯定越小，故发生不当行为的概率也会显著减少。因此，法律没有必要通过无限制地扩大关联交易主体范围来提高对基金持有人利益的保护程度。一般而言,法律将关联交易另一方的主体范围纵向地限定为双层结构(即基金管理人及其关联人士)是恰当的,真正的问题在于如何横向地确定基金管理人的关联人士的范围。①

顾名思义,基金管理人的关联人士是指所有与基金管理人存在关联关系的各种法人或自然人的总称。那么,何谓关联关系?从各国的立法来看,一般都以"控制"因素或"重大影响"作为判断是否存在关联关系的标准。例如国际会计准则第24号《对关联者的揭示》中规定:关联者,是指在制定财务或经营决策中,如果一方有能力控制另一方,或对另一方施加重大影响,则认为他们是有关联的。我国在《企业会计准则——关联方关系及其交易的披露》中也有类似的规定。至于何谓"控制"或者"重大影响",各国基金法制均结合本国的具体情况给予不同的规定。对基金管理人而言,建立在控制因素上的关联人士有三种:(1)控制基金管理人的人;(2)被基金管理人所控制的人;(3)与基金管理人共同被第三人所控制的人。在具体确定关联人士的范围上,不同国家或地区的基金法制在适用上述原则的程度上又有所区别。

美国《投资公司法》以列举的方式定义了关联人士的概念。根据该法规定,投资顾问的关联人士主要包括以下几类:(1)直接或间接拥有投资顾问5%或5%以上的已售出的具有表决权证券的人士;(2)那些被投资顾问所拥有5%或5%以上的已售出的具有表决权证券的人士;(3)直接或间接地控制上述两种人士或为其所控制的人士;(4)投资顾问内部的所有管理人员,包括投资顾问的董事、基金经理或合伙人。② 至于何谓"控制",该法一般以持有25%的表决权证券作为衡量的临界点,即任何人直接拥有或间接拥有一家投资基金25%或更多的具有表决权的证券,就被视为控制了这家投资基金。③

① 王苏生著:《证券投资基金管理人的责任》,北京大学出版社2001年版,第74页。

② 15 U.S.C. §80a-2(a)(3)(1994).

③ 王苏生著:《证券投资基金管理人的责任》,北京大学出版社2001年版,第75页。

但是，唯独投资顾问是个例外。因为投资顾问作为投资基金的发起人和基金资产的管理人，即使其持有的基金股份数量不足25%，判例法则认为投资顾问总是对投资公司构成控制。而且，对于拥有共同投资顾问的基金集团(fund complex)，联邦最高法院和SEC倾向于作扩大的解释，认为在同一投资顾问控制之下的两个基金之间的交易也构成关联交易，对于其中一个基金而言，另一个基金是其投资顾问的关联人士。①

香港地区的《单位投资信托及共同基金守则》也列举了基金管理人的关联人士的概念。根据该守则，就一家基金管理人来说，其关联人士就是指：(1)直接或间接拥有该基金管理公司普通股本20%或以上的人士或公司，或能够直接或间接行使该公司总投票权20%或以上的人士或公司；(2)符合上述(1)款所述一项或两项规定的人士或公司所控制的人士或公司；(3)任何与该基金管理公司同属一个集团的成员；(4)任何在(1)、(2)或(3)款所界定的公司及该公司的关联人士的董事或高级人员。②

日本《关于证券投资信托之委托公司行为准则的大藏省令》则禁止委托公司向保管公司发出交易指令，在信托财产与该委托公司的利益相关人的财产，或信托财产与利益相关人运用或发出运用指令之财产之间，以与通常交易条件相异且有损害交易的公正之嫌的条件进行交易。而对其中的"利益相关人"，该法将之解释为以下三类人士：(1)该委托公司的原任高级管理人(系包括董事、监事理事及其他相当此类职务者)或雇员，以及现任高级管理者或雇员担任该委托公司的高级管理人，且持有该委托公司的股票者(仅限于附带议决权之股票)。(2)属于第一号列举委托公司的母公司；(3)属于第一号列举委托公司的子公司。③

① 王苏生著：《证券投资基金管理人的责任》，北京大学出版社2001年版，第75页。

② 香港《单位信托及共同基金守则》第3条第5款。

③ 日本《关于证券投资信托之委托公司行为准则的大藏省令》第4条。

台湾地区的《证券投资信托基金管理办法》则采用了“利害关系公司”的概念，规定证券投资信托基金不得投资于与本证券投资信托事业有利害关系之公司所发行的证券。其中的“利害关系公司”是指下列两种情形：(1)持有证券投资信托事业已发行股份总数5%以上的公司；(2)担任证券投资信托事业董事或监察人之公司。①

由上观之，各国或地区的基金法制都是以基金管理人是否与第三人之间存在直接的物质利益关系作为判断关联人士的基本标准。如果基金管理人与第三人之间存在投资关系(如第三人是基金管理人的控股股东或基金管理人是第三人的控股股东)或者代理关系(如第三人是基金管理人的董事或经理)，那么，毫无疑问两者之间存在关联关系。另外，各国或地区在制订具体的量化标准时，均根据本国及地区投资基金的发展状况和基金的组织形态作出了灵活的规定。相比较而言，日本、台湾等一些东亚国家或地区由于采用契约型基金的结构而对关联人士的范围规定较为狭窄和简单，而美国及香港地区由于采用公司型基金而对关联人士的范围界定则显得较为宽泛和严谨。

三、对关联交易形态的法律规制

根据基金管理人及其关联人士在关联交易一方中所处的地位及进行的交易对基金潜在的危害程度不同，美国法将基金的关联交易归结为三大类，即本人交易、共同交易和代理交易，并逐一加以相应的规制。②

第一，本人交易(principal transaction)，也称自我交易，是指发生在基金管理人及其关联人士与基金之间的交易。该交易主要表现为基金管理人与基金之间的交易，基金管理人的关联人士与基金之

---

① 台湾地区《证券投资信托基金管理办法》第16条。

② James d. Cox, Robert W. Hillman, Donald C. Langevoort. *Securities Regulation: Cases and Materials* (3). Aspen Publishers, INC., 2001, pp. 1215～1217.

间的交易以及同一个基金集团旗下任意两个基金间的交易三种。由于基金管理人是基金的实质受托人，其关联人又很容易通过关联关系向基金管理人施加压力，致使本人交易的利益冲突特别尖锐，极易诱发基金管理人利用本人交易侵害基金的利益，因而成为各国基金法制最为严格管制的对象。

美国《投资公司法》第17条a款和《投资顾问法》第206条第3款均规定：投资顾问或其关联人士不得以本人或委托人的身份进行四种活动，包括：(1)向基金出售证券或资产；(2)向基金买入证券或资产；(3)挪用或借贷基金财产或证券；(4)私下为自己个人账户交易，有意向客户卖出或从客户买入任何证券。[①] 而且，美国法还要求基金管理人或其关联人士从事上述活动时主观上应为故意(knowingly)。因为关联人士的范围较广，其中有些并不一定知道基金的业务动向，加上现代的证券交易都采用由电脑撮合的集中竞价交易系统，除基金管理人外，其他关联人士一般不知道交易对方的身份。若不是出于主观上的故意，而是由电脑系统随机撮成的"本人交易"，那作为交易一方的关联人士本身并无过错。这种交易实质上还是一种正常交易，对基金利益并无负面影响。所以实践中不应将之等同于基金的关联交易而加以禁止。[②] 在判例法中，本人交易的主观故意不是由SEC或原告来证明，而是由基金管理人及其关联人士来证明。如果基金管理人及其关联人士本身无法提出举证交易价格对于交易标的是适当的(如交易标的可能存在瑕疵)或者对于交易双方是公平的(如一方可能被蒙骗)，那么法院就推定其主观上存在着损害基金利益的故意，可以将其等同为基金管理人的一种不当行为而追

① 15 U.S.C. §80a-17(a) (1994); 15 U.S.C. §80b-3(1994).

② Joseph W. Bartlett, Stephen PL Dowd. Section 17 of the Investment Company Act-An Example of Regulation by Exemption. *Del. J. Corp. L*, 1984, Vol. 8, No. 3, p. 465.

究其违反忠实义务的责任。[①] 事实上，本人交易在大多数的场合都是基金管理人事先故意策划形成的，交易的最后都是将基金应得的利益转移输送给基金管理人或其关联人士。因此，绝大部分的关联交易实质上都演化成基金管理人的不当关联交易。基于此，《投资公司法》和《投资顾问法》原则上将本人交易视为基金管理人的不当关联交易而给予严格的禁止。

不过，考虑到在特殊的情况下有些本人交易可能会成为基金唯一或有限的交易机会，基金如果不进行这种交易可能会丧失获利的机会反而会损及基金的运行效率，不利于基金投资收益的实现。比如，某一个基金集团旗下的一个基金为应付基金持有人的大量买回，而不得不出售变现其持有的某种证券，而与此同时，同属一个基金集团的另一个基金因持股比例过低而正需要增持该种证券，那么此时由基金管理人安排两个基金之间发生交易就显属必要。《投资公司法》并不是一概地将所有的本人交易都定性为基金管理人的不当关联交易而一棍子打死。SEC 于 2001 年 1 月 9 日根据《投资公司法》第 6 条 c 款的授权对第 17 条 a 款作了例外的规定，即规定满足下列各种条件的本人交易不应被视为《投资公司法》第 1 条 b 款所列举的不当行为。这些条件是：(1)证券的卖方必须以对方的现金作为交易的唯一对价；(2)交易价格应为独立现行的市场价格；(3)不必支付佣金；(4)基金多数独立董事的批准；(5)该交易符合投资基金政策，且采取合理设计的程序以保证本规则其他条件的遵守；(6)基金董事会每年应审查该程序，每季度都要审查这种交易；(7)基金必须保存这种交易的书面程序和记录 6 年以上。[②]

香港地区的《单位投资信托及共同基金守则》规定，集合投资计

① Joseph W. Bartlett, Stephen PL Dowd. Section 17 of the Investment Company Act—An Example of Regulation by Exemption. *Del. J. Corp. L*, 1984, Vol. 8, No. 3, p. 465.

② See SEC Investment Company Act Rule 17a－1, At http://www.law.uc.edu/CCL/InvCoRls/rule17a－1.html, 2005－12－1.

划(即单位投资信托和共同基金)进行的所有交易,或代该计划进行的所有交易,必须按正常的交易关系进行。尤其是该计划的董事、基金管理人或他们的关联人,如果以主事人的身份于该计划交易,必须事先得到计划保管人的书面同意。所有此等交易须在该计划的年报公布。同时,《守则》对基金管理人利用投资基金的资金买卖基金管理人关联人士所发行的证券作出了禁止性的规定:如果任何基金管理人的董事或基金经理拥有一家公司或组织的任何一种证券的票面价值超过该证券全数已发行的票面总值的 0.5%,或基金管理人的董事与基金经理合共拥有的该类证券的票面值超过全数已发行的票面总值的 5%,则有关集合投资计划不得投资于该证券之上。[①]

日本法对本人交易也采取了严格规制的态度。依据本人交易主体与基金管理人的关联程度不同(亦即基金管理人发生不当行为的可能性不同),日本的《证券投资信托法》对相应的本人交易采取不同的规制政策:(1)绝对禁止的本人交易,即基金与基金管理人及其高级管理人员或控股股东之间的证券交易或证券借贷;(2)有条件禁止的本人交易,即由大藏省颁布相应的条件禁止同一基金集团下任意两个基金之间进行不公平交易或操纵市场的交易;(3)有条件限制本人交易,即前两种以外的本人交易。如果对"保护基金持有人利益不利且符合大藏省令的规定有害于基金财产的正当运用"的行为,日本法才予以禁止。[②]

台湾地区《证券投资信托事业管理规则》规定:证券投资信托事业之董事、监察人、经理人或其利害关系人,除了证管会核准外,于证券投资信托事业决定运用基金资金买卖某种上市、上柜公司股票起到证券投资信托基金不再持有该种上市、上柜公司股票时止,不得参与同种股票的买卖。[③] 其《证券投资信托基金管理办法》也规定:证

① 香港《单位投资信托及共同基金守则》第 6 条第 21 款、第 22 款、第 23 款。

② 日本《证券投资信托法》第 17 条第 1 款、第 2 款。

③ 台湾地区《证券投资信托事业管理规则》第 27 条第 1 款。

券投资信托事业不得同时对其经理的各种证券投资信托基金之间下达相互交易的指令，禁止买卖与本证券投资信托事业有利害关系公司发行的证券。①

综上分析，由于本人交易极易转化为基金管理人的不当关联交易，各国及地区的基金法制原则上都对之施以严格的禁止，即使有些本人交易在特殊的情况下会给基金及基金持有人带来交易盈余，但多数国家及地区也对其存在的实质条件和程序作了相应的限制。前者主要要求这种本人交易发生的条件（主要指交易的价格和时间）必须公平，后者则主要指这种交易必须得到相应机构和人员的批准，如基金的监管当局、基金持有人或基金独立董事的批准等。法律设置这些限制也是着眼于尽可能消除本人交易对基金潜在的危害性，从而将基金管理人利用本人交易从事不当行为的可能性降至最低点。

第二，共同交易（joint transaction），也称平行交易，是指基金管理人或其关联人士与基金处于交易一方共同与第三方进行交易。该交易也分为基金管理人和基金共同与第三方的交易，基金管理人的关联人士和基金共同与第三方的交易以及基金集团中任意两个或多个基金共同与第三方的交易三种。虽然共同交易潜在的利益冲突不如本人交易激烈，但是，共同交易在交易机会稀缺或是基金参与交易并非出于自身的投资安排，而是为配合基金管理人或其关联人士投资需要的时候，也很容易诱发基金管理人或其关联人士和基金出现利益争夺以致演化成损害基金持有人利益的不当行为。因此，美国《投资公司法》对之也作了专门的规定。该法第 17 条 d 款规定，一家已注册的投资公司的关联人士（包括投资顾问）、主承销商不得以本人身份进行如下交易，否则即为违法：在交易中，该投资公司或受其控制的另一家公司以共同参与或连带参与进行交易。② 而为更全面有效地保护基金持有人的利益，美国法院与 SEC 在实践中对何谓

① 台湾地区《证券投资信托基金管理办法》第 15 条第 1 款，第 4 项、第 5 项。

② 15 U.S.C. § 80a－17(d) (1994).

"共同参与"均从较为宽泛的角度来加以解释,即衡量标准并不是仅限于看投资顾问或其关联人士与基金同时共同参与某种交易,还包括基金管理人或其关联人士与基金不同时共同参与交易但在该交易中具有共同的利益(joint interest)。[①]

在 1961 年 Brown v. Bullock 案中,Bullock 投资顾问公司在其为所管理的基金更新投资计划以决定准备将一家上市公司的股票列入该基金的证券组合后,其基金经理及其他的高级人员就在投资计划实施前的一个礼拜纷纷为其个人账户购买了数量不少的同一证券,以备在 7 天后将之以高价倒卖给基金。原告 Brown 代表基金的全体股东向投资顾问提起诉讼,指控这位基金经理及其同僚事先的行为利用了基金投资的内幕信息,抬高了该证券的交易价格,增加了基金的投资成本,因而构成了一种在《1934 年证券交易法》第 10 节 b 款项下的内幕交易行为,减损了基金的利益。法官 Herland 分析认为:虽然 Bullock 公司的基金经理及其他人员事先利用了基金未公开的投资信息,但其最后并没有将股票交割给基金,并不构成内幕交易。但他们是基于该基金的投资动向才购买股票的,这说明他们与基金在投资该股票上事先就有了某种联合的因素(some of element of combination),因而存在着共同的利益。所以,被告抢先购买了与基金将要购买的同一股票的行为本身就已经构成了《投资公司法》第 17 条 d 款禁止的共同交易。最后,法院认为共同交易并不以同时利益为限,只要投资顾问或其关联人士与基金存在某种联合因素,而且能从中获利,那么不论他们的交易行为发生在基金交易之前、之中或之后,都可以视为被禁止的共同交易。[②]

在 1994 年的 Chancellor 案中,法院又对共同交易作了进一步的说明,认为投资顾问或其关联人士交易获利与基金进行的交易这两

---

① Steadman Security Corp., 46 S. E. C. 896, 920 n. 81 (1977). 转引自王苏生著:《证券投资基金管理人的责任》,北京大学出版社 2001 年版,第 92 页。

② Brown v. Bullock 194 F. Supp. 207 (S. D. N. Y. 1961).

个事实之间存在间接、偶然的联系，则他们的交易也可能构成被禁止的共同交易。在该案中，一位基金经理购买了一家上市公司的发起人股，而且当其购买时，这只股票对于其所管理的基金而言还不是一个合适的投资对象。而后当这家公司上市时，该基金经理任职的投资顾问也因基金的投资需要为基金购买了这家公司的股票。尽管基金经理出售自己持有的股份获利是在该公司首次公开发行(IPO)的数月之后，而且在此之前，基金已经从这笔 IPO 的购买中获利，但法院仍然认为基金经理的举动也与后来的基金购买行为构成《投资公司法》第 17 条 d 款禁止的共同交易，因为投资顾问在为基金购买股票之前，该基金经理没有向基金及时披露其已事先持有该股票的事实，以致基金购买该股票的行为与该基金经理的先前行为形成了某种共同利益，从而减损了基金的预期收益。[①]

总之，鉴于实践中投资顾问或其关联人士经常滥用基金的代理权力和信息优势不与基金在同一时间采取同一行动而获利，而是有意识与之错开为自己牟利，因此，美国法院对于共同利益的这种界定很好地突破了成文法的字面含义，凸现了投资顾问或其关联人士在共同交易中因为与基金共处交易同一方而容易从基金那里获得利益的本质，具有一定的科学性。

但是，同本人交易一样，有些共同交易在特殊的情况下不但不会损害基金的利益，反而对增进基金的利益有利。因此，为给这些共同交易提供适当的生存空间，SEC 也根据《投资公司法》的授权制定相应的豁免规则 Rule 17d－1 。该规则要求投资顾问或其关联人士的共同交易要得到第 17 条 d 款的豁免必须满足如下两个条件：一是交易价格的无差别，即基金必须与投资顾问或其关联人士用同样的价格购买或出售同样的证券；二是基金独立董事的同意。[②]

---

① 转引自 Richard D. Schuler. Fiduciary Obligations of Mutual Fund Managers in Portfolio Transactions. *Syracuse L. Rev*, 1971, Vol. 22, No. 1, p. 1116.

② See SEC Investment Company Act Rule 17d-1, At http://www.law.uc.edu/CCL/InvCoRls/rule17d-1.html, 2005－12－2.

值得强调的是，对第三种类型的共同交易，即同一基金集团下的多个基金之间的共同交易，由于在实践中很容易被投资顾问利用于操纵某一只股票或者偏袒某个基金而损害其他基金的利益，故SEC对之的豁免条件较高。这种交易除了要满足上述两个条件之外，投资顾问还必须向SEC提供这种共同交易发生的必要性说明，亦即提供不同基金参与共同交易是出于投资策略的部分交叉重叠需要的证明。同时，投资顾问事先就必须已经制定有公开、平等的能在实践中贯彻进行的基金间分配政策，否则SEC不予豁免。[①]

第三，代理交易(agency transaction)，也称委托交易，是指基金(或被基金所控制的公司)作为交易一方，而基金管理人或其关联人士本身不作为交易的主体，而是以基金或交易对手的代理人的身份参与交易。根据代理性质的不同，代理交易也可以分为基金管理人或其关联人士作为基金一般代理人的交易、基金管理人的关联人士作为基金经纪人的交易和作为证券承销商的交易三种。[②] 代理交易也很容易诱发基金管理人或其关联人士为博取交易对手的种种好处或基金的额外报酬而直接或间接指使基金进行不公平的交易，从而损害基金的利益。为此，《投资公司法》也分别对上述三种形式的代理交易作了如下相应的限制：

1. 对于基金管理人作为基金的一般代理交易，第17条e款第1项规定：已经注册投资公司的投资顾问或其关联人士不得以一般代理人的身份为/向(to/for)投资公司或受该公司控制的另一家公司买卖资产而获取除基金管理费外的其他任何来源的任何补偿(compensation)。[③] 在此方面最典型的案例当推1991年的SEC v. Os-

① See SEC Investment Company Act Rule 17d-3, At. http://www.law.uc.edu/CCL/InvCoRls/rule17d-3.html, 2005—12—2.

② Joseph W. Bartlett, Stephen PL Dowd. Section 17 of the Investment Company Act—An Example of Regulation by Exemption. *Del. J. Corp. L*, 1984, Vol. 8, No. 3, p. 365.

③ 15 U.S.C. §80a—17(e)(1)(1994)

trander案，在此案中，诚信基金(Fidelity Fund)管理人即诚信管理信托公司的一个基金经理奥斯郡德在1985年12月5日代表诚信基金向Drexel Burnham Lambert Inc.(即“垃圾债券之王”米尔肯所在的公司，以下简称为Drexel公司)购买了其承销Kohlberg Kravis Roberts&Co.公司(这是上世纪末期美国国内一家著名的专门从事杠杆收购的公司，以下简称KKR公司)收购Storer Communications(以下简称Storer公司)这一金融交易而发行的1 000万美元的零息债券和2 600万美元的优先股(这里的优先股是以股利而非现金来支付，是一种最初级的证券，也是难以出售的证券，俗称“垃圾债券”)。作为回报，Drexel公司的总裁米尔肯向奥斯郡德提供了一个用其私人资本购买KKR公司自己发行的认股权证(equity warrants)的机会。奥斯郡德在1986年1月期间投资了13.2万美元购买了100万份认股权证，而后随着KKR公司收购Storer公司后分别于1987年和1990年将Storer公司的电台和电缆系统以市场最高价成功出售，奥斯郡德投资的13.2万美元迅速增长到约为75万美元。于是，SEC在1991年10月11日向奥斯郡德提出3项指控，其中第一指控就是，奥斯郡德作为她所管理的注册的诚信基金的投资顾问的关联人士，其在代理该基金买卖证券时接受了非法的费用，违反了《投资公司法》第17条e款第1项的规定。最后，第二巡回法院的法官Winter认可SEC的指控判决奥斯郡德2个月的监禁并处10万美元的罚金。[①] 同样，对于第一章提到的基金管理人在基金经纪交易中的“软美元”安排，即投资顾问利用基金的佣金从经纪商处购买研究服务，而自己不必为研究服务付费的经纪安排，SEC认为这是投资顾问利用基金代理权利变相为自己牟取私利的不当行为，其享受的免费研究服务可以被看作投资顾问在代理基金选择经纪商时

① SEC v. Ostrander, 999F. 2d 27(2d Cir. 1993).

所获得的额外补偿,因此理应列入第 17 条 e 款第 1 项的规制之列。①

2. 对基金管理人的关联人士作为经纪人的交易,由于实践中基金管理人的关联人士在作为基金经纪商的同时也一般负责该基金单位的销售,从而很容易产生第一章所介绍的基金管理人互惠交易的不当行为,即基金管理人为更多地收取基金管理费而故意代表基金与经纪商约定较高的佣金费率已促使经纪商尽可能地推销其所管理的基金单位。美国法在肯定这种代理交易可以进行的同时,为防范基金管理人上述行为的发生,重点对关联人士向基金收取的交易佣金作了限制,第 17 条 e 款第 2 项规定关联人士作为经纪商取得的合理佣金应当这样确定:(1)如果在证券交易所进行交易的佣金不得超过通常和惯例(usual and customary)的水平;(2)与次级分销(secondary distribution)有关的交易,佣金不得超过卖价的 2%;(3)对于其他交易,如柜台交易(OTC,over-the-counter trades)和私募交易(private placements),佣金不得超过卖价 1%。② 由于基金的证券买卖大多由经纪商在证券交易所进行,而在协商佣金制度下基金有时可能会因基金经纪商提供的经纪服务质量较高而愿意支付更高的交易佣金,SEC 还为之提供了一个非排他性的"安全港"(safe harbor),即满足下列条件的佣金可以被等同为没有超过惯常水平:(1)该笔佣金相对于提供的经纪服务是公平合理的(reasonable and fair);(2)基金独立董事已采取措施监督对该标准的执行情况,并已经批准;(3)投资公司保存上述程序和交易的完整记录。③ 总之,SEC 认为在符合保护公共利益和基金持有人权益的原则下也可以适当允许关联

---

① In re Provident Management Corp,. 44 S. E. C 442(1970),[1970—1971 Transfer Binder Fed SEC. L,Rep. (CCH)177,937. 转引自 Joseph W. Bartlett, Stephen PL Dowd. Section 17 of the Investment Company Act— An Example of Regulation by Exemption. *Del. J. Corp. L*, 1984, Vol. 8,No. 3, p. 376.

② 15 U. S. C. §80a—17(e) (2) (1994).

③ See SEC Investment Company Act Rule 17e-1, At http://www. law. uc. edu/CCL/InvCoRls/rule17e-1. html,2005—12—2.

经纪商向基金收取更高的佣金。

3. 对于基金管理人或其关联人士作为证券承销商的代理交易，鉴于这种代理交易容易使基金管理人的关联人士在证券前景并不乐观的时候凭借其与基金管理人的关联关系将滞销证券售与基金而渔利，第10条f款对基金购买基金管理人关联人士承销的证券作了一般性的禁止，该款规定"在证券包销或银团出售期内，一家已经注册的投资公司不得故意购买或以其他方式获取具有以下特征的证券：即证券承销商是公司的投资顾问，控股股东或者其他关联人"①。不过，该款又授权SEC可以在保护持有人利益的范围内自行颁布条例或根据投资公司的申请发布指令，有条件或无条件地对这种交易给予相应的豁免。SEC为此制定了Rule 10f－3规则从交易的性质、条件、价格等方面规定了与承销商代理交易的豁免条件。(1)购买对象：包括所购买证券的质量和数量两方面的要求。在质量上，承销商所承销的证券必须是根据《1933年证券法》注册的证券、合格市政证券(Eligible Municipal Securities)、合格海外发行的证券(Eligible Foreign Offering)或根据Rule 144A规则发行的合格证券(Eligible Rule 144A Offering)。② 这些证券必须得到强制性信息披露制度的管辖，可保护基金在一定程度上降低或避免风险。而在数量上，同一个基金集团的多个基金对同一证券的购买总量不得超过该次发行的25％。(2)购买方式：包括购买的时间和价格两方面的限制，基金必须在承销期开始的第一天结束前购买证券，价格不得高于其他购买者所支付的价格。(3)承销方式：该证券发行必须采取包销(firm commitment)的方式。③ (4)交易审批和监督：这种该交易的操作程

① 15 U.S.C. §80a－10(f) (1994).

② "Eligible Municipal Securities","Eligible Foreign Offering","Eligible Rule 144A Offering"定义参见Rule 10f-3,《1933年证券法》Section 15(d),Section4(2),Rule 144A,Regulation D。

③ 证券承销一般分为包销和代销两种形式。在前一种方式下，销售不出去的证券承销商必须自己买下。在后一种方式下，承销商只同意尽力销售，销售不出去的证券可退回发行人。

序及其修改必须得到基金董事会和独立董事的多数批准。(5)信息披露要求:包括对外和对内两方面的要求。对于这种交易,基金的投资顾问应当每半年以 Form N－SAR 的形式向 SEC 报告此类交易,同时应保存此交易的有关记录不少于 6 年。[①]

四、完善我国基金关联交易法律规制环境的构想

我国基金业起步较晚,但发展迅速,从 1998 年新基金发行到现在短短的 9 年多时间里,资产规模从 166 亿发展到 4 000 多亿人民币的资产规模,但是相对于美国而言,我国基金业仍处于童年时期,在有关基金关联交易的法律监管方面,我国仍然比较落后,目前并没有专门的、系统的法律法规,只是在《投资基金法》和《证券法》中有零星的涉及,但都限于非常明显侵害基金持有人利益的情形,并且规定得比较粗糙、死板。随着基金业的发展,基金关联交易势必会越来越频繁,对于基金持有人利益的影响会越来越大。因此,为保护我国基金持有人的利益,充分发挥我国作为发展中国家的后发优势,以促进我国基金业健康、稳定地发展,笔者认为我国应该借鉴和吸收美国的上述成功经验,以更科学地改进和完善对我国基金关联交易的法律监管。

首先,要明晰基金关联交易尤其是关联人的基本范畴,否则难以准确判断基金的一项交易是否为关联交易。在我国现有的基金法则中,无论是先前的《暂行办法》还是新颁布的《投资基金法》,在此方面与美国相比明显欠缺不足。有关基金关联交易或关联方的法律提法非常笼统,仅表述为"控股关系的股东","有其他重大利害关系的公司"等。[②] 而对如何界定股东与基金管理人、托管人的"控股关系"或一家公司与基金管理人、托管人有"其他重大利害关系",一直缺乏

① See SEC Investment Company Act Rule 10f-3, At http://www.law.uc.edu/CCL/InvCoRls/rule10f-3.html,2005－12－2.

② 参见《证券投资基金管理暂行办法》第 34 条第 12 款,《中华人民共和国证券投资基金法》第 59 条第 6 款。

具体的衡量标准和相关的法条解释。这不仅使关联交易的概念模糊不定,而且也削弱了监管的实效性。因此,厘清基金关联人的基本范围,对"控股关系"、"有其他重大利害关系"等概念予以明确的界定和解释显属必要。此外,针对实践中出现的有些关联人为了规避监管,往往通过他人名义出资以达到控制基金管理人的目的。对于这类关联人,笔者建议应该揭开其神秘的面纱,将其作为"实际控制人"纳入关联人的范围。

其次,要改变把基金所有的关联交易妖魔化、一棍子打死的法律安排。[①] 前已分析,基金关联交易具有双重性。因此,从维护基金持有人利益的立法宗旨出发,基金法规应有一定的弹性,在防范、遏制基金大多数不公平关联交易发生的同时也应区别对待,为一些有利于基金持有人的关联交易留有适当的生存空间,而不能"矫枉过正",一概地加以封杀。反观我国现有基金法制,恰恰带有这样的瑕疵,几乎涉及基金的所有关联交易都在打击之列。比如《投资基金法》第59条禁止利用基金财产:(1)承销证券;(2)向他人贷款或者提供担保;(3)从事承担无限连带责任的投资;(4)买卖其他基金份额,但是国务院另有规定除外;(5)向其基金管理人、托管人出资或者买卖其基金管理人、托管人发行的股票或者债券;(6)买卖与其基金管理人、基金托管人有控股关系的股东或者与其基金管理人、基金托管人有其他重大利害关系的公司发行的证券或者承销期内承销的证券;(7)从事内部交易、操纵证券价格及其他不正当的证券交易活动。从中看出,此条禁止的七种行为基本包括了类似美国法划分的本人交易、共同交易和代理交易的内容,从立法本意出发,并无不可,但该条中第5款和第6款管制过于严格,却一直为基金业界所诟病。依该两款的字面规定,基金财产是不能参与股东承销期内承销的证券。换言之,只要证券公司参与承销证券,所参股或控股的基金管理公司不

① 有关基金关联交易妖魔化的提法,请参阅巴曙松:《破除基金关联交易"妖魔化"》,载《国际金融报》2003年12月17日,第4版。

但不能购买其承销期内的证券，而且原基金重仓持有的股票还必须因此放弃其本应有的新股配售权。2004 年 7 月 20 日“基金不能参与中国联通配股事件”就是典型的一例，国泰、银河、中信、长盛等基金管理公司旗下的各个基金不但被迫放弃中国联通一级市场的新股配售，而且还要强制承担除权后的缺口损失，造成基金单位净值的减少。[①] 因为他们的股东中金公司、国泰证券和银河证券及中信证券等都参与了中国联通的配股。

综观我国目前的基金管理人，基本上都是以证券公司作为股东背景，加上基金的托管人也清一色地为各大商业银行[②]，因此基金管理业界普遍认为，在银行券商等金融机构上市较少的情况下，上述规定对基金业绩投资影响不大，但随着今后那些具有基金托管资格的商业银行的逐一上市，类似基金不能参与中国联通配股的事件势必会越来越多，因为几乎所有基金的新股或再融资申购都要受到一定的限制。无疑，《投资基金法》对基金关联交易这种过于刚性的禁止会使基金参与一级市场的空间明显收窄，丧失大量的获利时机，从而间接给广大基金持有人的收益带来负面影响。[③] 笔者也认为，该两款的确过严，已经超越了我国基金业发展的现实条件。众所周知，我国证券发行目前实行核准制，二级市场的价格一般超高于一级市场

① 在此事件中，中国联通按照 10 配 3 且配价为 3 元的配股方案向流通股股东配售 15 亿股份。根据市值配售的规则，拥有大量流通股的基金管理公司也将获得大额配售。但是根据《投资基金法》第 59 条的规定，5 家基金管理公司：国泰君安基金、国联安基金、银河基金、中信基金和长盛基金必须放弃中国联通此次配售的配售权。因为中国联通此次配股的承销商为这些基金管理公司的控股股东：中金公司、国泰证券和银河证券及中信证券。该 5 家基金公司因被迫放弃配售权不仅丢掉了可观的收益，还将承担除权缺口损失。因为中国联通 7 月 7 日除权后的股价为 3.42 元，而 7 月 6 日收盘价为 3.55 元，5 家基金公司要承担实际产生的每股 7 分的差价损失。详见周宏：《差价是从哪里来？联通配股事件暴露基金法的尴尬》，载《国际金融报》2004 年 7 月 19 日，第 5 版。

② 我国法律目前规定基金管理公司的主要股东为从事证券经营、证券投资咨询等其他金融资产管理的机构。基金托管人为商业银行。参见《中华人民共和国证券投资基金法》第 13 条第 3 款。参见《中华人民共和国证券投资基金法》第 25 条。

③ 王凯：《5 家基金被迫放弃联通配股，申购银行股也将受限》，《证券市场周刊》2004 年第 7 期，第 19 页。

的价格，在此情形下若适当允许基金与关联证券承销商进行交易（如果可能的话）对基金持有人也不是百害而无一利。而英美证券发行则以注册制为主，其证券发行的数量和价格均由市场决定，新证券在二级市场中由于供给在短时间内大量增加，导致该证券的交易价格下跌，一般都低于一级市场的价格，因此美国为稳定新证券的市场价格，才对基金与关联人作为承销商的代理交易施以严格的管制。而且前述的分析也表明，美国法对这种交易也不是绝对禁止，满足SEC规定条件的关联交易还是可以照样进行的。与之相比，我国《投资基金法》的这种全面禁止的规定表面上虽然干脆利落，避免了监管当局的审查工作，但实际上却使基金大量业已进行的关联交易不敢浮出水面，容易积聚引发运营风险，最终增加监管当局的监管难度。但是要做到在任何情况下为基金所有的关联交易提供详尽的法律条款几乎不可能，故笔者建议我国应引进美国的这种一般性禁止原则和例外豁免相结合的法律安排，通过这种安排既能有效地防范基金不当关联交易的发生，又能在特定情形下使一些有利于基金的关联交易得以合法地进行。事实上，我国的基金监管当局也在这方面做过一定的尝试。2004年9月，中国证监会发布了《关于〈关于基金参与证券发行受到限制问题的建议〉有关问题的复函》对《投资基金法》第59条第6款作了进一步的补充与解释，该复函解释了两点：一是将规定中的“承销”定义为“主承销”，二是认定非控股股东与基金管理公司的关系不属于“有重大利害关系”。如此一来，只要符合非控股股东承销的证券或者控股股东在承销期内没有担任主承销商的基金管理公司就可以用基金财产参与股东承销期内承销的证券。笔者认为，这一复函内容也从某方面反映出证监会以往对基金所有关联交易厉行禁止的监管立场已经在开始发生松动，对基金业而言不啻是一个利好的信号。但从依法行政的角度来看，《投资基金法》的法律效力位阶高于行政规章，在没有《投资基金法》的明确授权下，证监会对《投资基金法》第59条第6款是否有权做出这种限制性解释则令人生疑。可想而知，一旦涉讼，这种复函的法律效力是无法保证的，更遑论用其作为指导和规范基金关联交易的法律文件。因此，为更好地从保护基金持有人利益的长计出发，笔者力主美国《投资公司法》的做法，在《投资基金法》中明确授权证监会可以在与保护基金持有人权益原则及立法宗旨相一致的前提下，制定相应的条例、解释规则以批准或豁免符合相关条件的关联交易得以进行。只有如此，方能从立法源头上确保证监会上述复函的合法性和有效性，从而彻底消除今后类似联通事件给基金业发展带来的负面效应。[①]

第三节　基金管理人的忠实义务及其对基金管理费的规制

一、问题的提出

投资基金作为一种集合的委托代理关系，自基金设立、运行到终止，基金持有人都要支付相应的费用。这些费用可分为期初费用、期中费用和期终费用。期初费用是指为发行基金单位时所支付的费用，以及与募集资金相关的其他费用，主要包括开办费用和固定资产购置费用。期中费用是指基金运营过程中所发生的一切费用，包括基金管理费、托管费、基金单位承销佣金和基金证券组合经纪佣金以及在此过程中发生的其他费用。期终费用是指基金被清盘时所需的费用，按结算时的实际支出从基金资产中提取。在上述各项费用当中，对基金持有人和基金管理人利益影响最大的当属基金管理人每天根据基金净资产的比例向基金收取的管理费。由于基金持有人收益的最大化并不必然带来基金管理人管理费收入的最大化，而且如前所述，两者之间在基金净资产固定不变的情况下还形成一种你增我减的“零和游戏”。因此，基金管理人普遍存有尽可能向基金提取更多管理费的机会主义心理。而在此心理的作祟下，基金管理人很

① 陈斌彬：《美国对基金关联交易的法律监管及其对我国的启示》，《江西财经大学学报》2005 年第 6 期，第 26 页。

容易滋生各种不当行为，如净值操纵、操纵市场和内幕交易等。所以，为遏制这些不当行为的产生，法律还需要将基金管理人忠实义务的内容拓展到对基金管理费的规制上。

从历史的角度来考察，由于早期私人信托中的受托人多为信托设立人的亲戚、朋友，因而他们管理信托财产通常是无偿的。尽管受托人可以向信托财产追偿管理信托事务所支付的费用，但受托人履行职责不计报酬，却是传统信托法最早的一项重要原则。[①] 然而，随着社会经济的发展特别是商业信托的大量出现，这一原则逐步被突破。在美国，许多州的信托法一般都规定商业信托的专业受托人可以有权在提供信托财产或信托事务管理时向委托人收取一定的报酬。因此，投资基金概莫能外，但是，这个报酬标准如何确定，在美国1940年《投资公司法》出台之前，并无任何相关法律加以规定。美国政府基本上奉行市场自由主义，将其交由投资顾问与共同基金双方自由确定。然而，由于绝大多数的共同基金实际上是肇端于投资顾问的发起而设立，是投资顾问组织为从大量小型客户手中积聚资金而创立的一个展开证券投资的“公司壳”(corporate shell)，不管是基金的业务经营还是基金董事会的成员都不同程度受到投资顾问的控制和影响。因而，在基金管理费的交易上，基金管理人与基金本质上与本人代理交易无异：作为基金持有人的受托人，基金管理人有义务为基金争取最低的管理费，而作为代理交易的另一方，其自然期望为自己争取更多的报酬。显然，投资顾问与基金之间达成的这种基金管理费的协议迥异于一般的契约关系，难有意思自治存在的基础，并非是一种完全对等的交易(arm's-length bargaining)。美国联邦上诉法院对此一针见血地指出：“由于典型的基金几乎为提供所有管理服务的投资顾问所组建，并且其股份被信赖上述服务的投资者所购买，投资基金事实上不可能分割它与投资顾问之间的先天关系。因此，与美国经济的其他部门不同，对等交易的力量在确定投资顾问服

① [英]大卫·海顿著：《信托法》，周翼、王昊译，法律出版社2004年版，第13页。

务费上很难起作用……"[①]所以，在基金董事会或基金持有人无力或难以解聘基金管理人的情况下，法律在为基金管理费协议提供与一般契约关系相同的事后救济措施之余，还必然要特别规定基金管理人对基金管理费的忠实义务，即要求基金管理人向基金持有人收取的管理费必须忠实于基金持有人的利益，以校正基金与基金管理人在基金管理费交易谈判中所处的弱势地位，使双方的利益趋向平衡。

众所周知，在投资基金市场上，基金管理人是基金资产专业管理服务的提供者，基金持有人则是这种专业服务的消费者，相应地，基金管理费作为基金管理服务的价格是基金持有人购买基金管理人理财服务的对价(consideration)，因而法律对基金管理费的规制不能如同对本人代理交易那样采取严格禁止的模式，而是必须在肯定基金管理人收取基金管理费的正当性的前提下，兼顾公平与效率的原则，采取约束与激励相融的方式来防止这种交易被基金管理人的不当行为所挟持和利用。

二、美国基金管理费忠实义务标准的确立

在美国，国会1940年出台的《投资公司法》虽然一改以往对基金管理费放任不管的立法态度，而且也开创了在成文法上要求投资顾问对基金负有信赖义务的先河，但在对基金管理费的法律规制上，彼时国会采取的是"资产浪费"(corporate waste)和"信托权力滥用"(gross abuse of trust)标准。按此标准，投资顾问向基金收取的管理费收入只有达到对基金财产构成浪费，且这种浪费是投资顾问严重滥用代理权使基金董事会不能自主与之签订基金管理费协议所致时，法律才会对投资顾问的管理费收入做出干预，即支持基金向投资顾问索回超额的管理费(recovery of excessive fees)。显见，这种标准虽为法院干预投资顾问过高或不公平的管理费收入提供了一条可能的通道，但由于证据门槛设置过高，繁重的举证负担使得基金持有

① Gartenberg v. Merrill Lynch Asset Mgmt., Inc,. 694F. 2d 923(2d Cir. 1982).

人要用之救济基金损失的管理费难度较大。事实亦为如此，在《投资公司法》出台后的很长时间内，很多基金股东向投资顾问提起的指控其向基金收取过高或不公平管理费的代表诉讼几乎都以原告败诉告终。① 结果，从上世纪 60 年代开始，令国会和 SEC 意想不到的是，同样是指控投资顾问过多或不公平的管理费收入的民事诉讼，大多数的原告（即基金股东）却不再援引《投资公司法》的上述标准，而纷纷改采各州公司法中的衍生诉讼条款作为起诉依据。然而，在这些案件中，很多基金持有人由于在提起衍生诉讼之前没有根据"竭尽公司内部救济"（exhaustion of intra corporate remedies）的前置程序向基金董事会申请请求采取救济措施而几乎都以败诉告终。②

在这方面的案例最早的要数 1961 年的 Meisellman v. Eberstadt 案，在该案中，原告代表基金集团中的某一个基金的利益向法院控诉基金的投资顾问通过操纵基金的关联董事向基金收取了过多的管理费，损及了基金与股东的利益。因为该基金董事会与投资顾问在投资顾问合同中约定了不同的年管理费提取比例：当基金资产达到 7 500 万美元时，为净资产的 1/2－2%；当基金资产在 7 500 万美元与 12 500 万美元之间时，为 3/8－2%；当基金资产超过 12 500 万美元时，为 1/4－2%。可是，不管基金资产总量的变化和其花费在基金管理上时间的多少，该投资顾问在实际操作中都一律以 2% 比例收取管理费，构成一种不合理的报酬（unreasonable compensation）。为此，原告寻求法院要求基金董事会重立投资顾问的报酬标准，即将投资顾问的报酬建立在其向基金提供的服务质量和花费在管理基金业务的时间量上。法院原则上虽同意原告的立场主张投资顾问作为基金的受信赖人不应当向基金收取过多的管理费，但最后

① Lawrence M. Greene, Fiduciary Standards of Conduct under the Investment Company Act of 1940. *Geo. Wash. L. Rev*, 1960, Vol. 28, No. 2, p. 284.

② Clarke Randall, Fiduciary Duty of Investment Company Directors and Management Companies Act Under the Investment Company Act of 1940. *Okla. L. Rev.* 1978, Vol. 31, No. 1, p. 650.

判决中仍支持了被告，认为投资顾问提供给一个基金的服务质量和其分摊在该基金上的时间比例不一定就正相关。最后，法院还是适用《投资公司法》确立的"资产浪费"和"信托权力滥用"标准，认为在该管理费协议由于事先就得到了基金股东代表大会的同意和基金独立董事批准的情形下，原告又不能达到《投资公司法》所要求的证明标准，无法向法庭出示独立董事也被被告操纵而在基金管理费上失去"独立判断"的证据，从而不支持原告的诉讼请求。[①]

Meisellman v. Eberstadt 案虽仍以原告败诉，但该案开始引发了广大投资者对"资产浪费"和"信托权力滥用"标准的强烈不满和抵制，认为这种标准在帮助他们索回基金过多管理费好像画饼充饥，丝毫不起作用。SEC 此时顺应民声，也向国会呼吁修改现有的标准，以投资顾问向基金提供的服务质量来衡量基金管理费的合法性。即只要投资顾问从基金收取的管理费收入与其为基金提供的管理服务质量不相匹配，那么就可以认为投资顾问已经收取了过多的管理费。投资者和 SEC 的这一要求也开始引起了当时联邦法院和各州法院的重视，这些法院在实务审判中也不仅仅停留于要求原告举证上，而是开始主动去检查投资顾问获取的管理费是否够得上浪费。1962 年得克萨斯州法院审理的 Saxe v. Brady 案正是首次在这方面进行尝试。在该案中，原告也是向法庭宣称投资顾问每天按基金净资产年管理费 2%计提不合理，对基金资产造成浪费，因为同其他规模相当的基金相比，被告管理费率偏高，而且被告又没有为基金提供与之相称的管理服务(即被告收取偏高的管理费又没有使该基金的业绩表现最后优于其他同行)。同时，原告也对该基金股东大会和独立董事批准这种管理费正当性提出质疑。虽然原告没有提出相关足够的证据，但法院并没有马上如同以往那样援引《投资公司法》的上述标准直接驳回原告的指控，而是先对被告管理费是否偏高作了一个有限的测试。法院认为，判断一种投资顾问的报酬方式偏高与否除了

① Meisellman v. Eberstadt, 39 Del. Ch. 563, 170A. 2d 720(1961).

看其是否经过股东大会和独立董事的批准之外，还可以用同业审查标准来检验。即如果基金业内其他普通的投资顾问同行和基金董事正常的商业判断都视基金得到的这种服务价值不值得基金支付那么多管理费时，则也可认为投资顾问向基金收取了过多管理费，从而给基金资产带来浪费，否则，我们还是必须承认投资顾问收取的管理费是正当的。[①] 虽然此案中被告按基金净资产的2%计提的年管理费收入在当时同行业界看来并未"不道德"(unconscionable or shocking)到构成"浪费"(waste)，以致最后仍为原告败诉，但其判例意义却不可低估：单个投资顾问今后不能再凭借其对基金股东会和董事会的控制关系而随心所欲地收取管理费。换言之，基金管理费的收入也要掣肘于同行的审查。[②]

虽然美国有些法院在审判中有意识地引进同业审查标准来测试投资顾问向基金收取管理费的合法性，但 Saxe 案和其后续大部分同类案件的审理均表明如果不对《投资公司法》的上述标准加以修改，基金持有人还是无法有效地对过多的基金管理费寻求司法救济。不过，受到 Saxe 案中法院提出的同业审查标准的启发，1966 年，SEC 在向国会提交的有关共同基金业的报告中也正式向国会呈递了将《投资公司法》原有的基金管理费提取标准改为"合理性"(reasonable)标准的意见稿。[③] 在该意见稿中，SEC 以微观经济学上拐点(breakpoint)为依据，认为随着基金资产规模的扩大，基金必然会产生规模经济从而引起基金单位运行成本的降低。换言之，投资顾问

① Saxe v. Brady, 40 Del. Ch. 474, 184A. 2d 602(1962).

② Rottenberg, Developing Limits on Compensation of Mutual Fund Advisors. *Harv. L. Rev.* 1970, Vol. 309, No. 4, p. 301.

③ Clarke Randall, Fiduciary Duty of Investment Company Directors and Management Companies Act under the Investment Company Act of 1940. *Okla. L. Rev.* 1978, Vol. 31, No. 1, p. 654.

管理规模更大的基金并不一定比小规模的基金要花费更多的费用。[①] 然而,现有的投资顾问并不考虑基金规模经济的存在,仍然依据固定的模式每天按基金净资产的2%计提年管理费,这些费用通常比其他资产管理机构在管理同样规模的资产向其客户收取的管理费还要高。[②] 而后,SEC 1967 年在前面的基础上通过调查又向国会补充了建立其"合理性"标准的另一理由:即随着美国基金产业规模的扩张,投资顾问不但无视规模经济的存在合理地降低管理费的提取比例,而且还大张旗鼓发售基金单位以拼命增加基金规模,结果过分庞大的基金资产又累及基金投资的灵活性,引起后续基金单位净值的普遍下降,损及了基金先前投资者的利益。因此,有些投资顾问在明知自身理财能力不逮而无法为基金提供更好的理财服务的同时还在向基金收取比以前更多的管理费是不合理的。[③] 为此,SEC 的"合理性"标准建议国会赋予法院和 SEC 依各种相关因素来决定基金管理费是否合理的权力。这些因素包括投资顾问提供的服务质量、同行即其他投资顾问在管理相似基金资产的情况下所收取的管理费以及基金规模经济程度等。[④] 从本质上说,"合理性"标准旨在模仿完全竞争的市场那样为基金管理费的收取创造一个公平的法律

① 在西方经济学的成本一产量坐标图上,拐点是用于描述边际收益等于边际成本时的要素投入量。因为根据西方经济学原理,在其他因素不变的条件下,增加生产要素一般会带来规模收益增长效应从而带来产量的增加,但这种增加要受制于边际收益递减规律。一旦生产要素增加所带来的边际收益递减到等于边际成本时,产量达到最大值,而后如果继续增加生产要素则会使原来规模收益递增转变为收益递减,产量下跌。

② Samuel s. Kim. Mutual Funds: Solving the Shortcomings of the Independent Director Response to Advisory Self-Dealing through Use of the Undue Influence Standard. *Colum. L. Rev.* 1998, Vol. 474, p. 484.

③ Rottenberg. Developing limits on Compensation of Mutual Fund Advisors. *Harv. L. Rev.* 1970, Vol. 309, No. 4, p. 310. 如果一个基金资产规模过大,特别是当基金规模扩大到超过拐点(即边际收益等于边际成本那一点)之后,基金规模收益增长的效应就会消失,具体表现在投资顾问无法为基金构建预想的投资组合,因为庞大的基金资产使得投资顾问不能再像以前那样对某只股票顺利地建仓和出仓。

④ Rosenblat & Lybecker. Some Thoughts on the Federal Securities Laws Regulating External Investment Management Arrangements and the All Federal Securities Code Project. *U. Pa. L. Rev*, 1976, Vol. 124, No. 1, p. 587.

环境。

然而,SEC“合理性”标准的草案在1967年国会听证会上招致基金业界的强烈反对,理由有两个:一是赋予法院根据上述如此苛刻的因素以考量基金管理费合理性的权力很容易使法官以个人的判断取代基金董事的商业判断(business judgment),从而使基金管理费协议的确定权力从基金董事转移到法院,滋生了基金管理费协议的不确定性;二是“合理性”标准主要是基于费用的基础而非投资顾问的过失来衡量管理费高低,这实际上就排除了投资顾问通过提供基金管理服务而获取额外盈利的机会。最后,虑及基金业界的反对,国会在1970年12月14日通过了《投资公司法》修正案(*the Investment Company Amendments Act of* 1970,以下简称:1970年修正案)对此做了妥协,用“忠实义务”标准(fiduciary duty standard)取代“合理性”标准以对《投资公司法》原有的“资产浪费”和“信托权力滥用”标准进行修改,并增加了第36条b款,[①]规定:一家已注册的投资公司的投资顾问在他或他的关联人士接受了公司或公司证券持有人支付的报酬之后将被视为对报酬负有忠实义务,从而确立了投资顾问就其从基金所得的报酬方面的忠实义务。[②] 至此,美国《投资公司法》第36条成为投资基金信赖义务法律规定的集大成者,既有对基金管理人信赖义务的一般规定(第36条a款),又有关于基金管理费忠实义务的特殊规定(第36条b款)。

三、基金管理费忠实义务标准的内容解析

美国国会确立基金管理费的忠实义务标准意在使SEC和基金

---

① Act of Dec. 14, 1970, Pub, L. No, 91—547 § 20, 84 Stat. 1428(1970).

② 15 U.S.C. § 80a—36(b)(1994). 其原文表述为“the investment advisor of a registered investment company shall be deemed to have a fiduciary duty with respect to the receipt of compensation for services ,or of payments of a material nature, paid by such registered investment company ,or by the security holders thereof, to such investment advisor or any affiliated person of such investment advisor”.

股东更容易起诉投资顾问。因为在《投资公司法》第 36 条 b 款项下，基金股东无须再像以往“资产浪费”和“信托权力滥用”标准所要求的那样证明投资顾问在基金管理费上严重滥用信托权力和导致基金资产浪费，而只需证明投资顾问在收取基金管理费上存在违背忠实义务的不当行为即可。[①] 易言之，基金管理费的忠实义务标准将投资顾问从基金收取的管理费是否过多或不公平的证明责任从原告转移到投资顾问。除非投资顾问在诉讼中能证明其所得的基金管理费的合理性及事先得到基金股东和独立董事的批准，而且这些证明已经得到法院的承认，那么法院就可视投资顾问在基金管理费上没有违反忠实义务。否则，法院就推断原告的指控成立，投资顾问必须向基金归还多收取的管理费。因此，基金管理费的忠实义务标准不仅降低了法院受理的条件，而且还改变了检测基金管理费是否合理的责任主体，大大增加了原告胜诉的可能性。[②] 同时，为防止投资顾问以股东大会和独立董事的批准为理由来为其过多或不公平的管理费收入作辩解和开脱，《投资公司法》新增加的第 36 条 b 款 2 项规定：公司董事会对这种服务费的批准或对规定这种服务费的合同或其他协议的批准以及公司股东对这种服务费的批准及承认或对规定这种服务费的合同或其他协议的批准及承认必须经过法院确认在任何情况下是适当的。[③] 简言之，独立董事对基金管理费或包含基金管理费的投资顾问合同的事先批准对确认基金管理费的合理性有作用但并

① 15 U. S. C. § 80a－36(b)(1)(1994).

② Senate Comm. On Banking & Currency, Investment Company Amendments Act of 1969, S. Rep, No. 184, 91st Cong, 1st Sess, 506(1969). 转引自 Clarke Randall, Fiduciary Duty of Investment Company Directors and Management Companies Act Under the Investment Company Act of 1940. *Okla. L. Rev.* 1978, Vol. 31, No. 1, p. 669.

③ 15 U. S. C. § 80a－36(b)(2)(1994). 其原文表述为“In any such action approval by the board of directors of such investment company of such compensation or payments, or of contracts or other arrangements providing for such compensation or payments, and ratification or approval of such compensation or payments, or of contracts or other arrangements providing for such compensation or payments, by the court as is deemed appropriate under all the circumstances”.

不具有决定性意义，不能因此表明投资顾问在管理费方面已经履行了忠实义务，除非经法院确认独立董事所做的这些批准在任何情况下都符合：(1)出自于自身必要的谨慎和诚实(care and conscientiousness)；(2)从独立律师或顾问处得到足够的建议和帮助；(3)批准过程不感仓促或外部的压力(rushed or pressured)。最后，第36条b款第3项规定投资顾问一旦被确认已经向基金收取了过多或不公平的管理费，则基金股东可以代表基金向其追偿，追偿以实际损失为限，索赔的诉讼时效为一年。[①]

由上可见，与"资产浪费"和"信托权力滥用"标准相比，基金持有人利用基金管理费忠实义务标准来维护基金合法权益的门槛显著降低：只要投资顾问违反了其对基金管理费的忠实义务，即收取的基金管理费与其为基金提供的服务不相称，则个别的基金持有人就可以不经基金董事会的同意迅速启动司法程序予以救济，以遏制投资顾问利用基金管理费从事各种不当行为，而在以往的标准下，基金股东只能提起衍生诉讼。因此，有学者认为基金管理费的忠实义务标准在基金管理费救济上为基金提供了一种不必依赖于具有分散性的股东联合来救济的手段。[②] 而与SEC原拟采用的合理性标准相比，忠实义务标准虽也强调投资顾问收取管理费应与其提供的服务质量相称，但在管制上更富弹性，其并没有如合理性标准那样允许法官直接用个人的判断来断定投资顾问所收取的管理费的合理性，而是要求法官必须在尊重基金董事会商业判断和投资顾问自身论证的基础上才能决定投资顾问管理费收入的合理性。这种管制方式充分考虑到了这样的一个事实：法官作为基金业界的外行，毕竟主要是法律方面的专家，对基金管理费合理性的认识肯定远不如业内人士那么深刻。所以，法官只能对基金管理费的合理性作一种有限的审查。按照联

---

① 15 U.S.C. §80a－36(b)(3)(1994).

② Rottenberg, Developing Limits on Compensation of Mutual Fund Advisors. *Harv. L. Rev.* 1970, Vol. 182, p. 321.

邦上诉法院的解释，这种有限性主要体现为：如果投资顾问能够很好地论证其收取的基金管理费的合理性（即证明其所收取的基金管理费与其为基金提供的服务质量是相称），且这种合理性又符合基金董事会正常的商业判断规则，那么一般情况下法院是不应对这种合理性加以否决。[①] 1982 年的 Gartenberg v. Merrill Lynch Asset Mgmt.，Inc 案为基金管理费忠实义务标准的实施起到了极好的示范作用。在该案中，美林资产管理公司旗下的 Gartenberg 货币市场基金股东指控其投资顾问在收取管理费的问题上违反受托人的忠实义务，因为投资顾问的利润率与基金的规模增长相比不相称。Gartenberg 的费用表规定基金规模在 5 亿美元以下时，投资顾问的费用为 0.5％；当基金资产超过 25 亿美元时，投资顾问的费用为 0.275％；处于 5 亿美元和 25 亿美元之间的资产规模使用中间水平的费用率。纽约南区法院驳回原告的指控，认为判定投资顾问是否违反基金管理费的忠实义务而收取过高费用的主要标准是将该基金的费用水平与其他基金的费用水平比较是否过高。在该案上诉审理中，第二巡回法院虽支持了地区法院的判决，但它不同意地区法院剔除的判断标准，认为基金费用是否过高要看投资顾问收取的费用是否与其提供的服务远远不成比例。同时，第二巡回法院还补充认为即便基金的费用水平较其他基金偏高，但只要费用不超过双方各自独立当事人按“常规交易”(arms-length)，公平协商所得到最高费用额度之限制，且基金董事会在批准时是根据合理信息和合乎理性的判断做出，那么偏高的基金费用也可被允许。[②]

总之，基金管理费的忠实义务标准既能为基金持有人提供方便的司法救济，又保护了投资顾问管理基金的积极性，极好地权衡了公平和效率的冲突，以致有学者认为这是一种既让基金持有人和 SEC 满意又能让基金业界接受的较高水准的折中标准，是一种建立在市

---

① Gartenberg v. Merrill Lynch Asset Mgmt.，Inc,. 694F. 2d 923(2d Cir. 1982).

② Gartenberg v. Merrill Lynch Asset Mgmt.，Inc,. 694F. 2d 923(2d Cir. 1982).

场机制上运用法律调节不公平基金管理费的最佳模式。[①]

现实表明，美国《投资公司法》第36条b款确立和实施之后，比起以前，美国基金业中以往存在的投资顾问任意向基金收取过高的基金管理费的现象开始收敛。根据投资公司协会(ICI)最近所作的一份调研报告：共同基金业的服务价格在上世纪70年代末已逐步同其他绝大多数的经济部门一样，基本上也开始纳入市场机制的调节范围，其费率自1980年以来就呈下降趋势，而且随着基金资产规模的扩大，不同基金的投资顾问向基金提取的基金费率也都会随之相应的减少。如到2004年底，股票型基金年管理费率的由以往的2%降低到1.13%，投资者的满意度达到76.29%。[②]

四、我国现行基金法制对基金管理费规定的不足与完善

我国现有的《投资基金法》对基金管理人在基金管理费方面的忠实义务未作任何规定。同样，该法也没有对涉及基金管理费的提取比例及方式作具体规定，只是在第37条笼统地提到基金合同应当包括对作为基金管理人、基金托管人报酬的管理费、托管费的提取、支付方式与比例的规定。[③] 因此，在实践中，基金管理费的具体提取比例和支付方式通常是交给基金契约去确定。而正如前面笔者所分析的，基金契约实际上就是基金管理人单方面拟定的格式合同，加上我国的契约型基金并不存在类似基金董事会这种专门的机构可以在事后代表基金持有人对基金管理人事先拟定的基金契约加以审查和批准，所以我国的基金契约一旦上报证监会得以审查通过，那么基金持

---

① Louis Loss, Joel ,Seligman. *Fundamentals of Securities Regulation*(3). Little Brown and Company, 1994, p.67.

② ICI, Achieve of Research Report, At http://ici.org/stats/res/arc-rpt/index.html#1980.2005－6－1.

③ 参见《中华人民共和国证券投资基金法》第37条第10款。

有人对基金契约中所包含的基金管理费条款只能全部接受。[①] 此外，我国现行基金法制并没有在基金管理费合理性上赋予基金持有人直接起诉基金管理人的权利，更遑论证监会可以代表基金持有人向收取过多管理费的基金管理人提起诉讼。由此可见，与美国相比，我国对基金管理费合理性的司法约束力极为薄弱。只要基金管理人在基金契约中确定的基金管理费提取比例不高于 1.5%，则日后不管基金资产规模多大或者基金的经营业绩如何之差，基金管理人照样可以按照基金契约确定的基金管理费率从基金持有人那里得到大致固定的报酬。

以宝康消费品基金为例，根据该基金契约第 20 条第 4 款的规定，基金管理人的管理费在通常的情况下按前一日基金资产净值的 1.5%年费率计提。计算方法为：H＝E×1.5% / 当年天数(其中 H 为每天应计提的基金管理费，E 为前一日基金资产净值)。基金管理费每日计提，按月支付。经基金托管人复核后于次月首日起 5 个工作日内从基金资产中一次性支付给基金管理人，若遇法定节假日、休息日，支付日期顺延。[②] 以管理 20 亿元净资产的基金为例，如果基金管理人运作基金一年不赚不赔，那么基金管理人可提取 3 000 万元的管理费，这样的业绩与所得的报酬显然是极不相称的。即使亏损 20%的情况下，基金管理人依然可以拿到 2 700 万元的管理费。如果能盈利 20%，基金管理人也只能拿到 3 300 万元的管理费。可

---

① 根据证监会颁布的《发行证券投资基金招募说明书的内容与格式》的规定，基金管理人的管理费率按照不高于基金资产净值的 1.5%的年费率从基金资产中计提。因此，只要基金契约中拟定的管理费率不超过 1.5%，证监会在审查中基本不加干涉。事实上，不同的基金产品因投资目标和投资策略不同，因而对基金管理人管理服务的需求层次和要求不同，理应有不同的基金管理费率。然而，证监会却将我国各种基金管理费提取比例的合理性标准以 1.5%的年费率进行一刀切，这种在基金管理费率管制上不考虑基金种类的做法本身就缺乏科学性和合理性。有学者对这种行政管制模式提出质疑，认为证监会对于基金管理费没有切身相关利益，根本没有动力去主动发现和采纳市场均衡价格。参见王苏生著：《证券投资基金管理人的责任》，北京大学出版社 2001 年版，第 63～64 页。

② 《〈华宝兴业保康系列开放式证券投资基金契约〉第二十部分〈基金契约当事人的权利和义务〉》第 4 条第 1 款。

见，不管基金是亏损还是盈利，我国基金管理人管理费收入前后差别并不明显。换言之，即便基金管理人通过价值挖掘精心管理而使基金资产发生增值，但其由此而增加的报酬补偿与基金资产的增值部分相比还是相距甚远。[①] 因此，大多数的基金管理人必然倾向于运用稳定、保守的投资策略来尽量将募集的基金资产沉淀下来，通过时间的慢慢推移以逐步侵蚀基金持有人的本金。显见，基金管理人这种在管理费收入上负盈不负亏的分配制度难以激励基金管理人为基金资产收益的最大化而兢兢业业地工作。不仅如此，这种僵化的基金管理费提取模式还会诱导某些基金管理人通过一些不当行为来临时抬高基金资产的净值以图谋更多地基金管理费。这些不当行为在股票市场早期主要表现为操纵基金单位净值、操纵股票市场，现在更多地表现为对基金持有人采取故意不分红、少分红或变相分红的手段，以致在我国出现了一种十分奇怪的现象，为基金持有人分红较多的基金管理人收取的管理费居然比分红少的基金来得少。[②]

除此之外，从法律经济学的角度来看，我国目前这种固定基金管理费率计提方式造成基金持有人投资基金的交易成本过高，使之无法分享基金规模经济所带来的好处。如前分析，当基金资产增加扩大到一定程度必然会形成规模经济，从而导致基金管理人管理基金

---

① 在该例子中，如果基金管理人通过精心管理为基金盈利 20%，基金资产增加 20×20%＝4 亿元，而基金管理人提取的管理费才比盈利前增加 300 万元。

② 最典型的当推 2002 年上半年，基金资产同样是 20 亿元的基金兴华和基金汉盛，累计基金净资产增长率分别为 7.57%和－1.2%。按常理，基金兴华提供的管理服务质量优于基金汉盛，所以其提取的管理费应多于基金汉盛。而令人看不懂的结果是，基金兴华提取的管理费为 1 384 万元，而业绩较差的基金汉盛倒提取了 1 420 万元。换言之，基金汉盛的持有人尝到了亏损的滋味，反倒要向基金管理人多支付管理费。进一步分析造成这两个基金管理费计提扭曲的原因，基金汉盛在 2001 年底分红为 10 派 0.03 元（即基金持有人手中持有 10 单位的基金汉盛就可以分得 0.03 元的红利，以下类同），累计向其基金持有人分红 9.7 亿元；而基金兴华 2001 年底分红为 10 派 0.91 元，累计分红 18.1 亿元。基金兴华是由于多分红，导致其 2002 年初的基金净资产低于基金汉盛，因而其提取的基金管理费才比基金汉盛少。如此管理费的计提与实际业绩脱节，显然塑造了错误的价值观，甚至可能导致基金管理人不思进取。参见张炜：《基金管理费率打破“大锅饭”，华安 180 尝试变革》，载《中国经济时报》2002 年 10 月 21 日，第 6 版。

资产的单位成本降低。换言之,管理规模更大的基金并不一定比小规模的基金要花费更多的费用,但是我国基金管理人却无视边际成本递减的规律而照旧按原来既定的费率标准向基金持有人收取管理费。显然,基金管理人所得的管理费收入比其实际应得的还要多。因此,在这种固定费率下,基金资产规模扩大的直接受益者并非是基金持有人,反倒是基金管理人。

鉴于我国基金管理费行政管制的上述缺陷,笔者建议我国今后可借鉴美国的经验,实行内外兼修,标本兼治。就“治本”而言,首先,《投资基金法》应在规定基金管理人信赖义务的基础上特别规定基金管理人对基金管理费的忠实义务,从法律上要求基金管理人提高自身管理费只能通过增进基金持有人的利益来实现。其次,可以借鉴美国公司型基金的做法,设立类似于基金董事会的受托人委员会作为基金持有人利益的代表机构以对基金管理人拟定的基金管理费安排加以制约。虽然基金合同已按照《投资基金法》的要求规定了基金管理费率安排,且投资者在认购基金单位时也明知这种安排,但这种费率安排条款在基金正式成立运行后仍需经上述机构审议批准后才能正式生效。此外,基金管理费率不能一成不变,必要时还应允许基金持有人大会视基金规模的大小变化讨论予以更新。最后,赋予基金持有人在基金管理费上的代表诉讼权。一旦基金管理人违反基金管理费的忠实义务,基金持有人可以代表基金就基金管理人过多或不公平的管理费收入向法院提起诉讼。

而就“治标”而言,当前对我国广大基金持有人最重要也是最迫切的就是基金管理费的调整问题。[①] 无疑,如何改变这种“一刀切”式计提模式,将之纳入法制化的监管轨道应成为今后我国管理层的改革指向。在此方面,美国亦有一些做法资可参鉴。虽然美国《投资

① 参见刘荣:《调整基金管理费呼声再起》,载《南方都市报》2008 年 4 月 24 日,第 4 版;李域:《发行潮又至,基金管理费调整呼声再起》,载《21 世纪经济报道》2008 年 4 月 12 日,第 4 版;马红曼:《基金公司不能再旱涝保收了》,载《东方早报》2008 年 6 月 27 日,第 3 版。

顾问法》原则上禁止已注册的基金管理人，包括在美国各州注册的基金管理人同基金公司订立载有“业绩报酬”(performance fees)内容的投资顾问费管理协议，[①]但国会仍然承认“业绩报酬”在某种情况下与公共政策并不违背，因此应被允许。实践中，SEC也采用豁免规则以容许某些具备市场经验的客户能够与基金管理人达成业绩报酬的协议。[②] 这种被豁免的“业绩报酬”又称为“支点佣金”(fulcrum fees)，其以一个特定期间内基金管理人收取的平均费用为基础，将客户资产投资的业绩与一个恰当的证券价格指数做对比，看业绩是好于证券指数还是不如证券指数，然后按照比例增加或减少佣金。这种类型的安排规定佣金从一段特定时期内在客户账户投资业绩的增加或减少的平均数中得出，其计算是与一项适当的证券指数的投资记录相联系。如双方约定业绩报酬的提取是以基金或账户按标准普尔500指数(Standard & Poor's 500 Index)的基点运营的结果为基础。则当基金或账户业绩等于指数基点时，支点佣金就是应该付给基金管理人的佣金，而当基金或账户业绩超过指数基点时，例如有10%的增量，那么基金管理人就有权要求相应地增加其佣金。反之，当基金或账户业绩在指数基点以下，那么基金管理人的佣金就要相应地减少。

笔者认为，虽然我国目前尚无如同美国那样竞争激烈的基金管理市场，但美国这种有条件的业绩报酬机制也同样适用于我国基金管理的实践。而为保证基金正常业务的运转，首先应保证基金管理人正常、必要的管理费用。为此，笔者赞同很多理论界和实务界人士提出的在我国构建混合形式的基金管理费报酬结构的设想，即将基金管理费分为两个部分：一部分为固定比例费用，以基金净资产值的某一较低的百分比(如1%)为基数来计提；另一部分为业绩报酬，每

---

① 15U. S. C § 80b－205(a)(1)(1994).

② 15 U. S. C. § 80b－205(1994), 1940 Investment Adviser Act, Rule205－3.

年根据基金业绩表现提取。[①] 然在具体设计上，为确保基金管理人能更好地履行关于基金管理费的忠实义务，充分发挥业绩报酬制度之功效，笔者提出了以下若干改进建议：

第一，引入盈亏两负的计提方式。汲取以往试点时期的教训，首先，管理层不宜简单再以基金收益的一定比例直接计算业绩报酬，而应如美国一样，将基金业绩与同一时期某一合理的证券市场价格指数相比较，按两者之差的一定比例计提。提取比例可考虑由基金超出部分收益的某一个百分比（如10%到20%之间的一个比例）进行。[②] 其次，管理层应改变以往业绩报酬负盈不负亏的做法。虽然基金业绩报酬作为给予基金管理人的特别奖赏，只有在基金管理人超过市场平均盈利水平的情况才能获得，但是，当基金的业绩表现差于可比较的证券价格指数（如大盘）时，亦要扣减基金管理人固定比例费用以分担相应比例的损失。如此盈亏两负的计提方式才可取得"一石二鸟"的效果，既避免基金管理人在熊市中"旱涝保收"，又可防杜基金管理人在牛市中"火中取栗"，从事一些高风险的投资。

第二，增设基金管理费收取例外规定。比如在遇到国家法定的节假日或因不可抗力事件等导致证券市场休市、停市的时间超过一天，则基金管理人在此时间段应暂停向基金计提管理费。"无劳则无获"，在笔者看来，此例外规定不仅合情合理，而且也是基金管理费忠实义务的应有之义，更能在细微之处彰显法律对基金持有人利益的

---

① 参见张国清：《论对基金管理费的规制》，《江西财经大学学报》2005年第1期，第69页；王苏生：《证券投资基金管理人的责任》，北京大学出版社2001年，第69～70页；夏彬：《我国基金管理人激励机制分析》，《南方金融》2005年第3期，第51页；刘雪峰：《基金管理费模式之争再起，共渡难关呼唤浮动费率》，载《21世纪经济报道》2008年8月4日。

② 事实上，我国管理层在引进投资基金之初就曾试行过基金业绩报酬制，但那时的业绩报酬主要以基金单位净值为直接考评依据，只要基金符合四个条件，即：(1)年平均净值不低于面值；(2)净收益超过银行一年定期储蓄存款利率20%以上；(3)净值增长率超过证券市场平均收益率；(4)收益分配后，其单位净值不低于面值，基金管理人都可以计提业绩报酬。造成很多基金管理人为追求短期收益和资产增值而操纵净值，给基金管理带来很大风险。最后在2001年9月17日，被证监会以《关于证券投资基金业绩报酬有关问题的通知》规范性文件叫停。

保护。[①]

第四节 基金管理人注意义务及其对基金投资行为的规制

一、基金管理人注意义务的内涵

在英美信托法上，注意义务通常被分为两个层次，一是普通的注意义务，二是特别的注意义务。所谓普通的注意义务是指受托人在处理信托事务时，原则上应显示一个普通谨慎之人在处理与之相似的自己事务上所使用的那种技能与谨慎，即受托人负有普通技能及注意(ordinary skill and care)的义务。而特别的注意义务是指在设定有偿信托时，如果受托人告知委托人自己具有特殊能力，那么他就必须展示这种能力，应履行比一般普通谨慎之人更高程度的注意义务。即受托人在处理有偿信托事务时必须具有某种职业所要求的特殊技能及高度的注意。[②] 在投资基金中，基金管理人作为受人之托，代人理财的投资专家，无疑是将管理基金资产作为自己安身立命的职业，因此，“基金管理人在管理基金资产之际，仅以‘与处理自己事务为同一注意义务’的标准犹嫌不足，更须课以‘特别的注意义务’始称允当”。[③] 在笔者看来，对基金管理人课以特别的注意义务自有其职业的要求使然，但更为保护基金持有人利益之长久设计。因为基金管理人在管理基金资产对外进行投资时拥有很大的自由裁量权，这种自由裁量权使得基金持有人很容易面临着两方面的风险：一是

---

① 我国已有基金管理人在基金管理费提取上开始自愿率先引进基金管理费收取例外制。如金龙债券基金在其基金契约中的管理费条款约定：“若基金契约生效日起半年后(含半年)，经基金托管人核对，如当日本基金的基金单位累计资产净值低于1元时，基金管理人将从下一日起暂停收取管理费，如遇节假日，同样暂停收取基金管理费。”参见张书怀：《基金管理费提取办法改革虽微小，但意义却很大》，At http://www.zgjrw.com，2005－5－24.

② George G. Bogert. *Law of Trust*, West Publishing Co. 1973, pp. 337～338.

③ 徐国香著：《信托法研究》，台湾五南图书出版公司1996年版，第108页。

基金管理人滥用代理权力损害基金持有人利益的风险；二是基金管理人怠于勤勉尽职的风险，因而必须对基金管理人的代理权力加以约束。前述的忠实义务侧重于基金管理人道德方面的要求，是基金管理人职业道德的法律化，而此处的注意义务则侧重于基金管理人称职方面的要求，是基金管理人职业行为的法律化，是保证基金管理人充分施展其专业技能，促使基金资产增值的前提。两者一为“防范性”规则，二为“保护性”规则，侧重点不一样。

既然基金管理人的注意义务包括技能和注意(skill and care)两方面的要求。那么基金管理人的注意义务是否包括谨慎(caution and prudence)方面的要求呢？或者说，注意要求(requirement of care)与谨慎要求(requirement of prudence)这两个概念是否一致？笔者认为，注意和谨慎应是两个不同的概念，分别规范基金运行中的不同阶段。注意要求是针对基金管理人的投资决策过程而言，其功能是促使基金管理人的投资决策与投资目标一致。而谨慎要求则是针对基金管理人确定投资目标而言，是对投资目标风险偏好特征的一般描述，其功能是降低投资风险。可见，前者强调勤勉(diligence)因素，后者则关注风险(risk)因素。而在基金投资目标风险－收益特征主要取决于全体基金持有人的总和风险特征时，笔者认为注意义务不宜对谨慎要求做出硬性的规定。事实上，注意义务对基金管理人的注意要求就包含行为意义上的谨慎因素，只不过这种谨慎因素不同于谨慎要求中的价值判断意义上的谨慎因素(即低风险－低收益要优于高风险－高收益，投资目标应为风险厌恶型)。因此，基金管理人的注意义务应包含投资决策行为的谨慎因素，但并不意味着投资目标或投资策略上的谨慎或保守。[①]

---

① 王苏生著:《证券投资基金管理人的责任》，北京大学出版社 2001 年版，第 135 页。

二、基金管理人注意义务的衡量标准

根据上文的分析，基金管理人应对基金持有人负有特别的注意义务，但仅此仍无法将基金管理人同其他职业受托人的注意义务区别开来。事实上，特别注意义务的具体内涵还要结合职业受托人的职业层次来定，不同的职业受托人，由于职业层次不同，衡量其特别注意义务的标准显然应有所不同。与一般的职业受托人（如私人受托人）相比，基金管理人拥有更庞大的资金、信息、研究等资源优势，也有能力提供更高水准的专业服务。因此，简单地将信托法对职业受托人的特别注意义务套到基金管理人身上，笔者仍嫌较为粗糙和抽象。目前，随着美国信托投资专家投资标准即“谨慎投资者规则”（关于谨慎投资者规则，下面将有专门的介绍）的出现，学界普遍主张衡量基金管理人的这种特别注意义务应采用较一般职业受托人更高的标准即投资专家的标准。① 对此，笔者表示赞同。因为专家一般具有如下特征：其一，专家的工作性质属于高度专门性，其中心不是体力工作而是精神、判断工作；其二，重视高度的职业道德与顾客的信赖关系；其三，大都要求一定的资格，并由专家集团维持一定的业务水平；其四，具有较高的社会地位。② 与一般职业受托人相比，基金管理人拥有更为庞大的资金、信息、研究等资源优势，无疑更具有上述专家的特征，也更有能力提供更高水准的专业服务。因此，对基金管理人在应用基金资产从事证券投资时要求其达到投资专家这一职业应该普遍达到的注意程度，并不为过。在美国，《投资公司法》虽没有明确基金管理人应比一般职业受托人承担更高标准的特别注意义务，但 SEC 也按《投资公司法》立法的旨意提议投资顾问在管理基金资产的过程中也应以“谨慎投资者规则”作为其履行投资注意义务

---

① Harvey E. Bines. Modern Portfolio Theory and Investment Management Law: Refinement of Legal Doctrine. *Colum. L. Rev.* 1976, Vol. 23, No. 1, p. 723.

② ［日］能见善久：《论专家的民事责任——其理论架构的建议》，载梁慧星主编：《民商法论丛》第五卷，法律出版社 1996 年版，第 504～505 页。

的底线，而且，SEC认为如果投资顾问还具有超过该规则要求的基本水准的注意能力，那么投资顾问应按实际注意能力履行注意义务。[①] 显见，SEC对投资顾问在投资中应履行的注意义务标准是以主观标准和客观标准二者中的较高者为准，且这里的客观标准实际上也采用信托投资专家的标准。

三、美国基金管理人注意义务的客观标准——"谨慎投资者规则"的确立

虽然基金管理人的工作并不仅限于基金投资，但基金管理人运用自我的专业知识和技能通过投资来管理、促使基金资产保值、增值则是其最主要的职责。所以，有关基金管理人投资的注意规则必然成为基金管理人注意义务的重心。但是仅仅把基金管理人的注意义务简单地概括为信托法上的特别注意义务显然过于笼统和抽象，不仅无法刻画出基金管理人作为投资专家应负的高度注意标准，而且也不利于基金监管和司法审判的可持续进行，因而很有必要对基金管理人在投资中的注意义务标准加以细化，以进一步充实和丰富基金管理人的注意义务。在此，美国信托投资行业中有关信托投资专家投资注意义务的准则规定，即"谨慎投资者规则"(Prudent Investor Rule)则为各国确立基金管理人特别注意义务提供了一个良好的参照物。

(一)"谨慎投资者规则"的内容及特色

"谨慎投资者规则"主要体现在美国1990年《信托法重述》(第三版)和1995年的《统一谨慎投资者法》。其中，《信托法重述》第277节以题为"谨慎投资的一般标准"专节作出如下的规定：受托人有义务根据信托的目的、条件、分配要求及其他条款按一位谨慎投资者应有的方式处理信托事务，这种方式为：(1)受托人必须设计适应本信托的投资策略，应该结合投资总体而非单个投资项目来考量相应的

---

① Lawrence M. Greene. Fiduciary Standards of Conduct under the Investment Company Act of 1940. *Geo. Wash. L. Rev.* 1960, Vol. 28, No. 2, p. 268.

风险及收益标准；(2)在进行投资决策时，受托人必须进行分散投资，除非另有情况表明这样做是非谨慎的；(3)除此之外，受托人还应做到遵守信托的基本忠实原则和公平原则，并谨慎地决定是否以及如何实施进一步的授权和承担合理的信托成本等。同时，该节又赋予受托人非常宽泛的投资自由裁量权，即只要受托人认为某项投资能合理地满足信托的整体目标、流动性和风险的承受水平，无须专门的信托条款授权，受托人也可进行投资。[①]

此后，为消除美国各州在谨慎投资者规则立法上的差异，建立细致、划一的全美谨慎投资标准，美国统一州法律委员会于 1995 年通过了《统一谨慎投资者法》(*Uniform Prudent Investor Act*)。该法案对信托法第 277 节作了十分详尽的解释和说明，并很快得到美国绝大多数州的采纳而正式成为法律。根据该法案，谨慎投资者规则主要包括以下几点：[②]

1. 目标标准(objective standard)。亦即受托人应具有相应的注意程度、专业技能水平和审慎标准，在充分考虑信托目的、条款、分散要求或其他要求情况下如同一位谨慎投资者那样对信托财产进行投资与管理。而且，不同的受托人应承担不同的投资谨慎标准。比如适用于专业的投资管理人(如基金管理人)的谨慎标准显然应高于一般投资管理人(如家庭成员信托)的标准。

2. 投资组合标准(portfolio standard)。该法第 2 条(b)项要求对受托人个别资产的投资与管理决定不得孤立地评价，而应置其于整个信托投资组合的背景下，并且作为风险、回报目标合乎此信托的整个投资决策的一部分来判断。因而，对受托人进行的单笔投资，即便对信托财产是非谨慎的，但如果该投资与投资组合存在合理的联

---

① Restatement of Trust(Third) § 277(1990).

② 以下主要是参照《统一谨慎投资者法》的内容翻译和归纳出来的。有关该法案英文内容，See National Conference On Uniform State Laws：Uniform Prudent Investor Act, approved by the American Bar Association , Miami, Florida, Feb 14, 1995. At http://www.law.upenn.edu/bll/ulc/fnact99//1990s//upia94.pdf，2005－1－2.

系也可以视之为一项谨慎的投资。

3. 投资决策应考虑的因素。该法第 2 条(c)项列举受托人进行投资决策时必须充分考虑影响整个投资成败的一系列重要因素，包括一般经济条件、通货膨胀或通货紧缩、税收后果、每一个投资行为对整个投资组合的作用、信托收入与本金的整体预期回报、投资间隔期间对收益的影响、资本的流动性和保持、信托管理承担的合理费用等。

4. 投资项目的限制及其分散化的投资。该法第 2 条(e)项认为没有一个投资项目在本质上是绝对非谨慎的，因而规定受托人在遵循谨慎标准的前提下可以投资于任何形式的资产。同时，该法第 3 条又要求除非受托人能合理地证明在某些特定情况下采用分散化的投资方式将不利于信托投资目标的实现，否则受托人有义务采用分散化的投资方式。

5. 投资成本的要求。该法第 7 条规定在投资与管理信托财产时，受托人有责任根据信托资产的特点、信托的目的以及受托人的技能，在设计与实施投资策略时将投资成本降至最低。

6. 判别标准。该法第 8 条规定，判定受托人是否遵循了谨慎投资者规则应视受托人进行决策或采取行动时的事实或情况而定，不能根据事后的结果来评判。亦即这种判定标准应是一种事前或事中的标准，而非事后的标准。

从以上主要内容来看，不难发现，美国谨慎投资者规则在标准设计上最大的特色是吸收和运用了现代投资组合理论(Modern Portfolio Theory，以下简称：MPT)的精华。MPT 是由美国著名经济学家马科维兹(Harry Markwitz)在已有的投资组合理论和凯恩斯偏好与效用分析方法的基础上，运用概率论和线形代数的方法，于 1952 年在美国《金融杂志》上发表《证券组合选择》(*Portfolio Selection*)

一文首创，后经几位学者完善形成的。① MPT 认为，证券市场上不同种类的证券之间的风险性和预期收益各不相同，因此通过证券的组合设计可以改变证券被单独考虑时的风险状况。例如，一个组合投资中风险较高（比如带有投机性质）的投资项目，可能会与组合中的其他投资项目在风险上形成负相关，甚至相互抵消，从而大大降低组合的总体风险水平。与此同时，MPT 也极力倡导分散化投资，即尽量保持组合中投资项目的广泛性，将非系统性风险降至最低。因为根据 MPT，随着纳入同一组合的资产的受益率之间的相关系数（或协方差）的减小，该投资组合的收益率的方差（或标准差）也随之减少。换言之，合理的分散化投资可以在不降低该组合预期收益率的条件下降低该组合风险。② 后来的实践也证明，MPT 所推崇的证券组合投资和分散化投资的方式在证券市场上对降低投资风险是颇有成效的。因此，自上世纪 60 年代末以来，该理论很快就成为美国金融投资界的主流理论，不但成为投资家分析证券投资的必备工具，而且也成为美国养老基金投资规则立法的主要依据。谨慎投资者规则也正是在这种背景下才出台的，正如《统一谨慎投资者法》在前言所提到："从 1960 年至今信托投资业发生了深刻的变化，《统一谨慎投资者法》的目的在于更新投资法律以反映不断发展的业务需要。本法案所作的修订是以这些年来被广泛接受的大量理论与实证研究的结果为基础，这些研究结果常被称之为 MPT。"③的确，综观《统一谨慎投资者法》，通篇几乎都是围绕 MPT 的组合投资和分散化投资

---

① 有关现代投资组合理论的具体内容，参见潘金生主编：《证券投资理论与实务》，经济科学出版社 2004 年版，第 177～187 页。

② ［美］理查德·波斯纳著：《法律的经济分析（下册）》，蒋兆康译，中国大百科全书出版社 1997 年版，第 562～563 页。

③ 参见《统一谨慎投资者法》的前言。原文为：Over the quarter century from the late 1960s' the investment practices of fiduciaries experienced significant change. The Uniform Prudent Investor Act (UPIA) undertakes to update trust investment law in recognition of the alterations that have occurred in investment practice. These changes have occurred under the influence of a large and broadly accepted body of empirical and theoretical knowledge about the behavior of capital markets, often described as "modern portfolio theory".

的要求及方式来展开设计，集中反映了现代证券投资领域的客观规律，使法案的规制借助经济学的理论达到精确、合理化。

(二)“谨慎投资者规则”的形成及其对基金管理人注意义务的影响

谨慎投资者规则在美国的形成也历经了一个很长的时间。整个过程可以划分为法定投资表(“legal list”statutes)和谨慎人规则(prudent person rule)两个阶段。在早期，美国各州主要是移植英国的“法定投资表”方式对信托受托人的投资种类进行限制。[①] 这种法定投资表的法律效果分为“强制”(mandatory)及“容许”(permissive)两种。前者只要受托人投资于法定投资表列举的种类，则其行为便受到法律的保护，反之即构成对信托的违反，应负损害赔偿责任。至于受托人在投资中是否履行注意义务则在所不问；而后者仅推定受托人违反受托义务，但受托人可以举证其已尽了注意义务以推翻此推定。[②] 法定投资表虽可确保本金的安全，但却容易造成投资方式的僵化和投资对象的保守。由于受托人实际上对表内的投资项目不必尽其注意义务，使得法定投资表对受托人在信托投资上的消极、被动态度起到了鼓励、纵容作用。而且，在什么是合适的投资的问题上，法定投资表用司法或立法机关的判断来取代受托人的市场判断，这种做法是否科学合理引起人们很大的质疑。[③]

1830 年美国麻省高级法院的著名案例“Harvard College v. Amory”开始对法定投资表进行突破并成为谨慎人规则的起源。[④] 法院在本案中认定只要受托人以善意投资，纵使投资于私人证券亦属合法(当时的法定投资表只允许投资于政府的证券)，并且提出了

---

① 周小明著:《信托制度的比较法研究》，法律出版社 1996 年版，第 163 页。

② 方嘉麟著:《信托法之理论与实务》，中国政法大学出版社 2004 年版，第 196 页。

③ 王苏生著:《证券投资基金管理人的责任》，北京大学出版社 2001 年版，第 135 页。

④ Jefery N. Gordon. The Puzzling Persistence of the Constrained Prudent Man Rule, *N.Y.U.L.Rev*, 1987, Vol. 62, p. 32.

谨慎人规则，即“受托人在从事投资业务时应信守谨慎(discretion)与诚信原则(faithfully)，以一位小心谨慎、节制与明智的人管理自身财产那样管理信托财产，不以投机为目的，而是以基金的长期投资为目的，不但要考虑可能的收入，还要考虑投资的安全性问题”。[①] 该判例揭示了判断受托人遵守谨慎人规则的两个标准：其一，安全投资的实际标准，要求受托人用投资而非投机的理念长期处理信托财产，同时考虑投资的安全性和收益性；其二，程序标准，即在进行投资判断时，受托人应恪守谨慎人处理自己事务的普遍标准。[②] 可是，该案例总结的规则与标准除被少数州采纳外，在当时很长的时间内仍没有得到大部分州立法机关的重视，“法定投资表”依旧成为美国绝大多数州规范受托人的主要规则。直至 1940 年，在全美银行界和基金界的联合推动下，美国大多数州的立法机关和法院才逐渐摒弃法定投资表而改采谨慎人规则，使之成为界定受托人投资责任的主要标准。不过，随着 20 世纪 70 年代美国对金融管制的逐步放松和国内金融创新的蓬勃发展，谨慎人规则对投资中必须拘泥单个投资项目风险的要求明显与 MPT 主张从投资组合的整体来考察投资的谨慎性相违背，因而也很快遭到美国国内多数学者的批评与非难。因为依此规则，如果基金管理人在投资之前没有充分论证每一笔投资的合理性，那么，即使整个证券组合投资表现出色，则他也必须为该笔投资的不佳效果负责。投资公司协会(ICI)也认为这是现代投资所难以接受的。[③] 的确，用谨慎人规则作为衡量基金管理人是否善尽

① Robert J. Aatbers & Percy s. Roon. The New Prudent Investor Rule and the Modern Portfolio Theory: A New Direction for Fiduciaries. *American Business Law Journal*, 1996, Vol. 34, p. 45.

② Robert J. Aatbers & Percy s. Roon. The New Prudent Investor Rule and the Modern Portfolio Theory: A New Direction for Fiduciaries. *American Business Law Journal*, 1996, Vol. 34, p. 45.

③ Robert J. Aatbers & Percy s. Roon. The New Prudent Investor Rule and the Modern Portfolio Theory: A New Direction for Fiduciaries. *American Business Law Journal*, 1996, Vol. 34, p. 69.

投资注意义务较为刚性，容易压制基金投资手段及方式的创新，不利于基金管理人投资潜能及积极性的开发和培植。正是觉察到谨慎人规则的上述弊端，美国国会 1974 年出台的养老基金法——《退休职工收入保障法》(*Employee Retirement Income Security Act*)率先参鉴了 MPT 原理，采用了与谨慎人规则不同的表述，不仅批准基金管理人可以分散投资，而且在整个投资组合收益状况允许的情况下，也允许基金管理人可投资于收益现状不佳的公司证券。显见，上述的内容规定已经开始带有 MPT 的烙印。[①] 不过，直到上世纪 90 年代，美国的信托法才终于集其大成，正式全面吸收 MPT 用于改造传统的谨慎人规则，从而形成了今天较为系统的“谨慎投资者规则”。

与谨慎人规则不同，谨慎投资者规则侧重整个证券组合的谨慎性，不拘泥于单个证券的风险。因此，就基金业来说，基金管理人在投资中无须对每一种证券的谨慎性与否加以充分的论证，从而使基金管理人比谨慎人规则时期拥有更大的投资自由裁量权。从表面上看，基金管理人的注意义务似乎有所弱化，但实际上，基金管理人运用基金财产进行投资的注意标准和要求却在提高。因为评估单个证券谨慎性与否所需的信息和技能显然不能与评估整个证券组合同日而语，基金管理人为此必须综合、权衡该组合内各种证券的风险相关性、将来的预期收益、与其他资产组合的关联、交易费用、资产流动性和其他的各种相关信息。因此，尽管基金管理人理论上可进行任何种类的证券投资而可不再受单个证券风险的约束，但实际操作中还是必须处处掣肘于整个证券组合的风险。换言之，基金管理人在投资上往往并非如人们想象的可以做到“为所欲为”。而且，谨慎投资者规则作为一种不履行规则(default rule)，还可经信托契约加以扩展、限制、删减或作其他形式的修改，修改后的投资指令和限制对基

① Susan p. Serota. *Erisa Fiduciary Law*, The Bureau of National Affairs, Inc., 1995, pp. 122～125.

金管理人仍有法律约束力。[①] 再者,谨慎投资者规则又强化了分散化投资的法定义务,除非情况极为特殊,否则基金管理人不能选择或拒绝执行。

由上观之,谨慎投资者规则极好地协调了基金管理人投资权力的扩张与投资风险之间的矛盾。诚如有的美国学者所认为的,谨慎投资者规则正赋予基金管理人注意义务的传统规则以崭新的含义。[②] 在笔者看来,这种崭新的含义就是使基金管理人的注意义务标准真正上升、提高到一个投资专家的标准:即基金管理人应具有较高的专门化投资技能,并且不能以其能力、技能不足作为投资失误的理由。因为与一般受托人相比,基金管理人作为专业机构,具有资金、人才、信息、研究等资源优势,完全有能力提供更高水准的理财服务,当然也应承担与其专门性工作相称的高度的注意义务。美国后来的判例法也表明,绝大多数州的法院都赞同 SEC 的提议将谨慎投资者规则列为衡量基金管理人注意义务的客观标准。[③] 晚近,越来越多其他国家和地区的基金法制也都开始参鉴美国谨慎投资者规则以修改和完善本国基金管理人注意义务的内容。[④]

四、注意义务规则对基金管理人投资行为的规制

基金管理人特别注意义务应采用高于一般职业受托人的投资专家标准只是学界在理论上分析得出的一种见解,这种见解要转化为现实还需像美国那样通过成文法或判例法的形式将之加以吸纳、转化为具体的法律规范才能发挥实际效用。事实上,各国或地区的基金法制在规范基金管理人投资注意义务时也都结合本国或本地区基

---

① 《统一谨慎投资者法》第 1 条(b)款.

② Susan p. Serota. *Erisa Fiduciary Law*, The Bureau of National Affairs, Inc., 1995, pp. 122～135.《统一谨慎投资者法》第 1 条(b)款.

③ Thomas L. Waterbury. *Materials on Trusts and Estates*. West Publishing Co., 1986, p. 994.

④ 陈斌彬:《"谨慎投资者规则"与我国基金管理人注意义务的法律完善》,《现代财经》2006 年第 2 期,第 65 页。

金业的特点对谨慎投资者规则做了不同程度的参鉴。下面，笔者将从分散性要求、流动性要求、风险性要求、投资限制要求来分析基金管理人注意义务对基金管理人投资行为的规制。

（一）基金管理人注意义务的分散性要求

分散性要求是指基金管理人在运用基金资产构建基金投资组合不能随心所欲，而应遵循法定的投资比例。详言之，基金管理人在法律允许的投资品种和投资经营范围内进行投资经营时，必须按照信托投资专家那样做到证券品种的多样化以及保持各项证券投资与基金资产之间的一定比例，以分散基金的投资风险。关于基金管理人在投资上的分散性要求，各国或地区均有以下相应的规定。

美国《投资公司法》规定投资公司总资产 75％以上须为现金或现金账户（包括应收账款）、政府债券、其他投资公司的证券以及其他发行人的证券。而每一发行人的证券不得超过该公司资产价值的 5％，也不得超过发行人已经发行的有表决权股份总数的 10％。①

日本法对基金管理人分散投资的要求主要表现在两个方面：一方面，对取得同一企业发行之股票的限制。一家委托公司将其管理下的基金资产用于认购同一企业发行的股票时，其取得数量不得超过该企业已发行在外股票总数的 10％。另一方面，对基金资产投资于同一股票的限制，即一个基金投资于同一牌名股票的资产不得超过该基金净资产的 10％。②

台湾地区则规定：证券投资信托事业运用基金资产投资于一上市或上柜股票之总金额，不得超过该证券投资信托基金净资产价值之 10％；而该基金所投资的任一上市或上柜股票之股份总额，不得超过该公司已发行股份总额的 10％。③

而香港地区对基金管理人的分散性投资却有更为详细的规定。

---

① 15 U.S.C. § 80a－5(a) (1)(1994).

② 日本《关于证券投资信托之委托公司行为准则的大藏省令》第 2 条、第 3 条。

③ 台湾《证券投资信托基金管理办法》第 15 条第 1 款第 7 项、第 8 项。

其主要内容有：其一，集合投资计划如果持有任何单一发行人发行的证券，则该计划所持有的该证券的价值，不可超逾该计划总资产净值10%；其二，集合投资计划如果持有任何单一名发行人发行的任何类别的证券，则其所持数量不可超逾该类别证券数量的10%；其三，集合投资计划最多可将其总资产净值的30%投资于同一种发行类别的政府及其他公共证券之上；其四，如果卖空会引致集合投资计划有责任交付价值超逾其总资产净值10%的证券，则不可进行卖空。[①]

我国《暂行办法》也对基金分散投资作出了如下的要求：一个基金投资于股票、债券的比例不得低于该基金资产总值的80%；一个基金持有一家上市公司的股票，不得超过该基金资产净值的10%；同一个基金管理人的全部基金持有一家公司发行的证券不得超过该证券的10%；一个基金投资于国债的比例，不得低于该基金资产净值的20%。[②]

各国或地区的基金法制之所以要对基金管理人投资提出上述分散性的要求，主要是基于如下三个目的：首先，可以避免集中投资给基金资产带来的巨大风险。所谓"东方不亮西方亮"，根据MPT，通过分散投资可以有效地防止出现基金资产被全部套牢的现象，从而保证了基金资产的收益能力。其次，可以防止基金控制上市公司，确保基金管理人一心一意地管理基金资产。因为基金作为机构投资者，其投资证券市场的主要目的跟普通散户无异，也是意在获得资本利得和股息，而非获取投资对象的控股经营权。最后一点也是最重要的，分散性要求可以防止基金管理人利用基金发生单一股票价格操纵的不当行为。由于基金资产一般十分庞大，如果允许其将巨额资金全部投资于单一或少量的股票，势必造成此股票价格的波动，从而极易引起基金管理人暗中坐庄，发生前述所描述的种种市场操纵行为。当然，在满足法律规定的基本分散比例的前提下，基金管理人

---

① 香港《单位信托及共同基金守则》第7条第1款、第2款、第4款和第16款。

② 《证券投资基金管理暂行办法》第33条第1款、第2款、第3款。

在制定投资策略时还是可以充分结合所管理基金产品的种类来决定投资分散化的程度。

（二）基金管理人注意义务的流动性要求

流动性要求是指基金管理人在构建基金投资组合时必须保持基金资产在一定情况下的变现能力，以应付基金持有人随时、可能发生的要求基金赎回基金单位的需要。流动性要求主要是针对开放式基金管理人的投资行为而言的，其使得基金管理人在分散性要求的基础上必须尽量避免将基金资产全部投资于非流动性的资产。《投资公司法》并未对"非流动性"采取明确的定义，不过 SEC 认为，所谓非流动性资产是符合下述性质的资产：在正常的商业流程中，该项资产不能在 7 天内以近似于基金账面估值的价格出售或处置。[①] 根据《投资公司法》第 22 条 e 款的规定，在一般条件下，一家已注册的投资公司在按照可赎回证券的条件赎回证券时暂停持有人的求偿权或推迟付款或清偿的时间不得超过持有人向公司或其证券赎回代理人退回证券要求偿还之后的 7 天。[②]《投资公司法》虽没有明示的流动性限制条款，但在实际运作过程中为了保证基金能够在规定的时间内有能力赎回基金证券，SEC 为此制定了该款的补充说明，要求开放式投资公司必须保持基金投资组合一定程度的流动性。其程度大小可由投资顾问根据惯有的经验加以确定，但无论基金品种如何，开放式投资公司所持有的非流动性证券（illiquid securities）不得超过公司总资产的 10％。[③] 此后，SEC 在 1992 年发布的 Form N－1A 指引将上述的比例扩大到 15％但不适用于货币市场基金。此次修正的目的在于允许投资公司投资于小企业发行的非流动性证券时更具弹性，为小企业进入资本市场融资创造良好的条件。除了非流动性

① See SEC Investment Company Act Rule 22e-1, At http://www.law.uc.edu/CCL/InvCoRls/rule22e-1.html, 2005－12－1.

② 15 U.S.C. §80a－22(e)(1994).

③ See SEC Investment Company Act Rule 22e-1, At http://www.law.uc.edu/CCL/InvCoRls/rule22e-1.html, 2005－12－1.

证券之外，美国也对基金投资于不动产作出同样的限制。《投资公司法》规定投资公司如果事先要进行不动产投资，必须要在招募说明书及登记文件内加以注明，并且要经全体股东一致同意。SEC 于 1972 年发布有关基金登记申请的表格，阐明 SEC 对投资公司在不动产投资方面的限制，即投资公司将公司资产投资于不动产，最高额不得超过其净资产的 10%。①

我国基金法制规定的注意义务也在证券和不动产投资上对基金管理人的投资行为提出相应的流动性要求。不过与美国相比，我国立法采取严格禁止的态度。《投资基金法》第 58 条明确规定基金财产应当用于上市交易的股票、债券和国务院证券监督管理机构规定的其他证券品种。我国立法之所以要禁止基金投资于非上市证券，除了这些证券并非对公众发行，流通性差，转售困难，还在于这些证券缺乏一个公开的竞价市场，信息披露远不如公开上市证券充分，如果不禁止基金投资于此类证券，不仅基金资产流动性会受到很大的影响，而且会加大基金投资的风险，造成基金资产净值计算上的困难。故而考虑到我国基金业目前的发展现状，我国做出上述禁止规定是比较合理的。同时，吸取了以往老基金破产被清盘的教训，我国《暂行办法》第 34 条也禁止我国基金管理人将基金资产进行房地产投资和从事可能使基金资产承担无限责任的投资。

（三）基金管理人注意义务的风险性要求

证券市场是一个高风险的市场。在投资基金的产生、创立和发展的过程中，减少和分散投资风险并使基金资产保值和增值始终是法律规定基金管理人注意义务的初衷。一般而言，证券市场的风险主要有两类：一类是系统性风险，包括政策法规方面的风险、宏观经济方面的风险、政治突发事件的风险等。系统性风险是市场上所有的证券都会遇到的各种各样的风险，是无法通过分散投资来消除或

---

① 转引自王苏生著：《证券投资基金管理人的责任》，北京大学出版社 2001 年版，第 139 页。

减少的。另一类是非系统性风险，即由所投资公司的个体因素所导致的风险。这是一种与作为一个整体的证券市场风险无涉的风险，完全可以由基金管理人通过构建有效的资产组合得以减少甚至消除。因而基金管理人注意义务的风险性要求是指基金管理人在运用基金资产进行投资时，必须竭力使基金在既定的收益率下最大限度地规避或降低风险，或者在既定风险值下追求收益的最大化。

1. 信用交易行为的法律规制

信用交易是指投资者在自有资金或证券不足又需要买进证券或卖出证券时，向券商或其他银行机构借款买进或者借券卖出的交易。信用交易的基本原理是根据价格变化的走势，利用借来的资金或者证券进行交易，牟取价格变化前后的差价。信用交易主要有两种形式：一是融资交易，即投资者看好某类证券，希望买进，但手头又没有足够的资金，因而通过交纳一定数量的保证金作为抵押，借入资金用来买进证券，待买进的证券价格上涨后以高价抛出，然后用卖出的价款归还所借入的资金，赚取其中的价差。另一种是融券交易，即当投资者看好某个券种，自己又没有该证券，便通过开设保证金账户交纳一定数量的保证金后，借入此种证券，并趁高价时卖出此种证券。如果预期准确，借入的证券卖出后，投资者可在该证券价格下跌时再指令其经纪人以低于借入价格买回如数的证券，以偿还所借的股票，其差价就成为投资者所获取的利润。信用交易本身具有两面性，适度的信用交易对于投资者而言具有资产保值增值的效果。同时，信用交易也包含着投机性、破坏性和风险性的一面，因而，各国证券法对信用交易都进行严格的规范，以防范投资风险。

基金管理人作为运用基金资产投资于证券市场上的各种有价证券的专业投资机构，为谋求自身利益的最大化，极易利用信用交易从事不当行为，从而使基金资产过度地暴露于风险之中。因而，各国基金法规都对投资基金的信用交易进行严格的规制。《投资公司法》授权 SEC 管制信用交易，规定基金管理人不得违反 SEC 规则或命令私下进行信用交易，但下述两种情况例外：其一，因短期性交易清算需要而进行的融资交易;其二,因参与证券的包销团而进行的卖空交易。[①] 同时,该法也进一步规定如果一家已注册的开放式投资公司获准从银行借款,在借款之后,资产担保率不得低于 300%,并且如果资产担保率降到 300%以下,这家公司将在此后的 3 天内(不包括星期天和节假日)或在委员会规定的更长时间内减少其借款数额,直到借款的资产担保率回升至 300%时为止,那么这家公司可以发行或销售优先证券。[②]

其他国家和地区也对基金参与信用交易做出相应规制。如英国法规定基金管理人在征得集合投资计划股东的同意之后,可以向合格的金融机构取得临时性的借款,但是借款的时间不得超过 3 个月,而且,基金管理人务必保证集合投资计划的借款不得超过其净资产的 10%。[③] 日本法规定信托基金一般不得融资,只在下述特定情况下才允许办理:股东名义转换中的股票、转换公司债转换手续中的股票、分割手续中的股票等状况。[④] 香港法规定基金必要时可以向银行借款,但比例有所限制,资本市场基金的借款不得超过基金净资产的 10%,其他基金的借款不得超过 25%。[⑤]

从上可以看出,各国基金法制确定的注意义务对于基金的信用交易行为采取了较为严格的限制。整体言之,一般都允许基金管理人为有效地管理基金资产目的而进行一定比例数额的融资,而不允许基金管理人通过融资融券进行投机性的交易。我国基金法制对基金管理人运用基金资产从事信用交易、融资交易方面的规定不尽相同。《暂行办法》对基金管理人进行融资交易采取完全禁止的态度,其规定:基金管理人不得从事资金拆借业务,不得动用银行信贷资金

---

① 15 U. S. C. § 80a－12(a) (1994).

② 15 U. S. C. § 80a－18(f) (1994). 优先证券的资产担保率＝(资产总值－债务总额) / 优先证券总额。

③ 英国《金融服务规章》第 1 条第 5 款。

④ 大藏省:《投资信托改革概要》,《证券业报》,平成六年十二月,第 8 页。转引自王苏生:《证券投资基金管理人的责任》,北京大学出版社 2001 年版,第 149 页。

⑤ 香港《单位信托及共同基金守则》第 7 条第 16 款、第 22 款。

从事基金投资，不得将基金资产用于抵押、担保、资金拆借或者贷款，不得从事证券信用交易。[①] 而后证监会 2000 年颁布的《开放式证券投资基金试点办法》则规定，基金管理人可以根据开放式基金运营的需要，按照中国人民银行规定的条件，向商业银行申请短期融资。[②] 不过，该试点办法并未详细规定基金管理人在什么情况下可以向商业银行申请短期融资以及融资的具体数额和用途，以致实践中多次发生基金管理人为获取高额利润大量运用银行信贷资金从事信用交易的情况。如在 2001 年 12 月 6 日深高速增发 A 股的过程中，由于当时正逢股市低迷，深高速这一不可多得的蓝筹股顿时成为各家基金管理人争抢持仓的一块“肥肉”，许多基金管理人纷纷以此为契机，借用其所管理的基金向银行进行短期融资并在网下以定金方式拼命地申购大量的深高速股票，结果导致很多基金申购深高速的股票金

① 《证券投资基金管理暂行办法》第 34 条第 5 款、第 6 款、第 8 款、第 9 款。
② 《开放式证券投资基金试点办法》第 23 条。

额远远超出了其所管理的基金净资产，从而增加了基金的运行风险。[①] 因此，笔者建议我国基金法制在今后应完善有关基金信用交易的规定：在原则上基金从事信用交易的同时，可对开放式基金给予一定的例外，允许其在特定的情形下按一定的额度、期限、用途向商业银行申请融资，避免银行信贷资金通过这一缺口进入证券市场。这里的特定情形是指该开放式基金面临着基金持有人的巨额申请赎回压力而如果又不通过变现基金投资组合中证券不足以应付赎回的情形，在此情况下允许商业银行给予适当的信贷资金支持可以有效地解决基金的“燃眉之急”，避免基金通过出售已有的组合资产而给其他基金持有人的利益造成损失。[②] 但是，对基金向银行借贷的额

① 2001年12月6日，经中国证监会证监发行字[2001]57号文批准，原在香港上市的深圳高速公路股份有限公司（沪市代码：600548，简称深高速）决定增资发行A股，并采用在价格区间内（3.39元至3.66元）网下向证券投资基金以定金和网上向证券投资基金以外的其他社会公众投资者以全额缴付申购款相结合的方式。根据12月12日深高速公告显示，深高速最终发行1.65亿股，每股发行价3.66元。但令人吃惊的是有47家基金管理人参与了网下申购，总计申报数量达到288.65亿股，折合资金超过1056亿元。而数据资料显示，到11月23日这些基金的周末的净值总计尚不足780亿元。如果按基金净资产值10%申报，这些所有的基金合计的最大申报量21.3亿股，而这些基金管理人却报出了288亿多股的申购量，一下子扩大了约13.5倍。在47家基金管理人中，仅有基金泰和、通宝、通乾的基金管理人按其管理基金资产10%申报，其余皆超过净资产10%的限制。而且，有8家基金管理人申购该股的数量超过了10亿，由此计算的这些基金管理人申报认购新股的金额超过了基金资产规模。比如，华安创新基金管理人报出的预申购量40.98亿股，申报资金规模达150亿，是其自身规模的3倍；而南方稳健成长基金管理人申报资金规模为80亿元，是其自身规模的2倍多。根据笔者的理解，基金管理人此种为牟取私利而故意超额申购深高速的行为至少使得基金在运行中面临着以下两种巨大的风险。第一种风险是定金损失的风险。因为一旦基金管理人获配比例过高，其超额申购得以大部分或全部实现，那么基金将面临缴付超过其支付能力的巨额申购款的情况，而根据深圳高速公路股份有限公司本次增发的招股说明书和我国《担保法》第89条规定，如果基金未能在公布配售结果公告之日起2日内补足应缴纳股款，则发行人可以就基金违约部分不再退还已收取的定金（像此次基金管理人网下申购深高速股票的申购定金计算公式为：申购定金＝申购股数×申购股价×20%）。第二种风险是受到行政处罚的风险。如果基金获配比率过高，其超额申购得以大部分或全部实现，那么基金管理人超额申购的结果是基金持股比例过高，违反基金法制中强制性规定，这将使基金直接受到行政处罚。

② 一般情况下，如果开放式基金净赎回（净赎回是指开放式基金的单个开放日之内基金持有人申请赎回基金单位数与外在投资者申购基金单位数的差额）申请超过基金发行单位数的10%为巨额赎回。

度要给予一定比例的限制（如不超过净资产的 10%等），并且要以相应的证券为银行提供担保，所借的款项只能用于应付基金持有人的赎回申请，不能为基金投资服务，一旦基金面临的赎回压力不复存在，则基金必须向银行归还借款。

2. 衍生金融工具交易的法律规制

衍生金融工具（derivative instruments）是从传统金融工具衍生而来，并以某一传统金融工具为买卖对象和定价基础的新兴金融工具。传统金融工具主要有货币、外汇存贷款、股票、债券等，而衍生金融工具则因划分标准不同而形成不同的种类。目前较为统一的划分方法是以衍生金融工具的交易特点为标准而分为金融远期（forwards）、金融期货（financial futures）、金融期权（financial options）和金融互换（financial swaps）四大类。[①] 作为一种风险管理手段，衍生金融工具交易的基本原理在于：通过集中所有的金融风险于衍生市场，并以有效的组合方法加以分解、降低和规避，从而达到避险、保值和投机盈利之目的。[②] 但是，衍生金融工具交易是一种高财务杠杆（high financial lever）交易，即只要交易者支付一定量的保证金或保险费（premium）就可以进行价值数十倍甚至上百倍于保证金的合约交易，无需本金的转移，合约的结算一般也采用现金差价结算的方式进行，只在到期日以实物交割方式履行的合约才需要买方交足货款。所以，如果衍生金融工具交易的组合得当，基金无疑可以有效地化解投资风险，但倘若组合失误，则不但不会化解风险反而会加大基金投资的风险，导致金融风险的爆发。因此，很多国家或地区的基金法制为防范基金管理人进行过分的衍生金融工具交易以使基金资产暴露于巨大的风险之中，都在一定程度上对基金参与衍生金融工具交易采取相应的管制。

美国《投资公司法》第 18 条 d 款规定投资公司参与衍生金融工

---

① 陈安、李国安主编：《国际货币金融法学》，北京大学出版社 1999 年版，第 553 页。

② 李仁真主编：《国际金融法学》，复旦大学出版社 2004 年版，第 369 页。

具交易所产生的债务总额在价值上不得超过由现金、美国政府证券、高等级债券所组成的隔离账户(segregated account)上的金额，否则即违法。[①] 该规定并没有对基金投资于衍生工具采取直接的管制，而是通过对基金管理人在构建基金投资组合中必须保持低风险资产与高风险资产适当平衡的要求来间接调适基金管理人进行衍生金融工具交易的频度和额度。

英国《2000年金融服务与市场法》规定基金管理人可以在为规避资产风险的情形下才始得运用集合投资计划资产进行衍生金融工具的投资，但投资金额必须控制在基金净资产的15%。[②] 而我国香港地区对基金投资于衍生金融工具的限制规定最为详细，包括：集合投资计划对认股权证及期权之投资必须是以套期保值为主要目的，且投资金额不得超过总资产的15%；集合投资计划也可以并非为套期保值而订立衍生金融期货合约，但就所有未到期的期货合约来说，该等合约价格的经总值，不论是须付予该计划或由该计划支付，连同该计划所持有的实物商品(包括黄金、白银、白金及其他金条)及以商品为基础的投资(从事商品的生产、加工或贸易的公司的股份除外)的投资的总值，均不可超逾该集合计划资产净值的20%。[③]

相比上述各个国家和地区的规定，我国基金法制采取了较为保守的立场，《投资基金法》第58条规定基金资产只能投资于上市的股票和证券，将衍生金融工具完全排除在基金的投资范围之外。[④] 笔者认为此条规定在我国目前只有商品期货这一种衍生金融工具，而无交易所场内衍生金融工具可供投资者交易的现状下当无不可，但在可以预见的将来，随着金融市场一体化、国际化趋势以及顺应我国金融业加入WTO的需要，我国势必发展和开放场内各种衍生金融

① 15 U.S.C. §80a-18(d) (1994).

② 英国《2000年金融服务与市场法》第79条。

③ 香港《单位信托及共同基金守则》第7条第6款、第10款、第11款。

④ 参见《中华人民共和国证券投资基金法》第58条规定："基金资产应当用于下列投资：(一)上市交易的股票、债券；(二)国务院证券监督管理机构规定的其他证券品种。"

工具的交易。[①] 如此规定肯定又会对基金"矫枉过正"，使基金无法规避系统性风险。因此，本着以适应将来金融创新发展的需要和充分发挥法律应有的前瞻性，笔者力主当前我国可以尝试着先让基金管理人为套期保值的需要，将小部分（如不超过5%）的基金资产投资于现有的商品期货，并经证监会对由此产生的损失额加以严格的限定，如此，一可以扩大现有基金的投资范围，调动我国基金管理人专业理财优势的发挥，二则可以为今后该法条的修订提供经验基础。

3. 基金间相互投资的法律规制

基金间相互投资也就是基金业内人士经常提及的"基金的基金"（fund of funds），在美国实务中又被称为金字塔式的基金（pyramiding funds）。根据美国学者的分析，金字塔式基金存在如下的几种弊端：第一，这种基金使得基金管理人一发设基金就可以坐享其成，因为其只需将管理的基金资产大部分甚至全部投向与之所设立基金投资目标相同或近似的其他基金就可，无须为自己所管理的基金做出任何的投资决策；第二，这种基金会使基金持有人承担多重费用（layering fees），如多重的基金管理费、销售费用等，违背了经济效率原则；第三，这种基金使得本来高度分散的发行基金的投票权聚集在参股基金手中，造成参股基金的管理人容易滥用控制权对发行基金施加不适当的影响。[②] 为此，《投资公司法》对投资公司投资于其他投资公司证券进行了严格的限制：即一家已注册的投资公司（"参股基金"）和受其控制的公司购买或以其他方式获取另一家投资公司

---

① 如在2007年3月16日，国务院发布了修订后的《期货交易管理暂行条例》，条例将适用范围由原来的商品期货交易扩大为商品和金融期货和期权合约的交易，从而为未来金融期货的推出先行奠定了法律基础。同时，在2007年6月27日，经中国证监会批准，中国金融期货交易所正式挂牌成立，并对外公开发布了《股指期货交易规则》及其配套实施细则，标志着我国离正式推出股指期货为期不远。详情参见《中国推出股指期货前的规则准备工作基本完毕》，At http://news.xinhuanet.com/fortune/2007－06/28/content_6303704.htm，2007－8－12.

② Roger M. Klein. Who will Manage the Managers?: The Investment Company Act's Antipyramiding Provision and Its Effect on the Mutual Fund Industry, *Ohio St. L. J.* 1998, Vol. 59, pp. 515～519.

(“发行基金”)发行的具有投票权证券不得超过该证券发行总数的3%,并且这些证券表面金额不得超过该参股公司资产总值的5%。[①]

除了美国之外,其他国家和地区也有类似的规定。如英国法规定投资于其他集合投资计划单位的投资计划必须满足UCITS(Undertakings for Collective Investment in Transferable Securities)指令所规定的条件,而且拥有其他集合投资计划单位不得超过计划资产价值的5%。[②] 日本投资信托行业自律规则也要求,证券投资信托对其他投资基金受益凭证的组入必须在其信托财产净资产总额的5%之内。[③] 而香港地区则规定集合投资计划如果持有其他集合投资计划的单位或股份,其总值不可超逾计划本身总资产净值的10%。[④]

我国《暂行办法》第34条第1款对基金相互投资持完全禁止的态度。后来的《投资基金法》第59条第4款对之加了补充,改为“基金财产不得用于买卖其他基金份额,但是国务院另有规定的除外”。笔者认为这种补充规定值得称道。事实上,基金单位在本质上也是一种有价证券,而且相对于股票而言,基金单位价格波动较小,流动性较强(对开放式基金单位而言),允许基金在其投资组合中持有一定数量的其他基金单位既有利于平衡基金投资的风险,又可以增强基金资产的流动性,更好地满足基金持有人赎回的需要。因此绝对禁止基金相互投资也殊不可取。但为扬利抑弊,国务院今后在出台有关允许基金相互投资规定时也可参鉴其他国家的做法,将我国基金持有其他基金单位的绝对数量控制在一定的范围之内。

五、完善我国基金管理人注意义务法律规定的构想

我国目前有关基金管理人注意义务的法律规范主要集中在《投

① 15 U.S.C. §80a-12(d)(1)(1994).
② UCITS指令第5条。
③ 1976《日本证券投资信托协会自律规则之六:关于运用之事项》第1章第5节。
④ 香港《单位信托及共同基金守则》第7条第12款。

资基金法》第 9 条、第 57 条和《暂行办法》第 33 条。其中《投资基金法》第 9 条规定：基金管理人、基金托管人管理、运用基金财产，应当恪尽职守，履行诚实信用、谨慎勤勉的义务。第 57 条规定：基金管理人运用基金财产进行证券投资，应当采用资产组合的方式。《暂行办法》第 33 条则要求基金的投资组合应当符合下列规定：(1)1 个基金投资于股票、债券的比例，不得低于该基金资产总值的 80%；(2)1 个基金持有 1 家上市公司的股票，不得超过该基金资产净值的 10%；(3)同一基金管理人管理的全部基金持有 1 家公司发行的证券，不得超过该证券的 10%；(4)1 个基金投资于国家债券的比例，不得低于该基金资产净值的 20%；(5)中国证监会规定的其他比例限制。可以说，这些规定不仅界定了基金管理人注意义务的法定内涵，而且也导入了类似 MPT 中的有关组合投资和分散投资的要求，具有一定的合理性和科学性。但比较美国谨慎投资者规则，笔者认为仅对我国基金管理人的注意义务作如此简约的法律要求仍显不够，难以有效地防范和治理我国基金管理人在投资中惯有的不当行为。为此，结合我国基金业存在的问题，笔者建议我国基金法规今后修订中应对基金管理人的注意义务给予更详细的标准化规定，具体包括：

第一，增加对投资信息的注意要求。一般而言，基金管理人做出投资决策，理应对投资对象及投资信息给予充分的调查研究和认真的分析。然而，由于我国基金法规对基金管理人投资信息的注意义务尚付阙如，以致基金管理人在投资中麻痹大意、损害基金财产的例子屡见不鲜。2001 年大成基金管理公司旗下的基金景宏和基金景福接连重仓持有“银广夏”和“数码测绘”两个问题股，2004 年发生的长盛基金管理公司旗下的同益基金继续重仓持有发生“独董风波”的

“伊利股份”和2007年的“上电转债门”事件就是最为典型的明证。[①]而且，面对基金管理人的上述违规行为，中小投资者往往缺乏足够的法律依据加以追究，只能自认倒霉。所见，仅从道义上而没有从法律上对基金管理人提出投资信息的注意义务确实难以达到保护投资者利益的目的。为此，仿效谨慎投资者规则，结合我国的实际，在基金立法上明确列举出基金管理人应注意的基本投资信息颇为必要。只有如此，基金管理人才能迫于法律责任的威慑而真正谨慎勤勉，而一旦自身利益受到侵害，投资者寻求法律援助也不至于无章可循。

第二，增加对分散投资的注意要求。前已述及，《暂行办法》虽对我国的基金做出了要按一定比例分散投资于股票和债券的强制性规定，但离谨慎投资者规则的要求尚有差距。真正的分散投资不但要在不同种类的证券层面进行，而且也应在每种证券的内部分散进行。假以股票为例，依行业可划分为建材股、纺织股、化工股、能源股等不同的股种，倘若把证券组合全部集中于某一行业股，则组合内的股票容易经受行业内共同经济、政策等因素的影响而同涨同落，难以降低

① 在2000年“银广夏”事件中，银广夏股份有限公司在四年间累计虚构销售收入10亿多元，虚增利润7.7亿元。该公司的造假手段主要是伪造单据，从原料购进到生产、销售、出口全程都是假单据，包括采购合同、购货发票、银行汇款单、出口销售合同等100多份关键财务文件。然而，这些造假手段十分低劣，使用的是伪造单据的老伎俩，识破并不难，只要到银行、海关等相关部门和对账单位一查，造假者即可露出马脚。可如此简单的造假手段竟然蒙骗了以专家理财为标榜的基金管理人。同样，在2004年6月15日，内蒙古伊利股份有限公司发生了因独立董事王斌、郭晓川和俞伯伟因不满公司在国债投资方面造成的亏损和信息披露的不充分发表独立董事声明，要求对公司的巨额国债投资聘请独立审计机构进行全面审计而招致罢免的事件。在此后的一个月内，“伊利股份”的股价也因该事件的发生三次跌停，市值大幅度缩水。可令人倍感蹊跷的是，此“独董风波”事件发生后，长盛基金管理公司的同益基金竟然充耳不闻而继续重仓持有该股票，造成同益基金的持有人发生了极大损失。无独有偶，在2007年8月14日也发生了基金管理人无视基金投资信息类似乌龙事件：持有上电转债的5只基金华安宝利，南方避险、南方高增，泰达荷银效率优选和泰达荷银风险预算竟忽略了在此之前上海电力股份有限公司作出的关于2007年8月14日为上电转债的最后一天交易日的公告，没有在最后交易日卖出或实施转股，致使所持的上电转债被上市公司行使赎回权，受损合计为2 200万元。业内人士认为基金管理人作为理财专家，发生如此低级的错误真的不能用“粗心”就可以解释。这些事件的发生足以表明从法律上强化基金管理人对基本投资信息注意义务的重要性。

风险。况且，我国目前又把基金的投资品种锁定在上市交易的股票和债券上，[①]投资空间较美国狭窄得多，因此笔者认为我国基金法规更有必要对基金在股票和债券内部提出进一步分散投资的要求，否则根本无法体现出分散投资的优势。

第三，增加对投资目标的注意要求。不同的基金因投资目标不同，必然有不同的投资标准。如保本基金以保本为投资目标，其投资策略理应趋于保守，一般应选取市盈率和市净率较低的证券；而一些积极进取型的基金旨在谋求资本利得的最大化，其投资的重心则在于挖掘尚未在现行市场中被发现但未来颇有增长前景的风险较高的证券。因此，如果基金管理人在后者中采取前者的投资策略，尽管也可使基金财产保值，但法律也应视之为对注意义务的违反。因为根据谨慎投资者规则，是否履行注意义务并不仅仅停留在基金财产是否发生损失的标准上，其必须结合基金的具体投资目标和基金契约的要求来判定。因此，笔者认为我国也应增加对基金投资目标的注意要求，总的原则应是以市场同业普遍接受的投资行为作为标准，以体现基金管理人注意义务的层次性，特别有利于杜绝一个基金管理人在管理多只基金时出现厚此薄彼或“依样画葫芦”、怠懒投资的现象。

第四，增加对投资成本的注意要求。基金投资显然需要付出成本，但投资成本最终是由投资者而非基金管理人来买单，若不对基金管理人提出投资成本的注意要求，就容易滋生基金管理人的道德风险，以图自利。比如某些基金管理人在闭市前夕为操纵基金净值而频频进出手中的股票就是典型的一例。基金管理人进行这种短线投资行为就是以为己牟取更多的管理费为唯一目的，不仅徒增基金的投资成本，还降低了投资者的回报。因此，要遏制基金管理人的这种损人利己的恶劣行径，笔者认为办法之一就是在基金管理人注意义务的内容中增加类似谨慎投资者规则的规定，即要求基金管理人应

① 《中华人民共和国证券投资基金法》第58条。

根据基金财产的特点、基金的投资目标以及本身的技能使基金承担合理与适当的投资成本。除非法律和基金契约允许，否则凡基金管理人故意让基金承担不合理或不适当投资成本的行为都应视为对注意义务的一种违反而必须承担相应的法律责任。

六、注意义务规则对基金管理人行使基金所持股票表决权的规制

（一）问题的提出

投资基金将基金资产分散投资于各种证券，其中股票则是重点投资对象，由此必然引出一个现实的问题：购入基金投资组合中的股票表决权应如何行使？对于这个问题，目前除了美国之外，鲜有国家或地区的基金法制对此作出规定。在立法者看来，投资基金运行主要在于获得上市公司长期成长所带来的红利及资本利得，而非谋求上市公司的控股经营权，如果上市公司业绩表现不佳，则基金完全可同普通散户一样及时抛售股票以维护自己利益，无需介入上市公司的治理。[①] 然而自上世纪 80 年代末以来，美国证券市场公司并购大战的兴起使得投资基金能够以高于正常市场价格水平出售所持的股票，于是，他们便尝试联合利用代理投票机制行使股东表决权，阻止目标公司经理人员在各自公司中建立起诸如“绿色铠甲”（greenmail）、“毒丸”（poison pills）、“金色保护伞”（golden parachutes）等一系列的反并购措施，从而触发了投资基金参与公司治理意识的觉醒，即投资基金要为基金持有人获取较为长期稳定的投资收益，就不能再像以往那样单纯以超脱者的身份对上市公司的管理经营活动不闻

---

① James D. Cox, Robert W. Hillman, Donald C. Langevoort. *Securities Regulation: Cases and Materials* (3), Aspen Publishers, INC., 2001. p.801.

不问。[1] 美国第一大基金管理公司富达基金管理公司总裁 Dale Hanson 在 1990 年就公开表示:“我们所管理的富达基金从此再也不打算成为沉默的股票持有者了。”[2]从 1992 年到 1993 年,以富达基金为首的全美 20 多家大型基金公司开始联合运用手中的股票表决权迫使世通、通用电气、IBM、柯达、西屋电器等著名上市公司连续更换其不称职的高级管理人员。事实上,投资基金的资产通常十分庞大,如果因上市公司经理层表现不佳的原因而同普通散户一样不断通过“以脚投票”的方式来调整基金投资组合中的股票配置,势必会给基金增加很大的佣金支出,降低基金资产的使用效率,而且此举也容易产生“示范效应”,引起证券市场的紊乱,与各国监管阶层试图以投资基金为始端培育理性稳定的机构投资者的政策导向相悖。看来,要使投资基金成为“理性的机构投资者”,除了要求其在投资中贯彻长期价值投资的理念之外,还应允许其在必要的时候能发挥机构大股东的作用,参与公司治理,以对那些在相当长的时间内经营不善、市场表现不佳的公司管理人员施予一定的压力和监控,促使其改善经营管理。

概言之,投资基金行使组入股票的表决权,从被投资的公司一面看是公司股东的一项基本权利;而从基金一面看也是基金管理人履行注意义务的要求。因为基金管理人运用基金资产投资于上市公司股票形成的股票表决权的行使事关上市公司高级管理人员、经营方针、投资策略调整等一系列重大事件,直接影响股价的变化,因而构成基金资产不可分割的组成部分。因此,基金管理人理应从基金持

---

① 绿色铠甲指被收购公司以高于股票价格买回收购公司所持股票,作为交换,收购公司不再提出接管性的买方报价。毒丸指被收购公司采取的旨在提高收购成本的策略,如发行新的优先股,并使优先股股东有权在收购后以升水价格兑换现金。金色保护伞条款是指目标公司被收购之前,目标公司高层管理人员达成协议,要求目标公司被收购之后收购公司必须让其依然可以享受股票期权、额外津贴、离职费等优厚待遇以加大收购成本,怯退敌意收购方。这好比让他们带着金色降落伞(优厚的待遇)体面而安全着陆。

② 转引自 John d. Rea, Richard Marchis. Mutual Fund Shareholder Activity During U. S. Stock Market Cycles. *Perspective*, 1996, Vol. 12, p. 23.

有人立场出发谨慎有效地行使基金所持的股票表决权。

(二)基金管理人行使基金所持股票表决权的注意义务

从终极意义上说,基金资产的实际出资者是基金持有人,所以基金所持股票表决权实质所有人是基金持有人。为此,美国SEC认为,基金管理人行使基金所持的股票表决权无非是基金持有人的一种委托代理投票形式,因而基金管理人行使基金所持的股票表决权参与公司治理的主要目的是为确保基金所持有证券之价值,以维护、增强基金持有人的利益,而非凭借其股份的大量持有来支配、操纵公司的经营。[①] 正如美国养老基金协会(Pension Fund Association)在最新修改的投资方针中所规定的:基金投资顾问必须以负责的态度,完全本着基金持有人的利益来谨慎行使股票表决权和其他的股东权利,且必须以文件形式来记录其表决行动。[②] 不过,由于基金管理人注意义务的分散性要求使得投资基金持有众多上市公司的股权比例较小(持有一家上市公司的最高股份不超过10%),故单纯依靠基金的这些股票表决权,投资顾问一般难以对上市公司的经营管理进行过多的干预。但是如果经过表决权的委托书征集,投资顾问控制基金所投资的上市公司的可能性则大大增加。所以,为防止投资顾问滥用基金所持股票表决权进行委托书征集以操纵、干扰上市公司经营行为或故意勒索上市公司,自上市公司处牟取其他好处,《投资公司法》的一个主要起草人大卫·斯陈科(Dvaid Schenker)就认为,在一般正常的情况下,投资顾问不能被允许随便以基金所持股票表决权为基础进行征集联合上市公司其他中小股东的表决权以干扰或阻止上市公司正常的经营决策,唯有在该项政策明显对中小股东利益造成损害或上市公司陷入经营方面的困难以致发生危机时,投资顾问才可以基金所持股票表决权为基础通过委托书征集的方式行使股

① Division of Investment Management, SEC, *Protecting Investors: A Half-Century of Investment Company Regulation*, 1992. p. 289.

② 张国清著:《投资基金治理结构之法律分析》,中国政法大学2003级经济法博士论文,第89页。

票表决权以改变上市公司的商业政策或者改组公司的管理层。[①] 为此,《投资公司法》第 20 条 a 款规定:投资顾问不得在违背 SEC 有关保护公共利益和基金持有人权益方面的条例的情况下利用邮件、州际贸易工具或其他方式征集或允许别人以基金的名义征集与上市公司发行的证券有关的代理表决权、承诺或授权,否则视为违法。[②] 同时,该法第 25 条 a 款和 b 款则进一步规定:如果投资顾问用邮件、州际贸易工具或其他方式征集或允许别人以基金的名义征集与上市公司改组计划有关的代理表决权、授权或批准,那么他至少必须在征集活动开始前的 24 小时内向 SEC 提交或邮寄这一计划、有关存款协议的副本以及有关的表决权委托书、授权书、批准的副本。SEC 则有权在征集活动开始之前向基金持有人和基金独立董事提供一份有关改组计划是否公平合理以及计划对基金利益所造成的影响等问题的建议报告,供基金独立董事决定是否批准投资顾问的征集活动。[③]

作为基金业的主管机关,SEC 的建议报告虽不能对投资顾问利用基金所持股票表决权开展委托书征集行为进行直接的约束,但基本上能被基金独立董事所接受。一旦 SEC 在报告中表示反对,则投资顾问的征集行为就难以为继。加上投资顾问的工作人员一般不多,其对上市公司的日常经营管理进行干预可能会涉及过高的干预费用,而且又无法防止其他未被征集的中小股东进行免费搭车。所以在没有巨额私利可图的情形下,投资顾问一般较少主动从基金利益出发来利用基金所持股票表决权进行委托书征集以干预上市公司。晚近,在美国基金参与公司治理的实务中,投资顾问更多的情况下是代表基金联合其他机构投资者共同对上市公司采取公开批评或与现任上市公司管理层进行私人会面来对上市公司施加其影响,通

① US Congress, 1940, Investment Trust and Investment Companies: Hearings before a Subcommittee of the Committee on Banking and Currency, United States Senate, 76th congress, 3rd Session, 894.

② 15 U.S.C. §80a－20(a) (1994).

③ 15 U.S.C. §80a－25(a) (1994); 15 U.S.C. §80a－25(b)(1994).

过这种公开批评或私人会面来传递上市公司股东大会上将采取的行动信息。正如美国学者 George Djurasovic 所描绘的，投资公司和其所投资的公司之间关系的总体图景是“经常的对话，当公司出现麻烦时采用公开批评或恐吓论坛等非正式的干预，以及在极少的情况下才采取委托书征集方式对上市公司进行正式干预”。[①]

《投资公司法》的上述规定和 SEC 的建议报告虽然能有效地防范投资顾问在代理投资基金行使组入股票表决权时滥用基金所持股票表决权开展委托书征集行为，但却无法阻止暗中主动“出卖”基金所持股票表决权予上市公司管理层进行消极表决的现象。由于基金所持股份不仅在数量上要比普通散户大，而且持股的时间也相对较长，故基金所持股票表决权一般都成为上市公司管理层急于投票委托劝诱的对象，如果不对投资顾问在上市公司的股东大会上行使股票表决权的程序和责任作出规范，很容易导致投资顾问被上市公司管理层收买而不从基金的实际利益出发以消极投票迎合现任的上市公司管理层的各种需要。于是，为确保投资顾问从基金持有人的利益出发行使基金所持的股票表决权落到实处，SEC 于 2003 年 1 月 31 日根据《投资公司法》的授权制定了《投资公司法》30b1－4 规则及《投资顾问法》206(4)－6 规则。根据 30b1－4 规则，今后投资顾问在代表基金行使股票表决权后必须在 24 小时内如实填写 SEC 制定的 N－PX 表格。该表格包括如下的各种信息：(1)证券发行人的名称(Name of the issuer of security)；(2)交易所股票代码(Exchange ticker symbol)；(3)GUSIP 代码(GUSIP number)；[②](4)股东会日期(Shareholder meeting date)；(5)投票议案摘要说明(Brief identification of the matter voted upon)；(6)该议案是由发行公司还是由股东提出(Whether the matter was proposed by the issuer or

① George Djurasovic, the Regulation of Socially Responsible Mutual Funds. *Iowa J. Corp. L.* 1997, Vol. 22, No. 1, p. 268.

② GUSIP 代码是美国及加拿大地区的有价证券的编码。

by a security holder)；(7)投资顾问如何表决(How the advisor cast its vote)；(8)投资顾问表决时是支持还是反对管理层的意见(Whether the advisor cast its vote for or against management)。而且，投资顾问必须将上述的记录通过三种方式中的任何一种提供给基金持有人，这三种方式包括：(1)开通基金持有人免费拨打电话专线或基金公司付费电话，在基金公司收到基金持有人电话后三个营业日内，由投资顾问免费将其最近填写的N－PX表格寄给基金持有人；(2)通过基金公司本身的网站(投资顾问在填写完N－PX表格的当天，将该表格内容在网站上公布)；(3)通过SEC网站。[①]

除此之外，206(4)－6规则特别规定投资顾问应向基金董事会披露行使基金所持股票表决权的程序和据以做出表决的理由。该条指出：已注册或要求注册的投资顾问，在代理基金行使股票表决权时，涉及相关法律条款中提到的，对重要事实作不实陈述或者省略某些重要事实的陈述以致产生误导等商业行为和做法就属于欺诈、欺骗和操纵行为，除非：(1)采纳和履行用书面写下经过恰当设计的投票政策和程序，以保证在为基金持有人利益最大化而进行投票；(2)向基金披露如何获得有关支持投票表决的相关信息；(3)向基金描述代理投票的政策和程序以及向基金提供含有该描述内容的复印件。[②]

我国《投资基金法》对基金管理人在代表基金行使基金所持股票表决权所应遵循的准则未作任何规定，只是笼统地提及基金管理人可以自己的名义代表基金持有人利益行使诉讼权利或者实施其他法律行为。[③] 实践中，我国证监会要求基金契约必须立有这样的条款，

---

① SEC. Final Rules: Disclosure of Proxy Voting Policies and Proxy Voting Records by Registered Management Investment Company At http://www.sec.gov/rules/final/33－8188.htm, 2006－12－23.

② SEC. Final Rules: Proxy Voting by Investment Advisors. At http://www.sec.gov/rules/final/IA－2106.htm, 2006－12－23.

③ 《中华人民共和国证券投资基金法》第19条第11款。

即基金管理人不谋求对基金资产所投资的公司的控股和直接管理。[①] 但是,基金管理人不谋求对基金资产所投资的公司的控股和直接管理,并不意味着其对基金资产所投资公司的事务完全不加干预而听任管理层随意决定,当基金所投资的上市公司管理层作出的某些决策明显会损及包括基金在内的广大公众流通股东的利益时,基金管理人就应挺身而出,利用基金所持的股票表决权对上市公司的上述决策作出积极的回应。比如在 2002 年中兴通讯增发 H 股事件和 2003 年招行可转债发行方案风波中,很多基金管理人为保护基金和中小股东的利益就发挥了积极作用。[②] 且自 2004 年 12 月 8 日

---

① 《〈证券投资基金管理暂行办法〉实施准则第一号〈证券投资基金基金契约的内容与格式〉(试行)》第 9 条第 11 款。另见《〈华宝兴业保康系列开放式证券投资基金契约〉第四部分〈基金契约当事人的权利和义务〉》第 2 条第 14 款。

② 中兴通讯(000063,SZ)是深沪两市赫赫有名的蓝筹股,该公司准备 2002 年 8 月增发 H 股的消息导致股票由 24 元多暴跌至 18 元以下,创一年来新低,流通市值为此蒸发了 12 亿多元。2002 年 8 月 20 日,尽管遭到众多基金和中小股东的强烈反对,中兴通讯临时股东大会以 90%以上的赞成票通过了 H 股发行计划,会场上非流通股股东与流通股股东针锋相对,股东大会在表决时曾一度中断。很多机构投资者表示,如果公司以 15 港元的价格发行 H 股,他们不能接受,他们的心理价位是 30 港元。他们认为这是中兴通讯在贱卖公司的财产。以汉唐、申银万国、长盛基金等数十家机构投资者联名上书证监会要求审慎看待中兴通讯增发 H 股,保护中小投资者的利益。众多的基金管理人之所以反对中兴通讯增发 H 股方案,是因为他们认为该公司增发 H 股方案导致现有流通股东权利的全面摊薄,侵害了现有流通股东的权利。机构投资者的这次发难并不是完全没有效力,中兴通讯新闻发言人曾力坦言中兴这一次感受到的基金管理人的压力之大是前所未有的,中兴不能不考虑他们的态度,希望用股本转增方案补偿此前中兴暴跌给中小股东带来的损失。参见董华春:《浅析机构投资者在改进公司治理结构中的作用》,At http://www.studa.com/newpaper,2003-3-26。而 2003 年 8 月 26 日,招商银行一公布拟发行 100 亿人民币的可转换债的董事会决议之后便遭到了数十只基金的强烈反对。2003 年 10 月 15 日,招行在其位于深圳市深南大道 7088 号的招商银行大厦内召开了备受关注的临时股东大会。会上,47 家基金管理公司以及社保基金 106 组合向大会提交了《关于否决招商银行发行 100 亿可转债发行方案的提案》和《关于对招商银行董事会违背公司章程关于"公平对待所有股东"问题的质询》、《对招商银行本次可转债发行方案合法性的质询》两个质询案,认为招行债转股的发行将会使流通股股东受损,是一种掠夺式的再融资行为。在会上,招行难以招架众多质疑,只能匆匆结束会议。2004 年 2 月 18 日,在证监会将于 2 月 20 日对包括招行在内的三家公司的再融资方案进行审核的前夕,招商银行终于对众基金管理人作出重大让步。对此前设计的融资方案作出了修改。新方案为:总计发行债券 100 亿,其中拟发行 65 亿可转债,并定向发行 35 亿次级债。参见胡叶:《招商银行可转让债发行方案风波透视》,At http:// www.economiclaw.com.cn,2004-6-10。

开始，为配合证券市场的股权分置改革，我国证监会又推行社会公众股东表决制，要求有关上市公司的一些重大事项不但要经全体股东大会表决通过，而且还要经参加表决的社会公众股股东所持表决权的半数以上通过，方可实施或向证监会提出申请。① 显然，在我国发行基金单位总值已经超占深沪股票流通市值四分之一的今天，该表决制度的推行必然使得基金所持的上市公司股票表决权的权重日益增大，成为左右上市公司重大事项是否得以进行的主要力量。因此，笔者认为我国的投资基金更没有理由在上市公司治理事务中扮演消极的角色。而今后在有关基金立法的修订中明确基金管理人为维护基金利益可以代表基金持有人行使基金所持股票表决权的规定也显属必要。同时，为防范基金管理人滥用表决权向上市公司管理层索贿以干扰上市公司正常经营管理或者与之合谋而变相出卖基金表决权等不当行为的发生，我国证监会应有必要在现有基金契约合同文本内容与格式的规定中增加类似美国 SEC 上述提及的相关条款，要求基金管理人在股权分置改革以及其他公司重大事项的表决上务必事先向基金持有人充分告知和说明投票策略，以及事后披露行使基金所持股票表决权的具体程序和最后的投票行为，以接受基金持有人大会的审查。

---

① 这些重大事项包括上市公司增发新股、重大资产重组、股东以其持有的上市公司股权偿还其所欠该公司的债务、对上市公司有重大影响的附属企业到境外上市以及在上市公司发展中对社会公众股股东利益有重大影响的相关事项。参见中国证监会 2004 年 12 月 8 日《关于加强社会公众股东权益保护的若干规定》第 1 条第 1 款。

第三章

基金管理人不当行为的独立董事规制

信赖义务把基金管理人的职业道德上升为法律规范，并借助法律的威慑力迫使基金管理人不得不约束或减少自身的不当行为。但是，在信赖义务条款没有规定或规定不明的情况下，或者在基金管理人预期不当行为的收益高于成本的情况下，也会出现信赖义务对基金管理人不当行为“震慑失败”(deterrent failure)的现象，即基金管理人故意从事信赖义务所不允许的不当行为以图利自己。可见，仅凭在法律上确立基金管理人的信赖义务并不足以在事前消弭基金管理人的不当行为。因此，为弥补信赖义务之不足方面，美国法又设置了防范基金管理人不当行为的第二环——独立董事。国会要求独立董事扮演基金持有人利益的监护者(watchdog，直译为“看门狗”)角色，以深入到基金内部去监督基金管理人的管理行为。[①] 由于独立董事多为具备专业投资知识与成熟投资经验的专业人士，这种“以毒攻毒”，用内行监督内行的制度设计使之成为杜绝基金管理人不当行为发生的良好的“预警系统”和“防卫系统”。本章将首先探讨美国基金独立董事的概念、功能以及美国基金独立董事制度实施中所引发的各种争议，然后重点介绍 SEC 为提高独立董事的独立性和有效性所做出的各种改革和建议，最后结合我国的实际，为完善我国基金独立董事制度提出了构想。

---

① William P. Rogers & James N. Benedict, Money Market Fund Management Fees: How Much is Too Much? *N.Y.U.L.Rev.* 1982, Vol. 57, No. 34, p. 1070.

第一节　基金独立董事的概念与功能

一、基金董事会的结构

如第一章所述，基金董事会是公司型基金的一个特有的组织结构。同普通的商业公司一样，一个完整的基金董事会也由三类董事组成：内部董事(inside directors)、外部关联董事(affiliated outside directors)、外部非关联董事(unaffiliated outside directors)，其中外部非关联董事就是独立董事。一般而言，内部董事主要由基金管理人的代表组成，外部关联董事主要由基金的大股东组成，而独立董事则主要由行业专家组成，并根据法律规定代表中小基金持有人的利益。

基金董事会的结构决定了基金的运行效率和基金持有人的利益保护程度。如果基金董事会主要由基金管理人及其代表组成，虽然理论上可以提高基金运行决策的效率，但是，这种结构很容易使基金董事会演变为基金管理人的附庸，导致整个基金资产的利益被操纵在基金管理人的手中，无法对基金管理人的管理行为形成有效的监督。董事会监督基金管理人实际上成为基金管理人自己监督自己，董事会考核基金管理人也成为基金管理人自己考核自己。如果基金董事会主要由基金大股东组成，由于实际中各基金的大股东普遍都为基金管理人的控股股东，与基金管理人存在天然的不可割裂的利益关系。故这种结构还是不能从本质上解决基金管理人自己监督自己、自己为自己“打分”的问题，以致实务中各基金大股东与基金管理人合谋，唆使基金管理人运用基金资产进行不当关联交易将基金利润转移自己账下的现象屡屡发生。综上，笔者认为一个科学合理的基金董事会结构应能在保障广大中小基金持有人利益的基础上兼顾基金管理人和基金大股东的利益。为此，在基金董事会中，内部董事、外部关联董事和独立董事之间必须保持一定合理的比例关系。

二、基金独立董事的概念

关于基金独立董事(independent director)的概念,《投资公司法》并没有给予正面明确的定义,而是通过界定利害关系人和关联人士的范围来间接解释独立董事的含义。如该法第 10 条 a 款规定,一家已经注册的投资公司的董事会必须由 40%以上的非利害关系董事(uninterested directors)组成。[①] 依该法的解释,投资公司的利害关系人(interested person)包括:(1)投资公司的关联人士(affiliated person);(2)投资公司关联人士中某一自然人的直系亲属;(3)与投资公司的投资顾问或主承销商有直接或间接利益关系的关联人士;(4)自投资公司上两个完整的财政年度以来一直担任该公司法律顾问的人士或其他的合伙人及雇员;(5)依照《1934 年证券交易法》注册的为该投资公司执行证券组合交易的证券经纪商、证券自营商以及他们的关联人士;(6)被 SEC 用指令形式确认为利害关系的某一自然人,意即从该投资公司的上两个完整的财政年度以来,还一直同这家投资公司的投资顾问、高级职员、主承销商或他们的主要职员或控制人员保持着重要业务联系的自然人。[②] 而这里头的关联人士(affiliated person)又指:(1)直接或间接拥有某人 5%或 5%以上的已售出的具有表决权证券的人士;(2)那些被某人所拥有 5%或 5%以上的已售出的具有表决权证券的人士;(3)直接或间接地控制上述两种人士或为其所控制的人士;(4)某人的所有管理人员,包括董事或合伙人;(5)如果某人指一家投资公司,那么公司的所有投资顾问中的组成人员都是其关联人士;(6)如果某人指一家未设立董事会的无限责任投资公司,那么其关联人士是指其资产托管人(depositor)。[③]

---

① 15 U.S.C. §80a-10(a) (1994).

② 15 U.S.C. §80a-2(a)(19)(1994).

③ 15 U.S.C. §80a-2(a)(3)(1994).

SEC 则根据《投资公司法》的授权和上述内容将基金独立董事直接定义为与投资公司没有重大关系(significant relationships)的董事。何谓"没有重大关系",SEC 作了进一步的解释,即同时满足以下各种条件的关系为"没有重大关系":(1)不是投资公司以前的内部或外部关联董事;(2)与投资公司没有任何专业或业务上的关系,包括为投资公司提供基金管理服务、承销服务、经纪服务以及其他的任何业务;(3)不是以个人关系为基础被推荐或任命;(4)与在任的投资公司内部或外部关联董事没有任何密切的私人关系,比如亲属关系或类似关系等。①

美国法学会(American Law Institute,以下简称 ALI)在其 1992 年公布的《基金治理原则:分析和建议》中也从"重大关系"出发界定了基金独立董事的任职条件。即某一人士在以下几种重大关系的情形下不应被选为基金的独立董事:(1)作为基金业务往来或交易行为的一方;(2)与基金业务往来或交易行为一方有业务、财务或家庭关系,而这种关系完全可以被认为将以不利于基金的方式影响该人士对此业务或交易行为的判断;(3)该人士受到基金与基金业务往来或交易行为一方的控制和影响,而这一控制和影响完全可以被认为将以不利于基金的方式妨碍该人士对此业务或交易行为的判断。②

美国全国公司董事协会(NACD)则认为具备以下 5 种情形的人士可担任基金的独立董事:(1)不是投资公司或投资公司附属子公司的雇员;(2)不是投资公司雇员的直系亲属;(3)不为投资公司提供任何服务;(4)不是向投资公司提供主要服务的公司的雇员;(5)不在投

---

① 转引自 Ron Gilson Comments in Transcript, Conferences on the Role of Independent Company Directors. At http://www. sec. gov/offices/invmgmt/roundtab. htm, 2005—9—23.

② 转引自 Ron Gilson Comments in Transcript, Conferences on the Role of Independent Company Directors. At http://www. sec. gov/offices/invmgmt/roundtab. htm, 2005—9—23.

资公司获得除董事费用以外的报酬。[①]

另外，美国全国证券商联合会（NASD）、纽约证券交易所（NYSE）、商业圆桌会议（BRT）等也都对基金独立董事作出各自的表述。

从以上美国国会、监管机构、学术团体和社团组织对基金独立董事的各种定义，可以发现，基金独立董事的“独立性”主要体现在利益和关系上的独立：就利益上而言，基金独立董事首先应独立于投资公司的管理层即投资顾问（投资顾问的利益代表是基金的内部董事），其次应独立于投资公司的大股东（大股东的利益代表是基金的外部关联董事），最后应独立于与投资公司发生业务往来或交易行为的一方。而就关系上而言，基金独立董事不但独立于投资公司的关联人士，而且也独立于投资公司关联人士的直系亲属。[②]

正是基金独立董事具有上述的独立性，从而使其在促进基金治理结构的优化中扮演着核心的作用。国会运用《投资公司法》强行要求在联邦注册的投资公司必须在其董事会中设立一定比例的独立董事，正是要充分利用独立董事的这种“独立性”地位来提供一种不同于 SEC 的内部制衡力量以制约投资顾问，从而最大限度减少投资顾问滋生不当行为的可能性。[③]

三、基金独立董事的功能

基金独立董事在投资基金中的特殊作用可以从基金的独特结构中得到解释。按美国各州的公司法，普通公司的商事活动和公司的

---

① National Association of Corporate Directors(NACD). Report of the NACD Commission on Director Professionalism (November. 1996). At http://www.ecgn.ulb.ac/eegn/codereference.htm, 2005－5－8.

② 按照《投资公司法》的解释，直系亲属包括：父母、子女、子女的配偶，自己的配偶、兄弟姐妹，也包括由于父母或自己再婚或者收养他人而形成的家庭成员。参见 15 U.S.C. § 80a－2(a)(19)(B)(Ⅵ)(1994).

③ The Organization and Operation of a Mutual Fund, At http://ici.org/issues/organization－operation.html,2005－5－4.

事务(business and affairs)应当由公司董事会管理。[①] 然前已述及,与一般商业公司(business corporation)不同的是,美国公司型基金通常采取外部管理结构,即由基金外部的投资顾问根据投资顾问合同来负责基金运营管理。因此,董事会在基金组织中的角色也从一线经营者变为二线监督者,其主要的功能是:(1)监督基金管理人的管理经营活动;(2)根据州法和联邦法规定对某些特别行为予以批准;(3)在极少数情况下拥有否决权。基金董事地位与普通商业公司中的外部董事相似,两者的区别在于,前者的日常经营由基金外部投资顾问负责,后者的日常经营由公司内部管理人员负责。这种结构性差别客观上增加了基金董事对基金管理人进行有效监督的难度,同时亦要求基金董事履行更严格的监督义务。

根据前面的分析,基金董事会成员中的内部董事和外部关联董事由于与基金管理人和基金大股东存在不可割舍的利益关系而无法胜任监督之职责。因此,公司法规定的基金董事会的监督职能只能由基金独立董事来担当。事实上,监督功能一直是基金独立董事首先和最重要的功能。英美公司法学者在论及独立董事的作用时,也都强调其监督功能。[②] 美国金融法学者托马尔·弗兰科(Tamar Frankel)在其《资金管理者的监管:投资公司法和投资顾问法》中对基金独立董事的监督检查权有一段详细的描述:“独立董事是以‘检查人’的身份来监督基金管理人的表现。共同基金的这种特殊结构使得独立董事们很清楚地意识到执行这种监督非他们莫属。这种监督程序一般涉及几个任务,包括评估基金管理人是否表现出适当的理财专家的技能,遵守了正常的管理准则,使用了可靠的投资风险控制机制、采取了适当的内控措施来确保自身的雇员都适当地工作以及不发生损害基金利益的不当行为。从逻辑上分析,独立董事完全可以做到公正和评估基金管理人的表现。因为他们虽有董事会的位

① 张民安著:《现代英美董事法律地位研究》,法律出版社 2000 年版,第 125 页。
② 张民安著:《现代英美董事法律地位研究》,法律出版社 2000 年版,第 125 页。

子但没有管理的责任，故可以很好地不带偏见行事。通过监督，基金独立董事可以帮助解决以往大多数共同基金中存在问题。对共同基金而言，基金管理人作为基金发起人通常只拥有一小部分的基金股份。因此，基金管理人的利益不可能完美地与股东利益相结合。如果基金管理人牺牲基金股东的利益而追求自己的安排，他们会向基金持有人施加经济学家所说的'代理成本'。但基金独立董事此时可以作为基金持有人和基金管理人之间的支点来帮助处理这种问题，可以通过反映中小基金持有人的意见和潜在疑虑的渠道并通过采取矫正措施来限制被错误引导的或自利的不当行为，以帮助改变基金管理人的表现。"①

笔者也认为，基金独立董事扮演的监督职能是由其在基金中的身份和地位所决定的。独立董事在其任职董事的基金中并不同时担任管理职务的董事，且其在经济上或相关利益方面与基金管理人及其关联人士没有重大关系。因此，与其他董事不同，独立董事较少受制于基金管理人及其控股股东，他可以利用这一超然的地位考察、评估、监督基金运作，从而制约基金管理人利用自身的经营控制地位作出对广大中小基金持有人不利的不当行为。目前，发挥独立董事在基金公司治理结构中的监督功能已被美国共同基金业确立为良好的基金治理结构的基本原则之一。②

具言之，美国法中基金独立董事主要从一般性监督和特别监督两种方式来对投资顾问施以监督。

(一)基金独立董事的一般性监督权力

基金独立董事对投资顾问的一般性监督直接来源于美国各州公司法中董事对公司的信赖义务，特别是注意义务，因而与普通商业公司中独立董事对经营管理者的监督没有本质差别，包括：(1)基金独

---

① Tamar Frankel. *The Regulation of Money Managers*: *The Investment Company Act and the Investment Advisers Act*. Little Brown and Company, 1980, pp. 123～124.

② Tamar Frankel. *The Regulation of Money Managers*: *The Investment Company Act and the Investment Advisers Act*. Little Brown and Company, 1980, p. 164.

立董事应定期(一般为每月一次)举行特别独立董事会议(有时与基金董事的常规会议一起召开)以评估投资顾问的经营业绩,而诚如前文提到,评估基金经营业绩并非是一项简单的工作。因为业绩的好坏不仅仅取决于当期基金投资收益率的大小,还必须与基金持有人的合理预期、基金投资目标的实现、基金规模和基金在考察期内投资风险的大小等因素结合起来综合考虑。定性评估方法一般是将基金业绩与同类投资风格的其他基金或某种市场指数相比较,而更为精确的定量评估方法则是将基金的投资收益率进行适当风险调整后进行比较,如夏普指数法(Sharpe Index)、特雷诺指数法(Treynor Index)、詹森指数法(Jensen Index)和莫迪格里亚尼测度方法(Modigliani)等。[①] (2)基金独立董事应定期研究投资公司的管理政策,确保投资顾问按照预设的投资目标进行基金资产配置。(3)当投资顾问在进行某项投资决策有可能会为图一己之利而从事不当行为时,基金独立董事必须应更加仔细地进行审查,并依商业判断规则而及时地给予制止。(4)当投资顾问管理多个基金时,基金独立董事要为集团的总体利益善意和合理地防止投资顾问不平等地对待基金集团中的各个基金。(5)当投资公司发行不止一种基金证券时,基金独立董事有义务平衡不同类别基金持有人的利益,防止投资顾问在进行投资决策时厚此薄彼。[②] (6) 基金独立董事必须防止投资顾问故意将基金资产用过多的现金余额形式保存在托管银行,根据 SEC 的意见,只要投资顾问在管理基金资产的过程中存在上述的举动,而基金独立董事又没有及时发现并给予纠正,那也违反了其对投资顾问的一般性监督义务。(7)基金独立董事应对投资顾问在代表基金行使股东表决权的程序上加以监控。(8)基金独立董事应对投资顾问是

---

① 有关基金业绩的这些定量评估方法,请参见陈伟忠主编:《组合投资与投资基金管理》,中国金融出版社 2004 年版,第 154～157 页。

② 封闭式基金资本结构允许发行多种证券,而开放式基金一般只允许发行一种证券,只有在一个开放式基金所有借款的资产担保率达到 300%,开放式基金才允许发行高级证券。See 15 U.S.C. § 80a-18(c)(3)(1994).

否按照联邦法律、SEC 规则和投资顾问合同的要求进行信息披露加以监控。[①]

(二)基金独立董事的特别监督权力

由于投资公司资产主要由现金、具有流动转让性的证券组成,这种资产高度流动性的特点很容易引发基金管理人高度滥用基金管理权的风险,而这种情况在一般的制造业及其他普通公司都不会出现。因而,在各州公司法赋予基金独立董事拥有同普通公司独立董事一样的监督权之外,《投资公司法》和 SEC 的相关规则又另外赋予了基金独立董事的特别监督权力。这种特别监督权力主要体现在如下几个方面:(1)决定投资顾问合同的续订或终止。在基金基金股东大会正式批准通过投资顾问合同之后,基金独立董事一般每年至少要召开独立董事特别会议一次,由各独立董事在其自己独立判断的基础上按多数原则先表决是否重新续订或终止投资顾问合同。(2)对基金单位承销合同的批准。该合同的批准程序与投资顾问合同基本相似,只不过其一经基金独立董事批准即可生效,无须再征求基金股东大会的同意。(3)对提取 12b－1 费用的批准。虽然基金向基金持有人收取 12b－1 费用为 SEC 所允许,但其前提条件仍须由多数基金独立董事和董事会分别表决通过,并且每年仍要由独立董事重新审核一次。(4)对新发行的基金类型的批准。由于美国共同基金可以发售不同类型的基金单位,而这些不同类型的基金单位具有不同的销售安排计划,其必须由基金独立董事的大多数表决通过。(5)对基金聘请独立审计机构的批准。比如,基金独立公共会计师的聘请必须由多数基金独立董事表决通过。(6)对基金保险的批准。基金每年诚实保险的数量和形式,以及错误和遗漏保险,董事和经理保险等联合债务保险应由多数独立董事批准。(7)对其他服务合同的批准,投资顾问利用基金资产在与其关联人士签订其他服务合同,如行政

---

① Tamar Frankel. *The Regulation of Money Managers: The Investment Company Act and the Investment Advisers Act*. Little Brown and Company, 1980, pp. 245～246.

管理、股份登记、办公房屋租赁以及基金股东服务代理等，必须由多数基金独立董事表决通过。(8)对基金合并的批准。如果两个基金要合并，需要双方的董事和独立董事的大多数分别研究通过。

简而言之，美国法中基金独立董事不仅享有同一般公司中独立董事所具有的监督权力，而且也享有《投资公司法》及SEC规则所赋予的特别监督权力(详细内容如下表3－1所示)。当然，基金独立董事在享有这些监督权力的同时也须对基金持有人负有相应的义务。如果基金独立董事没有为基金持有人的最佳利益而善意和合理地运用这些权力，如构成欺诈或严重过失，则不但SEC可以根据《投资公司法》对之提起禁止令诉讼，基金股东也可以代表基金提起民事诉讼来追究其责任。[①]

表3-1　美国法规定基金独立董事投票表决之事项

一、各类交易事项
1. 更新或终止投资顾问合同
2. 批准或更新基金承销合同
3. 批准投资顾问是否可以应用基金资产支付基金的营销费用(12b－1费用)
4. 批准基金的营销计划
5. 批准审计基金的独立公共会计师
6. 审批基金忠实保险契约与联合保险政策
7. 监控投资顾问与关联人士的交易
8. 基金销售三年后重新选任独立董事
9. 审批各分支基金之间的兼并事宜
10. 审批各类联合保险债券

① Thomas Lee Hazen, *The Law of Securities Regulation*(2). Aspen Publish Inc. 1993, p. 871.

续表

一、各类交易事项
11. 审批在无须董事会投票的情况下基金对外签订的其他服务合同
12. 审批基金发行不同种类的权益性债券
二、基金管理
1. 召集股东大会
2. 在审计委员会中任职
3. 监控基金管理人的投资运作
4. 监控基金员工的私人投资行为
5. 监控基金管理人对金融衍生品的使用
6. 监控基金管理人对基金所持股票表决权的行使
7. 监控基金管理人是否遵守各项法律
8. 监控基金管理人的信息披露事项是否符合法律、法规的要求

资料来源：Haaga，Jr. and Michelle Y. Yang，Spotlight on Mutual Fund Corporate Governance，and，Understanding the Role of Independent Directors in Mutual Fund，ICI report 2000.

第二节 对美国基金独立董事制度的评价

一、对美国基金独立董事制度有效性的批评

美国20世纪30年代的经济危机引发了一系列以基金管理人不当行为为代表的基金丑闻，使国会意识到投资基金的日常投资运营存在着严重的被滥用的危险。基金内部董事往往代表着基金管理人的利益，很容易纵容投资顾问而发生损害基金持有人的不当行为。因此《投资公司法》和SEC的相关管制规则也就随后应运而生。而由独立董事代表基金股东的利益，对投资顾问及其关联人士进行监督和制衡则是这些法律、法规规制基金管理人不当行为的一个基本

原则。然而,《投资公司法》颁布至今天,基金独立董事能否真正“不负众望”地对基金管理人实施有效的监督,实现国会当初设立该制度的预期,还一直受到不少实务界人士和学者的批评。这些批评集中起来主要有以下四个方面内容。

(一)基金独立董事的独立性不够

基金独立董事的独立性是保证基金独立董事监督功能有效发挥的前提和基础。如果基金独立董事的独立性难以保证,即独立性难以实现,则其对基金管理人的监督必然流于形式。批评者恰恰认为美国现行的基金独立董事要达到如国会和SEC企盼的“真正独立”或相对比较高的“独立性标准”困难重重,理由如下。

首先,基金独立董事的任免程序就难保其完全独立。独立董事候选人由谁来提名,如何选举产生,这些都决定着他将代表谁的利益,以何种立场在实际中做出判断和行事。综观投资基金的成立过程,其董事会中的主要成员,无论是内部董事还是独立董事,一般都由基金发起人在基金注册前就已委派和选任。[①] 与此同时,基金发起人基本上都直接任命自己或跟自己所控股的投资顾问公司作为其所设立的基金的未来管理人。显然,就此情形下,基金最初独立董事的任免无可避免要直接或间接听命于基金管理人,故其能有多高的独立性实在令人生疑。

其次,撇开上述现状不谈,从理论上讲,独立董事的“独立性”也是相对的。因为即使基金在发起、成立阶段能选聘与投资顾问毫无干系的独立董事,也无法完全保证独立董事在基金任职期间与基金之间不发生某种有碍于独立性的关系。比如,如果允许独立董事连任,即使能保证该独立董事在第一任期内做到完全独立,但要其在连任的任期内维持这种“独立性”恐怕较为困难。经过较长一段时间的工作上的接触,基金独立董事与投资顾问或其高级管理人员久而久

---

① 在美国,基金发起人一般由从事投资顾问工作的理财公司、投资银行或证券公司来担当。

之就形成一种类似友谊的微妙关系。这种微妙的关系会使独立董事很自然地被同化成为整个基金管理团队中的一员，产生要求和基金管理人的利益保持一致的情感压力而难葆其独立。[①]

再次，基金独立董事与基金持有人（基金股东）缺乏应有的信息沟通。在一般的选举制度中，选民与被选出的代表应定期保持接触以防他们的利益被忽视，这种信息沟通为选民的利益提供了某种保护机制，如果代表不能为选民利益服务则有可能在下一次选举中遭到淘汰。但在美国基金的日常经营中，基金持有人与基金独立董事很少能有直接接触的机会，他们对他们利益代表人——基金独立董事们的工作状态并不了解。加上法律对共同基金与一般公司要求不同，没有强制要求共同基金至少每年必须举行一次股东大会。这就使得基金持有人申诉与反映意见的平台更少了。因此，与其他公司选举产生的独立董事不同，基金独立董事无须为自己在下次选举中被基金持有人罢免而担忧，因为基金持有人根本很少参与基金独立董事的选任，只要在第一次被提名后与基金管理人保持良好的关系，则几乎可以断定能再次当选。[②] 总之，基金独立董事与基金持有人信息沟通的缺乏也直接导致其受到基金管理人的制约。

最后，为基金独立董事所支付的报酬很容易使独立董事与基金管理人的利益连在一起。基金独立董事的报酬问题，对保持其独立性而言，往往使其陷入两难的困境。基金独立董事如果在所任职基金不拿报酬当然可以保持某种独立性，但他会失去担任独立董事的积极性，没有动力去发挥效用。在市场经济条件下，人力资源无疑是重要的资源，不让基金独立董事领取报酬却要其承担相应的监督责任，显然不符合市场经济原则。故要让基金独立董事正常发挥作用，必须给予必要的激励和劳动回报。但一旦基金独立董事获取报酬，

① Mundheim . Some Thoughts on the Duties and Responsibilities of Unaffiliated Directors of Mutual Funds. *Pa. L. Rev*, 1967, Vol. 115, No. 14, p. 1008.

② Mundheim . Some Thoughts on the Duties and Responsibilities of Unaffiliated Directors of Mutual Funds. *Pa. L. Rev*, 1967, Vol. 115, No. 14, p. 1008.

其独立性就有可能受到影响。这就要看到底由谁来确定其报酬标准及方式。而正如基金独立董事最初由基金发起人一手委任一样，独立董事的最初报酬标准也是由基金发起人提议的。为此，只要独立董事与基金发起人关系甚好，就可以任职于由该基金发起人发起的多家基金的董事会而获得一笔不菲的收入。现实情况亦为如此，在美国，一个基金独立董事受聘于多家基金董事会早已司空见惯，如此平均下来，每年至少有 20 万美元的报酬收入。有的甚至更高，如 1999 年诚信基金集团（Fidelity Fund Complex）任职的独立董事报酬平均为 21.3 万美元至 26.9 万美元。因此，有学者指出这些数量可观的报酬虽然不一定导致基金独立董事支持基金管理人的各项决策，但容易使独立董事与基金管理人的利益连在一起从而影响独立董事的监督功能。①

（二）基金独立董事无力解决某些问题

如果基金独立董事日常所需做出的决策是刚性的，都有章可循，则即使存在上述第一点所讨论的问题也不妨碍其履行正常的职责。但在表 3－1 所列的各项职责中，基金独立董事的工作环境某种程度上是相当复杂而且颇具弹性的，很多情况下都要求基金独立董事必须在模棱两可的情况下做出决定。尤是对美国基金业普遍存在的软美元（soft dollar）和 12b－1 费用问题的决断方面，基金独立董事往往捉襟见肘。

1. 基金独立董事对“软美元”交易的监督

根据 SEC 的定义，所谓软美元是指投资顾问以基金的经纪业务

① David Strums. Enhancing the Effectiveness of Independent Directors: Is the System Broken, Creaking or Working. *Villanova Journal of Law Investment Management*, 1999, Vol. 4, p. 106.

作为交换条件，为自己从经纪商处取得除交易执行以外的研究服务。[①] 对“软美元”问题的合理性，美国基金监管当局和业界存有两种截然不同的意见。反对“软美元”的 SEC 认为：第一，在软美元的安排下，投资顾问实际上是利用基金本应该回收的经纪佣金从经纪商处购买研究服务，从而免于自己为这笔额外的研究服务另外付费。由于基金支付给投资顾问的基金管理费实际上已经包含了这笔费用，如此则无异于强迫基金持有人为同一服务支付双重费用；第二，在基金集团中，没有从经纪商处回收的那部分经纪佣金所换来的额外研究服务一般只对基金集团中的部分基金有利，因此，没有理由要求没有受益的基金也不回收折扣的佣金；第三，在涉及软美元交易的情况下，受免费获取额外研究服务的利益驱动，投资顾问往往不去为基金取得最佳执行价格或寻找高质低佣的经纪商。然而，支持“软美元”的投资顾问公司则坚持认为，从经纪商处额外获取的研究服务能使他们更有效地做出投资决策，必使基金增益。而且费用较高的经纪商提供的服务也较好，因此政府不必禁止，也不必加强这方面的管制。[②]

《投资公司法》对有关软美元交易的法律规定尚付阙如，SEC 虽对“软美元”的安排表示反对，但迄今为止尚未有明确的管制规则出台。因此，判断投资顾问与经纪商的“软美元”交易是否合理的重任只能落在基金独立董事的身上。目前，在美国法中，只有《1934 年证券交易法》第 28 条 e 款为投资顾问“软美元”交易提供了一个“安全

① 这里的研究服务主要包括以下三种情况的服务：(1)经纪商直接或通过出版物或文字提供的关于证券价值、投资购买或出售证券的可取性(advisability)、证券的可得性(availability)以及证券的购买者或者出售者的意见；(2)提供关于发行者、行业、证券、经济因素和趋势、有价证券策略、账目执行等的分析和报告；(3)实现证券交易和执行其附带的职能(如清算、结算和保管)或者执行由 SEC 规则或上述个人是其成员、与成员联系的个人或者其参加者的自我管理组织的规则要求的与交易有关的职能。See SEC Disclosure by Investment Advisers Regarding Soft Dollar Practices, *Advisers Act Release*, No. 1469 (Feb. 14, 1995).

② Mundheim . Some Thoughts on the Duties and Responsibilities of Unaffiliated Directors of Mutual Funds. Pa. L. Rev, 1967, Vol. 115, p. 1010.

港”。该款规定投资顾问在与经纪商确定经纪佣金标准时符合下列三个条件，则“软美元”交易可以进行：(1)善意地(in good faith)；(2)考虑到经纪商提供的研究服务的价值与基金那部分没有回收的经纪佣金相比的合理性；(3)经纪商为基金执行交易的质量和响应速度。判例法也允许投资顾问可以在多数基金独立董事同意的情况下直接运用“软美元”交易安排。[①] 但令基金独立董事颇感棘手的是：“软美元”交易虽是用基金资产减轻了投资顾问在研究方面的支出，与基金管理人信赖义务相悖，理论上应必须断然制止。但在实际中，基金独立董事要是完全不同意投资顾问开展“软美元”交易，则基金又不一定能享受到那些对基金投资特别有帮助的由经纪商提供的研究服务，故一概加以制止似不利于基金资产的最大化，加上“软美元”长期以来一直是美国资产管理行业中普遍存在的交易现象。可以想象，在 SEC 还没有明文禁止规则的情形下，本来就缺乏足够独立性的基金独立董事能有多大勇气对投资顾问的那些不符合“软美元”安全港要求的“软美元”交易安排提出反对意见？即使提出来，也必面临着重重阻力。

2. 基金独立董事对投资顾问应用基金 12b－1 费用的监督

与其他行业相似，投资顾问也可以面向社会通过广告等形式进行营销，扩大所管理基金的知名度以吸引更多潜在的基金持有人。此外，投资顾问还经常通过销售人员和其他中介机构向投资者提供各种投资咨询，如宣传基金和如何选择基金。这样就产生了让基金承担的各种营销费用，亦即美国基金业界人人皆知的 12b－1 费用。[②]

① 15 U.S.C. 78a－28(e) (1994).

② 1980 年，美国 SEC 颁布 12b－1 标准，允许从基金资产中提取除基金管理费之外的 12b－1 费用。该费用用来支付投资顾问为促销基金股份进行营销活动的成本。主要包括基金的广告费用、基金的销售佣金、印制基金说明书的费用和印刷有关销售的印刷品的各项费用等。其计提基础是基金年平均净资产。随后，美国 NASD 规定投资顾问每年可利用的 12b－1 费用不得超过基金净资产 1%。其中，用于推销的费用不得超过0.75%，用于支付销售人员其他中介机构的费用不得超过 0.25%。

显见，基金12b—1费用中的很大比例被投资顾问用于市场营销以吸引更多的投资者。当投资顾问进行的营销活动效果显现，基金资产规模扩大时，受益的是投资顾问，因为他们可以获得更多的基金管理费。但是，基金资产规模的增长并不一定对现有的基金持有人一直有利。如前所析，当基金资产规模超过规模效应存在的拐点时，基金将丧失原有的灵活性，由此导致收益降低。更不用说当投资顾问进行的营销活动效果很差，基金资产规模没有增加或增加较少时，原有的基金持有人利益会受到侵害。因此，是否对投资顾问运用基金12b—1费用随意进行各种营销活动又成为基金独立董事颇感为难的一件事情：因为一概禁止投资顾问运用12b—1费用进行基金营销活动显然不符基金业的实际，而一味地纵容投资顾问用12b—1费用进行过多的对基金持有人无益的营销活动又与其监督职责相悖。很多批评者指出，事实上基金独立董事往往选择后者，因为他们很难拒绝投资顾问应用基金12b—1费用的要求。这是因为，首先，投资顾问会极力说服基金独立董事，让他们意识到市场营销有利于提高基金品牌和投资顾问的形象，而通过市场了解投资顾问所管理的基金产品可以给基金带来无形的利益；同时，该费用并不为投资顾问所占有。其次，从本质上看，投资顾问运用基金12b—1费用已经得到SEC的明文支持，也同“软美元”交易一样普遍存在。再次，基金独立董事要精确地评估基金资产规模是否达到产生规模负效应的拐点是极为困难的。而且如果基金独立董事一旦拒绝投资顾问运用基金12b—1费用，则不利于投资顾问吸收顶尖的基金经理人才，最终受损的将是现有的基金持有人。因此，基金独立董事缺乏监督投资顾问应用基金12b—1费用的能力也是在情理之中。

（三）基金独立董事监督效率低下

撇开基金独立董事是否能独立解决上述问题不谈，即使基金独立董事在主观意愿上相当独立，但客观上也缺乏相应有效的权力保障机制来维护这种独立性。在表3—1中，基金独立董事对投资顾问合同的终止或更新的监督权力对投资顾问可谓最具有威慑力。然而，从美国基金业的现实情况来看，投资顾问公司以基金发起人的身份选聘的基金独立董事几乎都很少终止投资顾问合同，每年的例行更新也是如此。质言之，基金独立董事所服务的某些基金就是他们屈服于投资顾问公司利益的产物。一个投资顾问公司唯有在预见到自己今后管理自己所发起的基金有利可图时才会不惜资金和精力去组建、成立基金。换言之，当一家基金成立时，如果某些候选的基金独立董事一开始就反对投资顾问合同或其中某些条款确立的内容，那么原本作为基金发起人的投资顾问就不会正式推荐这些人成为该基金董事会的独立董事。基于此，有学者认为基金独立董事要真正代表基金持有人的利益行使监督批准投资顾问草拟的投资顾问合同有点“心有余而力不足”。而且美国公司经理市场相当活跃，投资顾问凭借高薪条件就可轻而易举地任命较为顺从的独立董事。退一步讲，即便现任的基金独立董事从基金持有人的利益出发，认为投资顾问合同中确立的基金管理费过高，从而按照法律的要求采取终止投资顾问合同的极端措施，但囿于投资顾问市场的垄断性，基金要重新聘请新的投资顾问则需要另外支付不菲的成本。而且在很多情况下，基金独立董事此举也未必就能充分体现所有基金持有人的利益和心声。这是因为理性的基金持有人一般不会因费用的提高而主张更换他们本已看好的投资顾问。如果投资顾问收取的管理费的确高昂到让他们不堪忍受，则他们完全可以选择以回赎的方式退出，而不必借助于靠基金独立董事行使上述的监督权力来更换投资顾问。此外，美国投资公司协会(ICI)的有关研究表明，很多基金持有人当时选择投资某一个基金在很大程度上是看重管理该家基金的投资顾问，而对基金运行费用的高低倒是关注不多。也有不少基金持有人就此认为基金失去优秀的投资顾问有时就意味着他们所投资基金业绩将贴水几个百分点的业绩，这种损失很可能超过高昂的基金管理费用给基金带来的损失。① 凡此种种原因，都使基金独立董事难以通过行使终止投资顾问合同的监督权力来有效地降低过高的基金费用。

还有另一个原因也制约了基金独立董事不能充分有效地行使各项监督权力。那就是董事必须对其过失行为承担相应的法律责任。近年来，有关共同基金的争议表明，一旦基金独立董事强硬反对投资顾问而引起基金单位被赎回，则他们将可能面临着投资顾问和基金股东的派生诉讼或遭到被撤换等不利后果。有鉴于此，出于对自身利益的考虑，很多基金独立董事在行使监督职权时难免顾虑重重。1997 年著名的“南弗利亚”案件(Navellier Case)就是其中一例：南弗利亚管理公司(Navellier Management, Inc)是南弗利亚基金集团(Navellier Fund Complex)的投资顾问。其建议南弗利亚基金集团旗下的一个低费用基金(指低销售费用)——“南弗利亚创业型小盘股基金”(Navellier Aggressive Small Cap Equity Fund)与另一个不收费基金——“南弗利亚表现基金”(Navellier Performance Fund)合并。在提交南弗利亚创业型小盘股基金的独立董事讨论该合并事宜时，独立董事要求南弗利亚管理公司和它的 CEO 路易斯·南弗利亚提供关于南弗利亚表现基金前 5 年的财务信息而遭到南弗利亚管理公司的拒绝。因此该基金独立董事最终对该合并不予批准。与此同时，该基金独立董事也趁基金与南弗利亚管理公司的投资顾问合同年审的时机考虑由马萨诸塞金融服务公司(Massachusetts Financial Services, Inc)取代南弗利亚管理公司为南弗利亚创业型小盘股基金的新的投资顾问。由于新的投资顾问的任命还须报请基金股东大会通过才能最终生效，结果南弗利亚管理公司凭借其作为南弗利亚基金集团发起人之一的优势联合其他基金大股东在股东大会上投票反对了独立董事的决定而得以维持南弗利亚创业型小盘股基金投资

① Forum on Mutual Fund Governance Issues, *Mutual Fund Market News*. 1999, No. 1, p. 18.

顾问的地位。随后,南弗利亚管理公司以独立董事上述故意行为导致该基金资产发生大规模被赎回为由对之提起衍生诉讼,指控他们不当行使监督职责而应承担基金遭受的损失。该基金的三个独立董事为此陷入了长达一年多的诉讼活动。虽然最后的诉讼结果均以对基金独立董事有利的判决而告终(其中两个独立董事在美国联邦地区法院的陪审团审判中胜诉,而第三个独立董事在审判过程中寻求和解),但繁缛的诉讼环节和高昂的诉讼费用难免让后来的基金独立董事们心有余悸。[①] 有学者指出,在"南弗利亚"案中,基金独立董事虽胜犹败,因为该案说明基金独立董事监督权力的行使受到相当程度的限制。[②] 意即基金独立董事如果采取积极行动而经常性地否定投资顾问往往会将个人利益置于危险境地。由于这一危险的存在,很多适合的人对担任基金独立董事兴趣不大,而在职的独立董事也会因此在行使监督权力时变得更为小心和保守。

(四)基金独立董事缺乏主动监督的动力

按传统的公司治理理论,外部市场力量存在着激励独立董事努力为股东利益服务的动力机制。因为竞争性的董事市场要求独立董事必须具备一定水平的能力与责任心。如果某位基金独立董事对其职责敷衍了事并被业内证明不具备应有的专业水平,则其很快会在市场中失去信誉。[③] 但这一结论对于调动基金独立董事的积极性并不明显。基金独立董事过失履行监督职责固然有可能导致其"好董事"声誉的丧失,包括个人名誉的损失以及在其他基金担任独立董事的机会损失。然而,如前所述,任职于一个新成立基金董事会的独立董事只要不过分反对投资顾问而采取终止投资顾问合同等强硬措

---

① Brian k. reid, Samuel Ankrah, Kimberiee Millar. Mutual Fund Developments in 1997. *Perspective*, 1998, Vol. 72, p. 45.

② Brian k. reid, Samuel Ankrah, Kimberiee Millar. Mutual Fund Developments in 1997. *Perspective*, 1998, Vol. 72, p. 46.

③ David Strums. Enhancing the Effectiveness of Independent Directors: Is the System Broken, Creaking or Working. *Villanova Journal of Law Investment Management*, 1999, Vol. 4, p. 107.

施，其一般不用担心自身会有被撤换的危险。可见，名誉问题对基金独立董事的外在约束力有限，他们也许会因为担心自身的名誉而尽职地工作，但在整个基金业还没有形成独立董事成员积极监督色彩的文化环境下，即使是“橡皮图章”式的基金独立董事也不会在名誉上有多大的损失。

不过，美国有学者还试图从基金独立董事的特征来证明还有另一种特殊激励机制以保证独立董事的监督效果。这种观点认为基金独立董事一般都是商业界或学术界当中较为出名的人物，他们恪尽职守、德高望重，无论收入高低他们都会尽量努力地承担起自身的职责。从人物品性和道德方面来说明基金独立董事工作的有效性在某种程度上是正确的，但在实际上这还是一个无法证明的观点。反对者认为良好的品行不一定能够保证产生良好的结果，监督机制的设计不能以某种人的美德作为假设基础。某些在专业上享有盛誉的人，并不一定能保证在履行基金独立董事的职责中始终忠诚于基金持有人的利益，并敢于与最初选聘他们的投资顾问采取强硬的反对立场。[①]

二、对美国基金独立董事制度有效性的支持

尽管美国基金独立董事制度存在上述种种缺陷，但在美国，这一已存在半个多世纪而且为保护基金持有人利益立下汗马功劳的制度安排并没有从根本上被否定。更多的学者和基金业人士还是赞成国会通过法律设立独立董事的举措。这些支持者认为：第一，现存的基金独立董事制度状况并没有如批评者描述的那般严重；第二，基金管理人不当行为的另一个治理机制是市场机制，然而市场机制明显存在缺陷；第三，就法律治理机制而言，基金独立董事的这种事前和事中的监督防范作用是其他制度安排所难以奏效的。根据这些理由，

① Mundheim . Some Thoughts on the Duties and Responsibilities of Unaffiliated Directors of Mutual Funds. *Pa. L. Rev*, 1967, Vol. 115, p. 1013.

支持者主张对基金独立董事制度的批评只能是在现有的基础上促使该制度进一步的完善，而不应推倒重来或弃之不用。[①]

(一)基金独立董事在投资顾问合同谈判中的作用

投资顾问合同是整个基金运作的依据，而基金管理费的确定又是投资顾问合同谈判的核心内容。因此，批评者对基金独立董事监督行为是否有效的质疑也主要集中在基金管理费上。例如，哈佛大学商学院教授马太·沙维克(Matthew Sevick)和彼得·塔弗诺(Peter Tufano)根据他们在1997年所作的一项共同实证研究结果发现那些高薪的独立董事所任职的基金普遍比低薪的独立董事所任职的基金运营费用高，因而推断出基金独立董事的设置并不能降低基金管理费用。[②] 对此，支持者认为基金独立董事虽然目前无法为基金持有人争取到最低的基金管理费率，但美国基金管理费用整体在下降却是一个不争的事实。比如，1999年，美国投资公司协会(ICI)所作的一份统计报告表明，从1980年到1998年，美国共同基金业的运营成本从2.25%下降至1.49%，其中基金管理费率的上限也从1%下降到0.94%。[③] 虽然随着基金业在美国的发展，其资产规模扩大所带来的规模经济效应会促使基金管理费有所降低，但一些观察家认为若没有基金独立董事的争取和SEC的背后支持，这种理论上的可能性难以转变为现实性。尤其在一些规模较大的基金中，法律赋予独立董事中止和更新投资顾问合同的监督权力使得投资顾问不能不重视规模经济效应的存在。投资顾问要是在投资顾问合同中对基金管理费的收取再沿袭以往的刚性条款则难以被独立董事通过，因而采用“交叉费用结构”，实行级差收费已成为设置基金独立董事以

---

① Mundheim . Some Thoughts on the Duties and Responsibilities of Unaffiliated Directors of Mutual Funds. *Pa. L. Rev*, 1967, Vol. 115, p. 1014.

② Matthew Sevick, Peter Tufano. Board Structure and Fee－Setting in the U. S. Mutual Fund Industry. *Journal of Financial Economics*, 1997, Vol. 4, p. 321.

③ 数据来源于 Brian K. Reid, Kimberlee W. Millar. Mutual Fund Developments in 1998. *Perspective*, 1999, Vol. 5, p. 2.

来投资顾问合同内容的一大改变。通常的例子是，当基金资产达到5亿美元时收取的年管理费率为0.5%，达到7.5亿美元时收取的年管理费率为0.4%。这就很好地说明，独立董事的监督作用已经使广大的基金持有人切实从基金规模的扩张中受益。

虽然基金发起人一般只选择听命于他们的独立董事，独立董事也难免会对发起人怀有感恩之心，但他们在投资顾问合同的谈判上也不像批评者所认为的那样软弱无力。事实上，美国各州的公司法也对基金独立董事规定了对其所任职的基金的信赖义务，特别是注意义务。如果基金独立董事不参加董事会议，完全不履行独立董事职责，完全不履行监督义务，或对基金管理人的某些离谱或过高的基金管理费不进行必要的审核，则其会被追究相应的违反注意义务的责任。主流观点认为，基金独立董事应比实业公司的独立董事承担更高的注意义务标准。[①] 根据《投资公司法》，如果投资基金独立董事被认为违反其信赖义务，则SEC可以提起禁止令诉讼，基金股东也可代表基金对之直接提起民事诉讼。[②] 况且，一旦独立董事得以正式任职，投资顾问在其任期内无权单方面撤销独立董事的职位，这也从另一方面减少了他们提出反对意见的心理压力。富有影响力的美国联邦第二巡回法院确立的著名的"噶特勃标准"(Gartenberg standard)则对基金独立董事终止和更新投资顾问应履行的注意义务做了进一步细化的规定。该标准认为基金独立董事在终止或更新顾问合同时只有充分考虑到以下几种因素时才能说服法院其已尽了合理的注意。这些因素包括：(1)其他可比较的同类型同规模基金的管理费；(2)投资顾问确定的基金总体费用在基金总资产中所占的百分比；(3)由于规模经济所导致的费用的减少，亦即投资顾问在管理一个一千万美元的基金并不是要付出十倍于其管理一百万美元的基

① Tamar Frankel. *The Regulation of Money Managers: The Investment Company Act and the Investment Advisers Act*. Little Brown and Company, 1980, p. 285.

② 15 U.S.C. §80a－36(b) (1994).

金的努力;(4)基金管理费与投资顾问的收益比例;(5)投资顾问为基金提供的管理服务性质与质量;(6)投资顾问为基金提供的其他服务的质量;(8)须考虑将管理内部化须花费的成本及其可行性;(9)基金各种费用计提的基础。① 同时,为了保证基金独立董事对投资顾问合同本身的公证性能做出恰当的评价,《投资公司法》也要求投资顾问有义务向独立董事提供有关合同条款进行评估或更新所需要的信息,基金的独立董事也有权利和义务要求投资顾问提供此类信息并对这种信息进行评估。② 因此,基金独立董事有权信赖和接受投资顾问所披露的信息来审查合同,但是在大多数的情况下,严格的法律责任机制也迫使基金独立董事不得不对投资顾问在顾问合同中订有明显损害基金持有人利益的条款说“不”,并有进一步要求投资顾问加以纠正的义务。

最后,基金独立董事支持者总结:批评者不但没有推翻独立董事在降低基金管理费中的作用。相反地,他们的批评却犹如“洗涤剂”一样,使更多的人更了解独立董事在投资顾问合同谈判中所发挥的核心作用。③

(二)对批评基金独立董事的独立性问题的回应

如前所述,美国基金独立董事与投资顾问之间的微妙关系经常受到各种非议。特别是在基金集团中,某一个独立董事又往往任职于同一个投资顾问所管理的多个基金的董事会,这种交叉任职的情况又使独立董事的独立性受到了进一步的质疑。很多批评者认为在同一个基金发起人发起的多个基金董事会中任职的独立董事肯定与基金发起人暗中存在某种关系,因而这种独立董事实质上不独立,纯

① Mundheim . Some Thoughts on the Duties and Responsibilities of Unaffiliated Directors of Mutual Funds. *Pa. L. Rev*, 1967, Vol. 115, p. 1038.

② 15 U.S.C. §80a－15(c) (1994).

③ Mundheim . Some Thoughts on the Duties and Responsibilities of Unaffiliated Directors of Mutual Funds Pa. L. Rev, 1967, Vol. 115, p. 1039.

粹是一种与投资顾问有"利害关系的董事"。①

1997 年发生的 Strougo v. Scudder, Stevens & Clark. Inc 案产生的法院判决则对批评者的上述观点做了积极的回应。该案例的被告是位于马里兰州的斯科德、斯蒂雯与克拉克联合投资顾问公司(Scudder,Stevens & Clark. Inc)管理的基金集团。原告斯卓葛(Strougo)是该基金集团旗下"巴西基金"的一个股东,其认为在"巴西基金"董事会中供职的 6 位独立董事还在基金集团内的其他 5 家基金的董事会中任职,这一事实足以说明这些独立董事与投资顾问暗中存在密切的经济联系,因而向法院起诉这些董事为投资顾问的"关系人",应判决要求基金股东大会取消他们作为独立董事的资格。马里兰州法院经过激烈的争论后,还是驳回了原告的诉讼请求。法院认为,强迫基金独立董事只在一家基金董事会任职表面上看来似对基金持有人比较有利,但这种做法在大型的基金集团中不具有可行性。首先,基金集团往往有数量众多的基金,如果集团要为每家基金董事会配备专门的独立董事,会产生数额巨大的运营成本。其次,只要独立董事按照法律、法规的要求履行针对各个基金的信赖义务,则让之在基金集团中交叉任职也无可厚非,而且以整个基金集团的服务进行谈判时,独立董事具有更强大的谈判优势。再次,这种在多个董事会中交叉任职的独立董事可以更全面了解整个基金集团或者集团中部分基金集合的整体运作情况,由此获得的经验和认识有助于他们更加胜任所在基金的监督工作。② 由于美国基金集团化十分普遍,因此该裁决对促进整个美国基金独立董事制度发展的判例意义十分重大。如果法院裁决在多个董事会任职的独立董事就足以构成投资顾问的关系人,那么今后所有的基金集团就可能会被迫重新设计董事会结构才能避免类似的诉讼,这样一来,整个基金行业的历

① Mundheim . Some Thoughts on the Duties and Responsibilities of Unaffiliated Directors of Mutual Funds. *Pa. L. Rev*, 1967, Vol. 115, p. 1039.

② Strougo v. Scudder, Stevens & Clark. Inc, 7 F. Supp. 2d 442; 1998 U. S. Dist.

史可能就得重写。可见，Strougo 的败诉对整个基金行业都是有利的。

在 Strougo 案后不久，经过基金业内人士的联合游说，马里兰州的立法机构于 1998 年 2 月通过法案规定基金独立董事服务于多个董事会的情况不构成投资顾问的关系人。此后，马萨诸塞州、得克萨斯州、新泽西州也于 1999 年分别通过了类似的法案。类似 Strougo 案的诉讼无一例外地被各州法院驳回。当时的 SEC 主席亚瑟·拉维特(Arthur Levitt)也对各州立法机构和法院的做法表示了谨慎的支持态度。①

有鉴于此，支持者指出，无论从成本与收益的对比，还是从经验的角度以及常识推理，都说明美国基金独立董事这种交叉任职的结构设计是必要而有益的。

(三)对设立基金独立董事必要性的解析：市场失效

在美国，由于基金行业的市场准入条件较低，所以投资基金也与其他普通公司一样，面临着来自同业各个方面的激烈竞争，包括费用、业绩、服务与投资专长等。此外，基金还面临来自提供类似理财服务的其他金融机构的竞争。例如，商业银行可以直接发起设立投资基金，保险公司在发行养老基金方面也具有成熟的经验。互联网经纪商也占据一部分的基金市场。有鉴于此，美国利普分析服务公司(Lipper Analytical Services, Inc)在一份调查报告中指出：现今的美国基金投资顾问并不能获得超竞争的利润(super－competitive profits)。②

理论上，这些外部的竞争压力可以有效地阻止投资顾问利用基金资产从事损害基金持有人利益的不当行为。例如，基金管理费过高的基金将不能生存，因为其难以吸收到新的投资，其资产规模也将

---

① Mike Garrity . Case Questions Levitt's Views. *Mutual Fund Market News*, 1997, Vol. 10, p. 23.

② Lipper Analytical Services, Inc. *The Third White Paper Are Mutual Fund Fees Reasonable*, Lipper Analytical Services, Inc In U. S. A, 1997.

因此而逐步萎缩以致基金投资收益率的下跌，而下跌的基金投资收益率又会加剧基金资产的减少。如此的恶性循环最终必迫使基金被合并或清盘。根据前面的分析，在基金管理人不当行为的治理中，市场力量的发挥来自于资本流动，而非基金单位的价格变化。因为美国的投资基金基本上都是开放式的公司型基金，基金单位的价格不像其他股票一样存在一个公开定价的交易市场，都是以固定价格进行买卖(即由闭市当日基金组入的证券投资组合的总价值除以发行在外的基金单位的份数来计量)。所以，即使有关基金的费用、管理或其他重要的信息为市场所知晓，那么这些信息也不能立即就反映在基金单位的价格上。但是，如果基金持有人赎回机制健全，那么市场将通过由此导致的资本流出给基金管理人以一个明显的警示信号，从而约束基金管理人不当行为。

不过，有两个方面的缺陷使得基金市场力量(基金持有人的赎回机制)在理论上的治理作用难以彰显。第一，基金持有人并不能随时任意赎回自己已经购买的基金单位。因为赎回本身需要付出相当的成本，基金持有人在申请赎回时需要付出赎回费用，如果有红利收入，还需要缴纳资本所得税。第二个更为重要的是并非所有的基金持有人都能理性地对待基金单位的赎回问题。对此，哈佛大学商学院学者马太·沙维克和彼得·塔弗诺的又一研究结果显示，基金持有人对基金业绩和其他因素的反应是不对称的。他们往往会很快地将新的投资转向业绩较好的基金，但却不愿意离开那些早已投资但业绩表现不佳或费用较高的基金。一般而言，当基金持有人投资了某个基金之后，其对于基金业绩或基金管理人在经营基金的其他变化并不如理论上分析的那般敏感和迅速。①

此外，从基金持有人对基金费用的反应也可以看出基金市场的失效。美国基金业的一项权威研究表明，在美国只有不到20%的基

---

① Matthew Sevick, Peter Tufano. Costly Search and Mutual Fund Flows. *Journal of Finance*, 1998, Vol. 5, pp. 1589～1632.

金持有人能够正确地估计出其所投资的基金的实际费用。还有20%的基金持有人则错误地认为基金的高费用可带来基金的高收益。甚至还有一些基金持有人宁愿在市场上存在许多无申购和赎回费用的指数基金的情况下投资于一些收取此类费用的指数基金。[①]所以,市场对基金费用的反应是滞后的。实际上,正如前面所分析的,很多基金管理人的不当行为如不当关联交易、内幕交易、盘后交易等都是市场自身在短时间内无法查明和发现的。比如,有关基金管理人不当关联交易的行为在被市场曝光之前可能就已经存在很长的时间,而此时只有身置基金内部的独立董事才能提前发现并运用投票表决权力将之扼杀在萌芽状态。

综上,基金独立董事可以弥补市场约束力量的缺陷,这是设立基金独立董事制度的必要性所在。也是支持者拥护基金独立董事制度的第二个理由。

(四)基金独立董事在治理基金管理人不当行为中的三大贡献

外部市场对基金管理人约束机制的失效使得基金独立董事的角色地位的重要性日益凸显。让独立董事作为第三方的治理力量以弥补市场机制在基金治理中的不足已成为美国朝野的共识。美国著名的金融学者罗·格林森(Ron Gilson)认为基金独立董事所担当的监督职能是代表人(fiduciary)、监管治理人(regulator)以及契约治理人(contractual governance)三种角色的混合(mixture)。[②]

首先,基金独立董事应行使作为基金利益代表人所应承担的监督职能。由于美国的基金为公司型基金,根据美国各州的公司法,公司董事应对股东负有信赖义务。基金持有人将基金资产交由投资顾

---

① 如果存在相同投资目标的无收费指数基金,却购买同样的收费基金肯定是非理性的。See Daisy Maxey. Some Index Funds are Charging a Load. *Wall Street Journal*, 1997, Vol. 5, p. 23.

② Ron Gilson Comments in Transcript, Conferences on the Role of Independent Company Directors, At http://www.sec.gov/offices/invmgmt/roundtab.htm, 2005－9－23.

问全权管理，投资顾问作为基金外部独立的经济实体，很可能为牟取私利而实施损害基金资产的不当行为。在SEC资源有限，不可能对基金管理人在市场当中的行为实施事无巨细监管的时候，如果不依靠基金独立董事监督功能的配合，就没有任何第三方的力量能胜任此项职责。就此而言，基金独立董事与一般公司的独立董事无异，其监督职能主要表现为基金利益代表人的监督职能，亦即基金独立董事享有一般性的监督权力。

其次，基金独立董事应行使作为基金监管治理人所应承担的监督职能。这种角色要求基金独立董事必须确保整个基金资产运作的合法性与合规性。因此，独立董事必须对基金管理人的经营行为实施有效地监控，要求他们运用基金资产的各项投资活动遵守相应的法律与法规。从这个意义上说，基金独立董事不仅仅代表基金或基金持有人的利益，还在一定程度上代表了整个社会的利益，是SEC监督职能的延伸。

最后，基金独立董事应行使作为契约治理人所应承担的监督职能。基金作为一个独立的经济实体，其正常的经营运作有赖于与其他许多相关机构所签订的各种契约。比如，基金资产的运作管理必须与投资顾问签订投资顾问合同，基金单位的承销必须与券商签订承销合同，基金证券投资组合的构建必须与经纪商签订经纪交易合同等。而基金独立董事作为基金利益代表人，有责任监控这些与投资顾问、承销商或其他服务提供商所订立的契约，以维护基金的利益。由于基金契约治理主要集中在基金与投资顾问及其关联人之间的各种契约关系上，所以，基金独立董事必须行使契约治理人的终止或更新契约的监督职责以维护这些契约的公平合理。

正是以上三种监督职责的相互融合才形成基金独立董事较一般公司的独立董事拥有更庞大的监督权力。事实上，美国法之所以赋予基金独立董事以如此广泛的监督权力，也是意图让之在保护基金持有人的利益上比其他领域的独立董事更有所作为。这样一来，基金独立董事就可以基金管理人的行为是否损害了基金利益或者是否违反了基金法律、法规的某些规定为由来对基金管理人的各种行为展开全面的监督。

那么,美国基金独立董事制度自 1940 年 9 月运行以来,独立董事们在履行上述监督职责方面做得如何呢?支持者认为正如批评者所指出的,在整个美国基金业还没有形成独立董事成员积极监督色彩的文化氛围下,基金独立董事监督基金管理人的实际效果的确与立法者的要求还有一定的差距,但不管如何,独立董事以下的三大贡献却是有目共睹的。

第一,基金独立董事成为基金运作的内部监管者。根据制度经济学原理,当行为者必须向第三方报告自己的行为并证明行为的适当性或为了取得第三方的信任时,行为者会增加自律,这是人的天性。由于基金管理人必须向基金独立董事披露基金的运行费用以及解释一些重大的投资决策以说服独立董事批准和同意,因此他们就有可能抛弃那些极端以牺牲基金利益增进自利的不当行为。投资公司协会(ICI)的主席马太·皮凡克(Matthew P. Fink)2000 年初在纪念《投资公司法》颁布 60 周年大会上就总结道:"自从 1940 年《投资公司法》颁布以来,共同基金的资产从 4 亿美元增加到现今的5.5万亿美元,但还未发生过一例严重的基金管理人不当行为的丑闻,我认为这就说明基金独立董事已经在起作用。有他们作为许多利益冲突情形下的监督者(watchdogs),投资顾问就不敢明目张胆地在独立董事占大多数的董事会面前从事不当行为,因此,许多以往令投资者深恶痛绝的不当行为才没有发生。"①

第二,基金独立董事成为基金持有人投资的警示灯塔。在批准基金与投资顾问或其关联机构所签订的各种契约过程中,即使基金独立董事迫于投资顾问的压力而不敢直接投票否决,但通过公开表示与投资顾问不一致的意见,其就可以向已有或潜在的基金持有人

---

① Matthew P. Fink. Mutual Fund Regulation: Forging a New Federal and State Partnership. *Perspective*, 2001, Vol. 2, p. 12.

发出基金可能存在业绩不好、费用提高等问题的信号,从而对投资顾问形成强大的约束力。比如,1998 年雅克曼基金(Yachtman Fund)的独立董事与雅克曼投资顾问公司(Yachtman Management,Inc)之间的激烈斗争就是典型一例。在该事件中,雅克曼投资顾问公司提出要改变雅克曼基金的投资策略,将基金原先投资于大盘股的资金转向投资于小盘股。此举虽遭到雅克曼基金独立董事的质疑和反对,但雅克曼投资顾问公司一意孤行以致双方争执不下,不过最后基金独立董事提出要将此问题公之于众,迫于基金持有人知道后会产生大规模的赎回,于是雅克曼投资顾问公司才不得不作出让步,在保持原有投资策略基本不变的情况下,有限地增加了对小盘股的投资。①

第三,基金独立董事成为 SEC 和法院的最佳监管助手。在外部市场约束机制存在缺陷的情况下,从理论上分析,基金的监管可以不依靠独立董事而由 SEC 和法院全部负责。但是,这两个机构都存在着客观的局限性。众所周知,SEC 受制于财政预算与人员的编制,其资源相当有限,而且承担的是整个证券市场的监管工作,不可能事无巨细地对每个基金的管理人逐一进行审查与监督。再者,司法监管强调事后救济,过分地依靠法院的判决来纠正基金管理人的不当行为显然比较消极。而且,如果摒弃基金独立董事而由法官的判断来直接审核基金管理人各种行为细节的合理性,不但成本高,浪费司法资源,而且法官不懂业务的结果往往导致判决充满着不确定性,效率低,容易受到基金业人士的抵制。有鉴于此,支持者认为即使基金独立董事制度是一种不完美的制度,但在当前情况下,尚没有一种新的制度安排能比独立董事制度更有效地弥补 SEC 或法院监管基金管理人方面的不足。而且,该制度运行成本相当低廉,根据美国利普

---

① David Strums. Enhancing the Effectiveness of Independent Directors: Is the System Broken, Creaking or Working. *Villanova Journal of Law Investment Management*, 1999, Vol. 4, p. 136.

分析服务公司 1997 年所作的一项统计，基金独立董事制度平均每年的运行成本约占基金业所有运行成本的 5%。① 所以，笔者认为从制度的运行成本与收益的角度分析，基金独立董事成为 SEC 和法院的最佳监管助手。

综上，笔者认为基金独立董事本身可能没办法达到彻底的“独立”，因而在解决一些问题方面难免不尽如人意，但该制度并不存在本质上的缺陷。首先，在市场无法查明的领域，如基金管理人的各种不当行为，独立董事是最有效的早期预警系统；其次，在 SEC 或法院没有监管或救济的领域，独立董事是他们最佳的帮手，因为独立董事身置基金内部，十分清楚基金所面临的各种利益损害威胁，并及时对症下药，监管成本最低。最后，通过充当基金内部的监管者或基金持有人的警示灯塔，基金独立董事可以起到优化基金治理的作用。

第三节　美国基金独立董事制度的改革与发展

一、ICI 有关基金独立董事的改革报告

正是上述各种理由的存在，使批评者对基金独立董事有效性的批评与质疑不但不能说服国会和 SEC 放弃独立董事的监管安排，反而在美国引发了一场强化和改革基金独立董事制度的浪潮。SEC 前主席亚瑟·拉维特于 1999 年 1 月 2 日在加利福尼亚共同基金与投资管理大会上的演讲谈道：“无论人们对基金独立董事制度是支持还是批评，这些意见都有助于该制度今后在美国的更好发展。持支持意见者更让我们坚定了强化基金独立董事作用的信心，持批评意见者则为我们指明了改革该制度的方向。对此，SEC 都会加以高度

① Lipper Analytical Services, Inc. *The Third White Paper Are Mutual Fund Fees Reasonable*, Lipper Analytical Services, Inc In U. S. A, 1997.

的重视。"[①]于是，在SEC的大力支持下，投资公司协会(ICI)于1999年2月23日至24日召开了有关基金独立董事作用(the role of Independent Investment Company Directors)的主题圆桌会议，并于1999年6月24日发布了一套由ICI理事会全体通过的《顾问团体为基金董事最佳行为的报告——增强独立性与有效性文化》(*Report of the Advisory Group on Best Practices for Fund Directors－Enhancing a Culture of Independent and Effectiveness*)，率先在行业自律规则中对独立董事制度作了改进。ICI理事会建议所有的ICI成员应尽可能地采纳顾问委员会在报告中提出的核心内容。这些内容主要为：(1)所有的基金董事会成员中，至少有2/3的董事是独立董事；(2)允许基金独立董事报酬结构由固定现金收入向股票期权方向转变，让基金独立董事持有所服务的基金的部分股份；(3)除第一任基金独立董事由投资顾问选任之外，继任的独立董事的提名与任命应由现任独立董事而非投资顾问来负责；(4)基金独立董事必须每年披露其与所服务基金的商业关系及其他联系；(5)多个基金独立董事当中应设立首席独立董事，并由其负责召开与全体董事会相独立的基金独立董事会会议；(6)基金独立董事可以聘请独立于投资顾问及其他基金服务提供商的法律顾问，在适当的时候，如面临需要特别鉴定的事宜，独立董事有权征询基金独立审计师和其他专家的意见；(7)基金投资顾问每年要填写一份调查表，回答有关其自身商务、财务、家庭关系问题，如果还有诸如同投资顾问、主承销商、其他基金服务提供商及他们关联人之间的关系，也一并回答；(8)基金投资顾问以往任职的基金经理或其分支机构的经理不能担任独立董事。[②]

综上可以看出，ICI的这些改革措施既保守又明智。从保守方

① 转引自 Mike Garrity. Case Questions Levitt's Views. *Mutual Fund Market News*, 1997, Vol. 10, p. 25.

② Report of the Advisory Group on Best Practices for Fund Directors－Enhancing a Culture of Independent and Effectiveness, Investment Company Institute, 1999. At http: www.ici.org/divisions/investment/roundtable/iicdrndt2.htm, 2005－11－4.

面看，首先，ICI 建议带有滞后性。例如，将独立董事的比例提高到 2/3 的做法在 1970 年 12 月《投资公司法》修正案颁布以来就在那些大规模的基金集团中早已存在。又如，投资顾问曾有的雇员不能担当该投资顾问所管理基金的独立董事也不是什么新要求。其次，ICI 建议充其量只是“软法”性质，不具有强制力，要求基金特别是小型基金进行上述的重大的调整是不可能的。而 ICI 建议的明智之处在于：第一，设置首席基金独立董事和由基金独立董事提名和任命新独立董事的建议，反映了 ICI 有意迎合“重建基金董事会以最大限度提高独立董事的独立性与效率”的呼声，此点值得肯定。第二，允许基金独立董事持有所服务基金的部分股份，可以使独立董事的利益越来越与中小基金持有人的利益捆在一起，从而增强独立董事捍卫中小基金持有人利益的使命感和工作动力。但令人遗憾的是，这些建议并没有正面回答批评者所提出的问题。

二、SEC 1999 年的《解释性规则》

在 ICI 改革报告推出后不久，也在同年的 10 月 14 日，为澄清关于独立董事某些问题所存在的混乱和应对批评者的意见，SEC 正式发布了一份有关基金独立董事的《解释性规则》（The interpretive Release），揭开了 SEC 改革基金独立董事的序幕。

《解释性规则》旨在阐明 SEC 对于《投资公司法》及其 SEC 先前颁布与之相联系规则的立场与解释，着眼于提高基金独立董事对投资顾问的监督动力和回应基金独立董事所遭受的批评。

首先，《解释性规则》将由基金独立董事授权或批准基金资产运用时偶然出现的利己交易行为。如代理股东投票的费用及支付给自身的董事报酬等排除在《投资公司法》第 17 条 e 款的适用之外。由于独立董事从基金获取的这些报酬并非出于自利的动机，而是其正常运转的成本支出。因而这些交易同基金管理费交易一样也是不受

《投资公司法》17e－1款的管辖。[①]

其次，《解释性规则》新增SEC 17h－1规则对《投资公司法》第17条h款进行解释，认为《投资公司法》第17条h款即"禁止基金对独立董事的不胜任职守的行为（disable conduct）进行补偿"并不排除基金可以预先支付诉讼费用给那些因做出决议而被投资顾问或基金持有人提起个人诉讼的独立董事。因为按照17条h款的规定，只有当独立董事做出偿还债务的保证，基金才可以预付给独立董事费用。而新的SEC 17h－1规则实行"推定独立董事胜任职守"的原则，意即投资顾问或基金持有人在起诉独立董事之前除非能向SEC证明某个独立董事无视自身的职责从事故意不当行为，恶意及明显的忽略与草率，否则可以先推定该独立董事没有发生不胜任职守的行为，基金应预先承担其诉讼费用，无须独立董事特别立约保证。如此，基金独立董事应付衍生之诉将更为容易。

再次，《解释性规则》澄清了独立董事持有所服务基金的股份会削弱其独立性地位的争议。SEC认为，基金将股份作为基金独立董事的报酬跟直接的货币报酬一样对独立董事的独立地位影响不大，而且应用股票报酬既可以为基金节税，又更能促使独立董事为基金尽职尽责。因为按照股票期权，独立董事并不能立即兑现其股利，而要在他离职或退休之后才能予以兑现。如此一来，倘若某位独立董事随意行使决策和监督权而致使基金亏损，则他的股票期权将得不到实现或将大打折扣。不过，为防范基金独立董事连任出现持股过高妨碍其独立性的现象，SEC又对基金独立董事作了最高持股额度超过0.1％的限制。

最后，《解释性规则》还在基金独立董事与基金管理人之间发生冲突时SEC如何发挥作用制定了原则性的指导意见。SEC以往在

① 《投资公司法》第17条第e款第1项规定：一家注册投资公司的关联人士以及这一关联人士的关联人士不得以代理人身份向该公司或受它控制的另一公司买卖财产而获取报酬，否则即为违法。See 15 U.S.C. §80a－17(e)(1)(1994).

此类问题上的立场不甚明确。在这份解释中，SEC 声明以后如果遇到类似的冲突，除非独立董事主动将自身不能解决的问题（如前述的软美元问题等）提交申请 SEC 批复，否则 SEC 作为监管机构一般保持中立原则，尊重独立董事根据自己的判断所作出的各项决议。

笔者认为，《解释性规则》中的这些改变将大大改善独立董事的激励机制，有效解决批评者所认为的独立董事主动监督动力不足的问题。允许基金独立董事持有基金的股份可以增进基金与独立董事利益的相容性，而"推定独立董事胜任职守"原则将消除独立董事在履行职责中所存在的许多顾虑。因此，总体而言，《解释性规则》与《投资公司法》的立法宗旨相辅相成，通过加强基金独立董事的监督动力，达到以较低的成本改善监管效果的目的。

三、SEC 2001 年的《基金独立董事作用》修正案

2001 年初，为进一步肯定基金独立董事在保护基金持有人方面所起到的积极作用，提高基金独立董事在工作中的独立性和有效性，增强基金独立董事的监督权，并促使基金持有人有更好的机会对基金独立董事的独立性作出评价，在总结《解释性规则》实施效果的基础上，SEC 对《投资公司法》中涉及基金独立董事独立性的条款作出改进和完善，并于 2 月 15 日正式颁布实施了《基金独立董事作用》修正案（以下简称：修正案）。

此次 SEC 修正案的出笼标志着美国基金独立董事法律制度已经发展到一个较为系统、成熟和完善的阶段。[①] 下面，笔者根据修正案的内容将其概括为以下几大原则：[②]

① Richard M. Phillips. Mutual Fund Independent Directors: A Model for Corporate: A Model for Corporate America? *Investment Company Institute Perspective*, 2003, Vol. 9, p. 6.

② SEC. Final Rule: Role of Independent Directors of Investment Companies. At http://www.sec.gov/rules/final/34_43786.htm, 2006—2—1.

(一)独立董事多数的原则

独立董事多数原则是指基金董事会中的大多数成员必须由独立董事组成,包括三分之二的比例甚至更高,或者至少达到简单多数(simple－majority)。SEC认为只有尽可能提高独立董事在基金董事会中的席位,才能更有效地代表基金持有人监督投资顾问的运作。为了给各基金以充足的时间来满足这项原则,修正案要求不符合上述标准的美国投资基金最迟可以在2002年7月1日之前通过以下任一途径调整其董事会的结构:(1)降低董事会规模,允许一些内部董事辞职;(2)维持现有董事会规模,由独立董事取代非独立董事;(3)扩大董事会规模,选添新的独立董事。

最后,考虑到董事的死亡、丧失能力或诚信、辞职可能会导致基金董事会不能满足上述的构成要求。修正案规定在出现上述情况下,基金可以暂时中止相应调整工作。如由董事会决定填补上述董事的空缺,其最长中止期限为90天,如由股东会选举决定填补该董事的空缺,其最长中止期限为150天。

(二)独立董事自我任命的原则

这一原则是SEC受批评者提出的"基金独立董事如何任命直接影响到其行为模式"这一批评意见的启发而来的。修正案明确赋予独立董事单独负责新独立董事的面试和招募工作,选举和任命新独立董事的权力。而内部董事或投资顾问唯有在独立董事提出邀请的前提下,才可以提出独立董事候选人的名单。显然,修正案确立基金独立董事的这种自我任命原则意在保证独立董事的自我繁衍机制,防止独立董事与投资顾问共进退而使董事会蜕变成为一个利益交易的俱乐部和一个自我永存的团体(A self－perpetuation body)。虽然修正案没有排除基金发起人对其初设基金独立董事的提名权,后续独立董事的自我任命也是不可能绝对保证独立董事的独立,但是比起原来各任独立董事仍由投资顾问或内部董事提名的方式,毕竟可以更好地保持基金独立董事的独立性和稳定性,培育一种强烈的董事会独立性文化。[①]

(三)独立董事在信息方面获得保证的原则

由于基金独立董事一般不参与基金的日常经营，对基金的运作和有关法律亦知之不详(如果初次当选董事则更是如此)，特别是对一些特别复杂、技术性非常强的业务(例如衍生金融工具)，其要有效地发挥监督功能，还必须依靠基金管理人或其他基金服务者提供的信息。从美国基金业的现实情况来看，基金管理人可能会通过歪曲的内部信息披露或者提供欺骗性的信息或不完全信息误导独立董事的决策，以致出现基金独立董事在基金股东起诉到法院前，竟然还没有发现基金管理人不当行为的例子。有鉴于此，修正案要求投资顾问公司内控制度安排中必须保证独立董事应有的知情权：凡需经独立董事决策的事项，投资顾问应在第一时间提前通知独立董事并提供足够的真实资料，独立董事认为资料不充分要求补充时，投资顾问必须无条件补充。此外，修正案明确允许独立董事在有正当理由怀疑投资顾问提供的资料存在重大虚假性时，有权以基金费用聘请外部的专业机构如审计机构或各种咨询机构以求得帮助，必要时可以报告 SEC。当然，独立董事也必须注意所咨询的专家要独立于投资顾问及其他服务提供者。

(四)独立董事获得独立法律顾问辅助的原则

SEC 在修正案中规定任何基金要适用《投资公司法》十大豁免规则(ten exempt rules)的一个前提条件是该基金必须为独立董事

---

① SEC 认为目前不宜改变投资顾问提名或直接任命基金初任独立董事的做法，理由有二：一是投资顾问或投资顾问的控股股东作为基金的发起人和初始股东，其当然享有按其投资基金的初始资本额选择基金管理人的权利。而基于股东选择管理者的权利，其当然享有董事的提名权。这是一种程序上的保障，SEC 不能因为打着保护中小基金持有人的旗号而剥夺投资顾问对初始独立董事的提名权。二是如果不让基金发起人(投资顾问)提名和选任基金的初始董事，不但不利于基金成立之初的运作，而且可能会打击他们设立基金的积极性。

配置独立的法律顾问(independent legal counsel)。[①] 由于豁免规则所涉及的交易与合同安排包含着很强的利益冲突性,因而往往也是投资顾问最容易滋生不当行为的"危险地带"。可见,确保基金独立董事在运用豁免规则作出上述决议之前获得独立法律顾问的帮助就显得特别关键。这是因为,首先,法律顾问在教育与引导基金独立董事方面起着重要的作用。比如,在如何依照《投资公司法》第36条b款确定基金管理费及如何运用SEC 12b－1规则制定基金营销费用等事项上,独立董事通常依赖于其法律顾问准备的备忘录。目前基金治理的检验标准越来越趋向格式化,涉及的法律问题越来越多,独立董事又不是个个皆为法律专家,因而来自法律顾问的建议必不可少。尽管在起草修正案的听证会上,投资顾问的代表曾极力主张由投资顾问及独立董事公用法律顾问,因为律师协会所颁布的行为准则已经对律师行为的独立性进行了有效的规范,而且这种做法既节约成本又简单易行。但是SEC认为,鉴于独立董事在解决基金和投资顾问利益冲突中所起的重要作用,有必要对其法律顾问的忠诚性(loyalties)提出更高的要求。特别是在基金独立董事被要求批准投资顾问合同或者对基金费用分配计划、批准基金兼并、监督基金破产后财产分配、基金单位价值评估等关键事项实施判断时,其法律顾问的独立性就显得尤为重要。投资者代表也认为,如果基金独立董事所依赖的法律顾问同时又代表着投资顾问或为投资顾问或其关联人士从事很多实质性的法律工作,那么一旦发生冲突,我们还是非常担

---

① "十大豁免规则"包括:(1)10f－3规则,规定当与基金关联的证券商是证券承销辛迪加的成员时,基金享有购买其初次承销证券的权利;(2)12b－1规则,豁免投资顾问运用基金资产支付基金份额的营销费用;(3)15a－4(b)(2)规则,规定基金董事会无须股东会同意即可批准临时的投资顾问合同;(4)17a－7规则,豁免基金与其投资顾问的其他客户进行证券交易;(5)17a－8规则,允许特定的关联基金进行合并;(6)17d－1(d)(7)规则,允许基金与其关联人联合购买责任保险;(7)17e－1规则,规定在何种条件下基金可以因证券的销售而支付佣金给其关联的证券商;(8)17g－1(j)规则,允许基金维持联合保单;(9)18f－3规则,允许基金发行投票权类别不同的基金股份;(10)23c－3规则,允许封闭式基金项基金持有人回购股份而形成间隔型基金。

忧这些法律顾问是否能有效地指导独立董事按照《投资公司法》和豁免规则的要求实施他们的监督职责。最后，由于反对的声音过于强大，投资顾问的主张未被修正案采用。其次，保持法律顾问的独立性具有强大的无形作用。那些明白自己的职责是为基金服务的律师更愿意挑战投资顾问。不言而喻，安排这些律师担任独立董事独立的法律顾问对基金持有人而言是有利的。最后，有了法律顾问的帮助，基金独立董事在监督力量上"如虎添翼"。因为在那些代表独立董事，极力为基金利益服务的法律顾问面前，投资顾问故意让基金承担法律风险的一些不当行为如内幕交易、操纵市场等就可能有所收敛。

修正案规定了一个律师要成为基金独立董事独立的法律顾问必须具备以下两个前提条件：(1)在过去的两个财政年度里，该律师没有为基金的投资顾问、主承销商、行政管理人员或他们的控制人提供过法律服务，或者提供的法律服务十分有限，以至于不可能影响其法律意见的独立性。(2)该律师已经承诺为独立董事提供其决议所必需的信息，而且该律师在开始工作或不断地为管理人或他的控制人提供法律服务时，必须随时更新其对独立董事已经提供的信息。

修正案也要求基金独立董事判断某一法律顾问是否独立，即独立董事至少每年应召开一次这样的评判会议，且决议的依据必须记载在董事会的会议记录中。如果某一法律顾问被发现开始为投资顾问或其控制人提供法律代理服务，则基金独立董事必须就这样的问题作出决议，评判该法律顾问提供的此类法律服务是否影响其独立性。在评判中，独立董事必须考虑所有的相关因素(all relevant factors)，包括：(1)该代理是否为目前的代理还是持续性代理；(2)该代理涉及事项的重要性；(3)该代理是否涉及基金、投资顾问或他们的关联人(如果涉及他们的关联人，那么需要考虑这种关联的性质与程度)；(4)冲突代理的期限；(5)该代理对法律顾问本人或其所在法律服务公司的重要性(包括该法律顾问的经济收入在何种程度上依赖于该代理)；(6)该代理是否涉及与基金相关的工作；(7)该法律顾问作为个人是否具体参与所代理的事项。与此同时，为防止在这种情况下基金丧失豁免原则的适用，修正案允许这些法律顾问可以在3个月内继续履行独立的法律顾问之职，以便基金独立董事有充分的时间审查法律顾问的独立性或另行聘请其他的法律顾问。

（五）独立董事在责任保险方面获得保证的原则

一般而言，基金独立董事与基金管理人之间产生诉讼的情形并不多见，但鉴于美国也出现过不少投资顾问通过诉讼解决与独立董事之间严重分歧的例子，这就使SEC觉得有必要采取一些措施来保证独立董事在为保护基金持有人利益采取行动时，不必顾忌自己的诉讼责任，尤其是在与基金管理人发生诉讼时候。因为这样的诉讼费用一般十分高昂，个人无法承受。一旦缺乏足够的保险费用就可能会导致基金独立董事出于个人责任的顾虑而不愿积极采取一些必要的行动保护基金持有人，甚至会使一些高素质的人士对担任基金独立董事望而生畏。因此，修正案对《投资公司法》第17条d款1项即"共同被保险人例外"的规定进行了修改，增加SEC 17d－1(d)(17)规则，规定基金独立董事与投资顾问相互起诉时，独立董事有权获得"错误与遗漏险"(error and omissions insurance)的保障。[①] 不仅如此，修正案要求独立董事享受的这种"错误与遗漏险"要能够持续到独立董事离职后的2年，从而彻底取消基金独立董事生平在担任董事期间采取行动而离职后会遭到诉讼的顾虑。与《解释性规则》中的SEC 17h－1规则的宗旨相同，此项原则也意在能以较低成本的方式来增强基金独立董事采取积极措施的意愿。

（六）独立董事控制、组织和运作基金董事会审计委员会的原则

《投资公司法》没有要求基金董事会必须设立审计委员会，但基金董事会通常拥有一个审计委员会。而在纽约证券交易所和纳斯达克证券交易所上市的封闭式基金都必须设立审计委员会。审计委员

① 《投资公司法》第17条d款1项涉及基金董事在发生错误与遗漏时产生的诉讼费用承担问题，该项规定当基金内部当事方相互起诉时，基金不能为董事提供有关法律责任的"共同保险"，故被称为"共同被保险人例外"规定。

会的首要职责是向董事会及股东大会推荐合适的基金内部审计人员。第二个职责是定期与审计人员接触，通过整合外部注册会计师与内部的审计资源，来维持基金财务报表和相应审计意见的可靠性。特别是当内部审计人员与投资顾问的意见不一致或发生冲突，其独立性受到威胁时，由其加以沟通和保护。第三个职责是与审计人员共同复查审计结果，并讨论和解决那些审计人员认为值得注意和警惕的问题。

修正案采纳新的 SEC 32a－4 规则，规定如果一个基金董事会设有全部由独立董事组成的独立审计委员会（independent audit committee），则基金在选择独立公共会计师上可以豁免无须经过《投资公司法》所要求的股东大会的决议程序。该规则旨在由独立的审计委员会代替股东大会对基金的会计与审计过程进行持续的监督。因为在 SEC 看来，股东大会的批准在很大程度上是流于形式（largely perfunctory），而只有独立审计委员会才能实施更有意义的监督。为此，修正案对基金在选择独立公共会计师上可以豁免寻求股东大会批准的条件作了进一步的细化，即(1)基金必须设立全部由独立董事组成的审计委员会，以便对基金的会计及审计过程进行监督；(2)基金董事会采纳审计委员会提交的规定有委员会的结构、职责、权限或操作方法的委员会章程，或在基金章程或条例中纳入类似的条款；(3)基金持有委员会章程的复印件。有些人评论道，该规则基本上要求独立审计委员会对基金的日常管理以及运行进行监督。SEC 对此表示不同意见，认为制定该规则的初衷并没有这个本意，但是如果独立审计委员会要如此行事并无不当。

（七）独立董事信息披露的原则

诚如法国著名思想家孟德斯鸠所言，“任何有权力的人都容易滥用权力，这是万古不易的一条经验”。[①] SEC 也充分认识到在赋予基金独立董事广泛的实体性职权以提高其独立性的同时，必须对其作

① ［法］孟德斯鸠著：《论法的精神》，张雁森译，商务印书馆 1961 年版，第 32 页。

出极为严格的制约。因此,修正案赞同批评者提出的意见,即基金持有人有权知道基金独立董事为何人,他们的利益是否与基金利益处在同一线上,独立董事的工作情况等。因为这些信息将有助于基金持有人评价为他们服务的基金独立董事能否成为一种事实上独立、强大和有效的监督力量。为此,修正案对基金独立董事的信息披露制度进行了系统的规定。

1. 基本的信息

修正案要求基金独立董事的基本信息应以简易明了的列表格式(tabular format)向基金持有人披露。这些列表必须附随在三个地方出现:基金的年度报告、补充的信息披露(SAI)以及董事选举的代理声明。列表的内容应包括独立董事的:(1)名字、住址及年龄;(2)在基金中现任职位;(3)任期及已任期限;(4)过去5年内的主要职务;(5)在基金集团中负责监督的基金数目;(6)在基金集团外担任董事的情况。

2. 在基金集团中拥有的股票

为使基金持有人更好了解他们所聘请的独立董事的利益是否与他们一致,修正案要求独立董事披露其在基金集团中拥有的股票。包括:(1)独立董事拥有的股票金额。修正案只要求基金独立董事披露其所持有的证券金额的从属范围,如0美元、1至1万美元、1万至5万美元、5万至10万美元、10万美元以上5个范围,而不需要披露确切的金额。[①] (2)受益权(beneficial ownership),修正案要求基金独立董事披露《证券交易法》第16条a款第1项(a)目之(2)界定的

① SEC内部成员在做出此要求前曾对独立董事要不要确切披露其持有的基金股份的数额产生争议。后来多数委员认为采用确切披露所持基金股份的数额很容易导致很多候选人害怕自己的隐私被侵犯而不愿意担任基金独立董事,同时,这种披露方式也促使在职的独立董事为防止个人投资被曝光而想方设法减持或售出自己的股份。

各种受益权。[①] (3)独立董事拥有的股票份额。修正案要求基金独立董事不仅要披露其所拥有的、受其监督的单个基金的股份数,而且还要披露受其监督的同一基金集团内各基金的总股份数。[②] (4)披露日期。修正案要求独立董事所持有的基金股份应该在补充的信息披露书以及投票代理声明中予以披露。而在投票代理声明方面,为了让基金持有人获得有关选举独立董事的最新信息,股权信息的披露必须在选举日之前的一个最近合理期限内进行。在补充信息披露方面,股权信息的披露必须在每个会计年度的最后一天进行。

3. 利益冲突

修正案要求基金独立董事在代理声明以及补充的信息披露书中披露三种可能与基金持有人产生利益冲突的实情:独立董事的位置、所享有的利益,进行的交易以及直系家庭成员与基金或基金关联人的关系等。修正案不主张宽泛理解“直系家庭成员”的范围,需要披露的直系家庭成员的范围被限定在独立董事的配偶、未独立的子女以及依赖独立董事生活的其他人,而不包含独立董事的父母及独立的子女等。这种狭义的定义确保独立董事只有在被合理预期可以从其家庭成员那里获得需要的信息时,方承担披露义务。

笔者认为,《解释性规则》是 SEC 的建议性规则(proposed rules),而修正案是 SEC 的最后规则(final rules),因此相比之下修

---

① 依 1934 年《证券交易法》第 16 条 a 款第 1 项(a)目之(2)的界定,受益权是指通过合同、安排、谅解或其他因素享有的对这些证券的金钱上的利益。其中“金钱上的利益”指的是通过证券交易直接或间接获利或分享利益的机会。“间接的金钱利益”包含但不限于由该人的直系亲属所持的股份,通过合伙人所持有的相应比例的证券;经纪商、自营商、银行、保险公司、投资公司、投资顾问、受托人或类似职责的人所获得的与业绩有关的费用;分红的权利;通过信托拥有的证券利益以及通过衍生证券获得的购买证券的权利。

② SEC之所以如此规定是因为单个基金的股份最能体现独立董事的利益是否与基金持有人的利益相一致,但由于投资目标不一致等方面的原因,基金独立董事可能并不持有单个基金的股份,此时要求其披露持有的基金集团的总股份数将为基金持有人提供判断独立董事的利益是否与自己的利益相一致的信息。

正案对基金业具有更强的法律约束力。[①] 而且，从内容上看，此次修正案已经不像《解释性规则》那样简单地停留在对已有规定的解释与澄清层面上，更多地则是对原有基金独立董事制度内容的拓展与创新，主要目的就是增强独立董事的独立性以更好地发挥其应有的作用，并弥补以往独立董事与基金持有人信息沟通上的不足。比如，基金独立董事的多数原则和自我任命的原则能够推进独立董事力量的逐步壮大，从而在更大程度上摆脱投资顾问的影响。而信息获取保证的原则、独立法律顾问辅助的原则和由独立董事控制审计委员会的原则不仅使独立董事有权利要求投资顾问在工作上给予积极的配合，而且有了第三方专业机构的帮助，就可以大大提高独立董事监督工作的质量与效率。责任保险方面获得保证的原则与“推定独立董事胜任职守”的补偿规则相结合，必将彻底免去独立董事履行监督职责的后顾之忧，从而激励他们进行积极的监督。最后的信息披露原则不仅为独立董事与基金持有人开通了定期信息交流的管道，而且构建了对独立董事的制约机制，使基金持有人有更好的机会来评价独立董事的工作质量，这也从另一侧面来推动独立董事为其利益而尽职尽责。

从以上对美国基金独立董事制度的全面、系统而深入的考察，我们不难发现，在该项制度的具体设计中，要使独立董事既保持独立又具有动力确实面临着两难的选择。作为规制基金管理人不当行为的一大举措，基金独立董事制度既有其优点，又有其缺陷。并非如有些人说的那么神奇灵妙、完美无缺，也不像有些人说的那么一无是处、毫无价值。

这使笔者很自然地想起了“小马过河”的寓言。在老牛鼓励它打消顾虑、大胆过河而松鼠却大声警告、极力劝阻的情况下，小马犯难

---

① SEC 颁布的行政规则按其内容的约束力由弱至强可分为四种：政策声明（policies statements）、概念解释（concept release）、建议性规则（proposed rules）、最后规则（final rules）。

了，变得无所适从。它去问妈妈，妈妈没有给它答案，而是叫它开动脑筋，不要为人言所惑。最后，小马决定下水试探。结果，河水既不像老牛说的那么浅，也不像松鼠说的那样深。为什么呢？奥妙就在自己比老牛矮但却比松鼠高。河水本身不会淹死人，它要因人而异。显然不能不考虑具体情况，而一概地“因河水淹死人”而说河水很坏，或“因河水能渡人”而说河水很好。

对基金独立董事制度的判断和评价亦是如此。如果撇开了制度文化环境、具体国情等因素，我们就很难评说它的优劣了。在一国被证明是好的制度，也许对另一国并不一定适合。关键是我们要如何结合自己的国情借鉴他国的成功经验，取长补短。那么，如何看待和评价我国目前在各基金管理公司内实行的独立董事制度呢？我国这种契约型基金应如何借鉴基金独立董事制度呢？下面，笔者拟对这些问题进行探讨。

第四节　美国基金独立董事制度对我国的启示

一、我国现行基金托管人监督制度的缺陷

如前所述，我国证券投资基金不同于美国公司型基金，它是一种契约型基金。根据台湾著名金融法学者陈春山先生的观点，契约型基金本身并不是一个独立的法律实体，充其量只是基金管理公司管理下的一组信托财产。[①] 所以，契约型基金不是一种类似公司的法人组织，没有一个相应的董事会，因而其主要通过另一个独立的经济

① 契约型基金是一组信托财产，就民法的观点而言，财产权仅仅能为各种权利的客体，而不能为权利之主体，权利的主体只能是自然人、法人或其他法律可以作为权利主体者。虽然信托财产不具形式上的法律主体性，但其具有实质上的法律主体性。就是因为其具有实质上的法律主体性，契约型基金作为一种信托财产才能与其受托人、委托人或受益人发生各种法律关系及产生一定的法律效果。上述论述参见陈春山著：《证券投资信托专论》，五南图书馆出版社 2000 年版，第 313～326 页。

实体即基金托管人来对基金管理人施以监督。但是,除了身负监督职责之外,基金托管人又要同基金管理人一样以作为基金持有人的共同受托人身份来履行基金资产的保管职责,因而在实际运作过程中,这又会无形中减弱了基金托管人监督的责任性,使之难以做到像美国基金独立董事那样一心一意地对基金管理人实施及时有效的监督。[①] 而且,我国又是在《信托法》、《证券法》等一些基本法缺位的条件下发展投资基金的,因此理论准备的先天性不足更使我国契约型基金的这种托管人监督制度大打折扣。

首先是基金持有人的利益代表缺位。《信托法》第 2 条规定,信托由受托人按照委托人的意愿,以自己的名义为受益人的利益进行管理或处分。因此,基金托管人作为基金持有人的共同受托人之一,其理应依上述的信托法理为基金持有人的利益保管和处分基金资产。但在我国现行基金法律的规定中,基金托管人的身份与权责都较为模糊。《投资基金法》规定基金托管人具有安全保管基金资产和依照规定监督基金管理人投资运作的职责,但并未明确规定基金托管人应为基金持有人的利益对基金管理人进行监督。[②] 因而,在实践中究竟由谁作为基金持有人利益的代表者至今还是模糊不清,多数基金契约干脆对此避而不谈。[③] 而另一方面,基金管理人作为基金发起人又有权提名基金托管人,并与基金托管人签订基金契约和

---

① 美国投资基金中,保管和监督功能是分开的,前者由托管人承担,而后者由独立董事承担。

② 参见《中华人民共和国证券投资基金法》第 29 条第 1 款和第 10 款。

③ 如《银丰证券投资基金契约》第 4 条规定,基金发起人代表全体基金投资者,基于对基金管理人和基金托管人的信任,同基金管理人和基金托管人签订本基金契约,以其所合法拥有的财产发起设立本基金并委托基金托管人持有和保管、委托基金管理人管理和运用基金资产。此规定似乎暗指基金发起人为基金持有人利益的代表。但其第 6 条规定,基金托管人接受基金发起人及其他基金持有人的委托,代表基金持有人持有并保管基金资产,必须恪尽职守,履行法律、法规、中国证监会及本基金契约的规定,采取必要措施保护基金持有人的合法利益。然而,在第 5 条基金管理人权利义务中又规定基金管理人有权代表基金持有人行使股东及债权人权利,并因基金托管人的过错造成基金资产损失时,应代表基金持有人的利益向基金托管人追偿。从这些规定来看,基金发起人、基金托管人和基金管理人似都可代表基金持有人的利益。

托管协议，导致托管人处于一种相对从属的地位。并且，基金托管人一旦被选任成功托管基金资产，则其就可以按基金资产净值0.25％的费率逐日计提基金托管费。加上基金管理人通常都拥有大量的资产，早是各大商业银行竞相争夺的“存款大户”。面对如此可观的经济收入和利益关系，各基金托管人自然不愿多做得罪基金管理人的监督工作。[①]

其次，我国托管人集监督与保管功能于一身，并由外部的商业银行来承担，这种监督效果令人生疑。[②] 尽管《投资基金法》第 29 条规定了托管人的十一项职责，但主要都侧重于对有关基金资产保管事项的规定，而对于托管人监督职责规定的比较原则，缺乏对基金托管人在监督过程中的权利、义务和责任的明确规定。由此产生的后果是基金托管人在实践中重保管职能，轻监督职能，从而容易导致对基金管理人的监督流于形式。比如在 2000 年末“基金黑幕事件”过后，我国证监会已经公开查处了一些基金管理人暗中实施的不当行为，但在随后的基金年报中，作为这些基金托管人的四大商业银行竟然在公布的《托管人报告》中，对所托管的基金均出具无意见的托管人意见报告书，且都对基金管理人运作的合规性作出了肯定性的认同。然事实上，在证监会公布的调查报告中，早就有 5 家基金管理人或多或少地承认自己在管理基金资产中存在异常的交易行为。[③] 还有，安信基金在 2000 年年度报告中披露其持有东方电子资产达到其净资产的 13.4％，明显不符合《暂行办法》规定的 10％最高投资比例的限制，但托管人报告和内部监察报告均给出合规性的意见。而更令基金持有人哭笑不得的是，2001 年，基金景福在不经过仔细调查就贸然重仓持有“银广夏”和“数码测绘”两个问题股，投资亏损风险已

---

① 李曜主编：《证券投资基金学（第二版）》，清华大学出版社 2005 年版，第 179 页。

② 《中华人民共和国证券投资基金法》第 25 条规定：基金托管人由依法设立并取得基金托管资格的商业银行担任。

③ 这五家基金管理公司分别为博时基金管理公司、南方基金管理公司、国泰基金管理公司、长盛基金管理公司、华夏基金管理公司和大成基金管理公司。

经确定无疑之时，该基金托管人的年度报告不但对此没有进行丝毫的总结和分析，而且还照旧出具景福基金管理人并没有给基金持有人利益造成损害的合规意见。[①] 由此观之，我国基金托管人在监督权的行使上普遍表现乏力，各种托管人的报告也是如出一辙，内容空洞，缺乏具体细节的描述。

再次，单纯就基金托管人享有的监督权力来说，我国现行的法律规定亦存在严重的缺陷。

第一，基金托管人监督权力的性质规定容易引起歧义。《投资基金法》第 30 条规定，基金托管人发现基金管理人的投资指令违反法律、行政法规和其他有关规定，或者违反基金契约的，应当拒绝执行，立即通知基金管理人，并及时向中国证监会报告。对于基金托管人依该条之规定所负的职责究竟是一项监督权还是监督的义务，现行法也没有给予明确的规定。实践中多数基金契约既将其作为基金托管人的一项权利，同时又作为其一项义务来进行处理。但是，这样处理并未解决一个问题，即其权利和义务来源何处？相应地，如果基金托管人未履行这项职责，应承担什么责任，如果因其失职行为造成基金持有人的损失，是否应承担损害赔偿责任？面对这些问题，综观我国现行的基金法律、法规及基金契约也不得而知。

第二，托管人监督权责的范围过于狭窄，依现行法律条文的字面表述，在监督基金投资运作的过程中，托管人监督的只是基金的投资

① 基金景福托管人为中国农业银行，其出具的有关基金景福 2001 年运作情况的托管人报告内容如下："本基金托管人——中国农业银行，根据《景福证券投资基金基金契约》和《景福证券投资基金托管协议》，在对景福证券投资基金的托管过程中，严格遵守《证券投资基金管理暂行办法》及各项法规规定，对景福证券投资基金管理人——大成基金管理有限公司在 2001 年会计年度基金的投资运作，进行了认真、独立的会计核算和必要的投资监督，认真履行了托管人的义务。因此，本托管人认为，大成基金管理有限公司在景福基金的投资运作、信息披露等方面均符合《证券投资基金管理暂行办法》及各项法规规定，基金管理人在 2001 年度所编制和披露的景福证券投资基金资产净值公告等各项基金信息真实、完整，未发现基金管理人有损害基金持有人利益的行为。中国农业银行证券投资基金托管部，2002 年 3 月 25 日。"参见李曜主编：《证券投资基金学(第二版)》，清华大学出版社 2005 年版，第 178～179 页。

比例和品种是否合规。至于基金管理人选择何种股票，以什么价位买入或者什么价位卖出，对此托管人根本没有权利和能力去干预。比如，某基金管理人运用基金资产在高位大量买入某股票，市场可以怀疑该基金管理人有所谓的“高位接盘”行为，但对基金托管人而言，这是基金管理人的自主交易行为，只要基金管理人符合清算规则和证券组合投资比例的限制，托管人就无法发表意见。此外，在操作层面，即使托管人主观上要积极行使监督权，但客观上还是很难做到。因为在目前的基金投资运作过程中，基金管理人无须经过基金托管人的审核就可以直接将交易指令下达给在交易所租有交易席位的经纪商执行，然后经过结算公司结算才最后传递给基金托管人。而基金托管人只有在对交易所闭市后所传的基金当日已经发生的交易数据进行分析后，才能够得知基金当日的投资行为是否违规。交易所的交易交割是无条件的，因此，即使基金托管人发现基金的投资有违法、违规的，但是“木已成舟”，基金的证券早就交割完毕。因而，尽管《投资基金法》赋予基金托管人有权对基金管理人施以监督，但这种“秋后算账”式的被动监督跟美国基金独立董事的那种积极主动的监督不可同日而语。

第三，缺乏基金托管人监控基金管理人不当行为机制的规定。如前所述，在投资基金领域，基金管理人是最容易滋生不当行为的。而我国现行的法律只是对于一些常见的可能发生不当行为的利益冲突关系作了很简单的规定，但缺乏一个对基金托管人在处理利益冲突交易的总的原则的规定。而一旦出现基金管理人从事一些现行法没有明文禁止的不当行为，基金托管人是否应进行监督，甚至在监督时应遵循何种原则进行处理，均不得而知。可见，笼统地规定托管人的监督职责不足以有效地降低基金持有人利益受基金管理人不当行为威胁的风险。

二、我国现行基金独立董事制度评析

为了解决单纯依靠基金托管人在监督基金管理人方面的不足与

缺陷,以更好地保护基金持有人的利益,中国证监会于 2001 年 1 月 19 日颁布了《关于完善基金管理公司董事人选制度的通知》(以下简称《通知》),要求基金管理公司(包括正在筹建中的公司)设立独立董事,其人数不少于公司全部董事的三分之一,并多于第一大股东提名的董事人数。[①] 无疑,这是我国监管当局借鉴美国基金独立董事制度改善我国基金管理公司治理的一大进步举措,然而,多年的实践证明我国的这种借鉴并没有达到类似美国基金独立董事的良好制度效果。[②] 究其因,我国这种契约型基金独立董事是作为基金管理公司的独立董事而存在的,因此,依据公司法其首先理应为基金管理公司的股东利益服务,而不是为基金持有人的利益服务。进言之,我国现行契约型基金独立董事制度与美国存在着以下几个方面的差异。

第一,两者的组织属性不同。美国的基金独立董事是基金董事会的成员,对全体基金持有人利益负责,而我国契约型基金独立董事是基金管理人(基金管理公司)董事会的成员,无论是其选任还是董事报酬均由基金管理人决定,与基金持有人并不发生任何的法律关系,其代表的是基金管理公司股东的利益。而基金管理公司的股东利益与全体基金持有人利益并不必然一致。因此,我国证监会期望基金管理公司的独立董事以代表和维护契约型基金持有人的利益不仅在法理上讲不通,而且在实践中亦不可行。

第二,两者的职能不同。美国基金独立董事是基金持有人利益的忠实代表,因而美国法赋予独立董事比基金其他的内部董事或外

① 《关于完善基金管理公司董事人选制度的通知》规定了独立董事的任职资格条件:(1)《公司法》规定的董事资格条件;(2)不是基金管理公司股东单位的任职人员;(3)不是基金管理公司当前或以前(3 年内)的任职人员;(4)与基金管理公司的其他董事、监事、高级管理人员、督察员、基金经理、财务负责人等没有利益关系;(5)不在与基金管理公司存在业务联系或利益关系的机构任职;(6)具有 5 年以上金融、法律或财务工作的经验,并有足够的时间和精力履行董事职责;(7)中国证监会根据市场规范和实践的需要规定的其他条件。

② 于华:《强化受托责任,引入董事会与独立董事机制:改善基金治理结构的政策法规探讨》,载中国证券业协会基金公会主编:《基金证券法规问题研究》,中国法制出版社 2002 年版,第 197 页。

部关联董事更广泛的监督权，可以说，美国的基金独立董事享有一切与基金持有人利益相关的权利。而我国契约型基金独立董事的监督权主要限于负责监督基金经理（即基金管理人的经理层），确保其操作的合规性。相比之下，在维护基金持有人利益方面，美国基金独立董事的监督职能要比我国广泛，保护效果更为周延。

第三，两者的独立性不同。美国基金独立董事除了首任由基金发起人（通常为基金管理人）决定之外，以后各任都是由独立董事在内部自我任命，因而与基金管理人相对独立。而且根据前面分析，美国法不仅对独立董事的"非利害关系"给予许多严格的要求，还新增很多确保其独立性的相关配套制度。而我国契约型基金独立董事自始至终都是由基金管理人一手任命，其独立性主要体现在他们不与基金管理人的控股股东和经理层之间发生关联关系，但是如第一点所分析的，他们作为基金管理人董事会的成员，必定要代表和维护基金管理人的整体利益。显见，在经济利益上，我国基金独立董事与基金管理人之间断无独立性可言。

综上，我国的这种基金独立董事制度实质上是基金管理公司内部的一种治理机制，尽管其确实能够在一定程度上减轻基金管理公司的内部人控制（主要是基金经理）问题，从而能间接改善和维护基金持有人的利益，但这种作用是相当有限的。特别是当基金持有人的利益与基金管理人的利益发生冲突时，我国的基金独立董事肯定舍大多数基金持有人的利益而维护基金管理公司股东的利益。因此，比起真正代表基金持有人利益的美国基金独立董事，有学者戏称我国现有的基金独立董事是独立董事中的"伪劣产品"。①

三、完善我国基金独立董事制度的构想

通过上文分析，可以发现，虽然我国证监会已经认识到我国契约

---

① 南方基金管理公司：《独立董事制度与基金管理公司治理结构的完善》，载中国证券业协会基金公会主编：《基金证券法规问题研究》，中国法制出版社 2002 年版，第 171 页。

型基金托管人监管制度的缺陷而有意识地移植美国基金法上的独立董事制度来加以弥补,但这种通过基金管理公司的治理来解决基金持有人的利益保护并没有抓住问题的要领。是故,笔者认为,我们在设计规制基金管理人不当行为保护基金持有人利益的制度时,首先应区分基金管理公司的治理和基金治理。基金管理公司的治理旨在增强基金管理公司股东利益的保护,而基金治理则主要在于基金持有人利益的保护。因此,对基金持有人利益的保护问题应致力于基金治理而非基金管理公司治理。基于此,笔者力主我国今后借鉴和移植美国基金独立董事制度时就应该立足我国契约型基金所体现的基本法律关系,使基金独立董事真正成为基金持有人利益的代表者。沿袭这种思路,笔者提出了改革我国现行基金独立董事制度的初期构想:即首先从基金管理公司中分离出基金独立董事,然后在整个契约型基金治组织中成立一个相当于美国公司型基金董事会的独立受托人委员会。该委员会主要由基金管理人、基金托管人的代表和独立董事组成(我们不妨将此时的独立董事称为独立受托人),最后再效仿美国法赋予独立受托人对基金管理人相应的监督权,使之成为基金管理人不当行为发生的“预警系统”和“防卫系统”。[①] 在这种架构下，由于独立受托人取得了与美国基金独立董事相同的独立地位，不再从属于基金管理人而成为基金持有人利益的真正载体，其对基金管理人的监督即可大大弥补单纯依靠托管人监督之不足，从而使基金持有人的利益落到实处。笔者的这种构想可通过图 3-1 来加以表示。

由图 3-1 可知，受托人委员会下的契约型基金的管理人和托管人必须经过受托人委员会的正式聘任才能成为基金持有人的共同受托人。由此可见，在这种组织结构下，基金管理人至少要经受两道外部的监督：一是业已存在的基金托管人的事后监督，二是新增的独立受托人的事前监督。前种监督程序虽与原来无异，但由于改革后基金托管人的选任或者更换以及基金托管费的订立均不再受制于基金管理人，而是由受托人委员会（主要是独立受托人）来确定，如此就可

① 事实上，有许多国家的监管机构已经采取了类似的改革措施。像加拿大于 2002 年初出台了新的法规，对其契约型基金结构进行改革，改革的重心就是在其契约型基金治理中引入了董事会和独立董事制度。其主管机关提出五种不同的基金董事会结构，由各个基金根据各自的情况选择其中的一种形式加以采用：(1)每个基金都设立按公司型基金董事会运作的信托董事会，受托人与管理人应相互独立。(2)受托人与管理人有关联关系，受托人的信托董事会中有一个由半数以上的独立董事组成的治理委员会。(3)基金没有董事会，但基金管理公司中有一个由半数以上的独立董事组成的治理委员会。(4)每个基金都设立一个专门的顾问委员会，该委员会一半以上为应为独立董事。(5)每个基金都设立一个按公司型基金结构运作的董事会，董事会成员中有一半以上为独立董事。在以上五种形式中，规范程度最高的是第五种形式，其治理结构相对完善，较为有利于解决实行对基金管理人的监督和维护公众基金持有人的利益，是改革治理结构的理想目标。其次分别为第一、四、二种形式，第三种形式要求最低。参见于华：《强化受托责任，引入董事会与独立董事机制：改善基金治理结构的政策法规探讨》，中国证券业协会基金公会：《基金证券法规问题研究》，中国法制出版社 2002 年版，第 197 页。澳大利亚也是最早进行契约型基金治理结构改革的国家之一。为了实现监控契约型基金管理人的运营，保护基金持有人的利益，澳大利亚于 1998 年对契约型基金进行改革，要求每个基金实体都必须设立一个由基金管理人和基金托管人组成的单一责任实体(responsible entity)来克服基金管理人和基金托管人分立体制下所造成的关系不明、责任不清的问题。该责任实体的成员至少半数以上的为外部的。参见张国清：《基金托管制度，靠得住吗？对证券投资基金治理结构的法律研究》，《中国证券期货》，2004 年第 6 期，第 45 页。

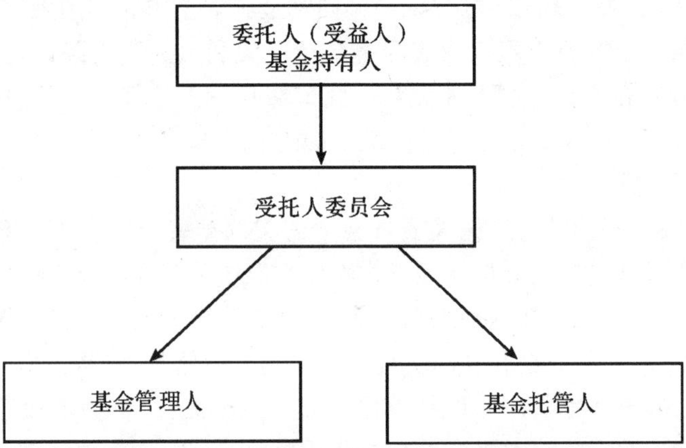

图 3-1 受托人委员会下的契约型基金的组织结构

改变以往基金托管人受控于基金管理人而不敢得罪基金管理人的弊端。因为倘若基金托管人在监管上还是跟以往那样“睁一只眼，闭一只眼”，只是简单地走过场，那么一旦发生类似前文所提及的事件，则其就可能面临着被基金受托人委员会解聘的危险。与基金托管人不同，独立受托人对基金管理人的监督则以事前监督为主，即对基金运行管理中的一些重大问题如基金契约的续订、基金管理人所进行的关联交易、基金单位的承销合同、基金管理人聘请和更换基金会计师等一系列重大事项的监督。

有了受托人委员会，我国契约型基金独立董事制度在组织从属、监督职能和独立性上所存在的缺陷就可迎刃而解。美国基金独立董事根据公司法成为基金持有人利益的代表而对基金持有人负有信赖义务，而改革后的这种独立受托人则可根据信托法成为基金持有人利益的代表而对基金持有人负有信赖义务，如此就可为我国契约型基金嫁接美国基金独立董事制度奠定组织及法理上的基础。而且，为了更有效地发挥独立受托人在我国基金管理人不当行为治理中的积极作用，笔者提出完善我国基金独立董事制度的中期构想，即建议我国证监会应通过充分参鉴美国基金独立董事制度的设计优点，进一步完善以下措施。

第一，提高独立受托人的比例。2001 年证监会的《通知》只是要求独立董事的人数不少于基金管理公司全部董事的三分之一，并多于第一股东提名的董事人数，但没有要求独立董事的多数比例。笔者认为，鉴于我国契约型基金的实际，基金管理人的强劲地位特别明显，与之相反的是基金持有人岌岌可危的弱者形象，因此我国应该使独立受托人的人数在受托人委员会中占有多数，即使无法实现美国基金业普遍存在的三分之二比例，也至少要实现简单的多数。

第二，改革独立受托人的任免程序。依照我国《公司法》，独立董事作为董事的一种，当然由股东大会选举产生。然而，就契约型基金而言，这不但不能根本解决基金管理人的控制问题，而且也不利于独立董事有效地履行监督职责。因此，笔者建议借鉴美国的做法，在成立受托人委员会之后，除了最初的独立受托人不得不由基金管理人选任之外，以后各任的独立受托人不应再由基金管理人选任，而应由现任独立受托人选任。这样可以避免独立受托人在决策过程当中过分受制于基金管理人，增强其独立性。

第三，建立独立受托人的利益激励机制。为使独立受托人的利益尽可能与广大中小基金持有人的利益捆绑在一起，不妨仿效美国的做法，考虑用一部分的基金单位来支付独立受托人的薪酬。如果基金经营不当，导致基金资产贬值，则其收入也会相应降低。反之，其收入将会上升。这样通过“一荣俱荣，一损俱损”的方式来激励独立受托人为基金持有人和自己的利益而积极监督基金管理人。

第四，建立严格的独立受托人信息披露机制。2001 年证监会的《通知》没有要求披露基金独立董事的基本信息、持有的证券利益等事项。《投资基金法》对此也付诸阙如，这样就使得独立董事几乎处于不受约束的状态之中。因此，仿效美国 SEC 2001 年修正案的相关规定，由证监会结合我国的实际制定严格的独立受托人信息披露机制必不可少。

第五，增加优先支付诉讼费用以及独立受托人责任保险的规定。受托人委员会的成员作为基金持有人的受托人，对基金持有人负有直接的信赖义务。因此独立受托人一旦被认为违反了此种义务，基金管理人和其他中小基金持有人就可以根据信托法及相关的基金法律对其提起诉讼。这时，独立受托人就面临着必须为自身决策给基金持有人利益造成损失而承担相应责任的风险。如本章第二节提到的，这种事后高额的诉讼费用和责任风险将使独立董事在行使监督权力时变得更为小心和保守。因此，如同美国《投资公司法》和 SEC 2001 年修正案所规定那样，增加优先支付独立受托人诉讼费用和独立受托人的责任保险等规定，可以为今后独立受托人履行受托职责免去许多后顾之忧，有利于提高他们履行职责的效率。

第六，辅以其他必要的配套制度。在美国，由于基金股东大会的监督一般流于形式，SEC 建议，由基金独立董事组成独立的审计委员会，代替股东大会对基金的会计与审计过程进行持续的监督。我国基金持有人极为分散，对基金管理人的监督历来十分软弱，从这点看，建立由独立受托人组成的审计委员会来代替基金持有人大会实行监督，实属必要。另外，考虑到独立受托人不一定精通擅长法律问题，因此，来自法律顾问的建议也极其必要。正如 SEC 所认为的那样，当基金独立董事的力量不断壮大，并拥有自己的法律顾问时，其就可以更加独立于投资顾问。① 从有效监督基金管理人的关联交易的角度来看，我国也有必要借鉴美国基金的独立法律顾问制度，允许独立受托人聘请独立的法律顾问辅助自己履行监督基金管理人的职责。

---

① Division of Investment Management, SEC, *Protecting Investors: A Half－Century of Investment Company Regulation*, 1992. p. 290.

第四章

基金管理人不当行为的信息披露规制

前已提及，滋生基金管理人不当行为的一大诱因是信息不对称，即基金管理人利用信息优势条件滥用基金管理权以实施不当行为。设若基金市场是一个信息完全透明化的市场，那么在这样的市场里，即便基金管理人存有很强的追求私益最大化的动机，但要随心所欲地从事不当行为仍比较困难。美国有学者就此认为，治理基金管理人不当行为主要在于减少基金管理人与基金持有人因所有权与经营权分离所产生的信息不对称。实质而言，这种治理思路既是追求一种权力上的制衡，也是追求一种信息上的对称。而权力制衡与信息对称却是相辅相成的，一方面，如果基金当事人之间的权力越趋向平衡，他们之间所拥有的信息就越趋向于对称；另一方面，如果他们之间所拥有的信息越趋向对称，则他们之间的权力也会越趋向平衡。[①] 美国国会也充分认识到投资基金天生具有的集合性和社会性使得单靠设置基金管理人的信赖义务和独立董事的内部安排来制衡基金管理人仍显不够，故而要求《1933 年证券法》和《1934 年证券交易法》所确立的公开披露原则必须在《投资公司法》中继续加以传承。[②] 于是，除了前面探讨的信赖义务和独立董事这两个法律机制之外，美国

① Frank Easter, Brook and Daniel Fischel. Mandatory Disclosure and the Protection of Investors. *Virginia Law Review*, 1984, Vol. 70, p. 678.

② US Congress, 1940, Investment trust and Investment companies: Hearings before a subcommittee of the committee on Banking and Currency, United States Senate, 76th congress, 3rd Session. 转引自 Division of Investment Management, SEC, *Protecting Investors: A Half－Century of Investment Company Regulation*, 1992. p. 266.

法又设置规制基金管理人不当行为的第三环节——基金信息披露制度。

第一节　基金信息披露制度概论[①]

一、基金信息披露制度的概念、种类

对于信息在证券市场上的重要性，美国著名证券法学者桑谬·约翰逊(Samuel Johnson)曾经有一段精辟的评论："秘密或者神秘开始的地方，堕落或者欺诈已经离我们不远了。在信息无法获取的地方，秘密助长了不信任。因为秘密在事实上剥夺了人们做决定的权力。为了使人们就他们将如何生存，如何就他们应该为之负起责任甚至付出代价的行为做出至少自己看上去是明智的或不受欺诈的决定，他们必须能够获得各种各样与此相关的信息。否则，公众将不知所措。"[②]作为证券市场重要组成部分的基金市场亦为如此，建立基金的信息披露制度旨在消除基金业的秘密和提升基金持有人对基金业的信任。所谓基金的信息披露制度，就是指投资基金及其管理人以完整、及时、准确的方式向基金持有人和整个基金市场公开、公平、公正地披露与基金筹资行为及其持续性身份相关的信息。基金进行信息披露的方式可有很多种，比如基金可以通过提供各种监管当局规定的招募说明书、定期财务报表、重大事项临时公告、发布基金董事会决议或基金股东大会决议等方式进行信息披露；也可以通过投资顾问邀请咨询机构(主要是经纪商)就某个产业行情进行咨询、举行有关基金经营状况的新闻发布会或是在互联网上进行各种宣传方式进行信息披露。此外，还可以通过某些信息中介机构，如基金分析

① 对公司型基金而言，基金信息披露的义务主体是基金，而对契约型基金而言，其主体为基金管理人，但无论是公司型基金还是契约型基金，由于基金的运营都是由基金管理人所负责和管理，因而基金信息披露义务的执行主体实质上都由基金管理人担当。

② 转引自齐斌著：《证券市场信息披露法律监管》，法律出版社 2000 年版，第 1 页。

师或行业专家对基金的经营状况进行分析和披露。从投资基金的自身角度而言,这种信息披露方式可划分为三种基本形态,强制性信息披露、自愿性信息披露和选择性信息披露。

强制性信息披露是指一国以立法的形式规定投资基金必须无条件地向基金市场中的所有投资者进行公开的信息披露。其基本内涵包括三个方面:(1)强制性要求投资基金或其管理人进行信息披露,否则就会受到法律制裁;(2)对所披露信息的内容、格式与方式进行统一的规范;(3)投资基金提供的各种财务报表必须经过独立会计师审计签证。毋庸置疑,基金强制性信息披露构成各国基金监管的重要内容。因为基金立法的首要目标在于实现广大基金持有人的知情权。[①] 同股票一样,按照基金单位发行与交易的顺序,基金强制性信息披露包括在一级市场上的发行信息披露和二级市场上的持续性信息披露。前者主要侧重于为一般潜在的投资者在对发行基金产品的投资价值做出合理判断时提供基本条件,如基金的招募说明书、基金的各种费用公告书等;后者则使得基金持有人在二级市场上对基金资产净值的大小及运行状况有一个明晰的认识,从而为其决定是否申购或赎回手中的基金单位提供一个合理的持续性判断依据,如定期披露的基金年度报告或中期报告,以及不定期的重大事件临时报告等。

自愿性信息披露是指基金管理人出于自愿动机所进行的公开性信息披露。虽然各国基金立法都确立了基金强制性信息披露制度,但事实上,法律不可能将基金所应披露的全部信息都给予明确的规定,其只能是对基金信息披露所应达到的一种量上的最低限度要求。那些法律没有强制规定必须予以披露的事项,或者已经规定但基金本身可以有部分披露自主权的事项都是属于基金自愿性信息披露的范畴。基金自愿性信息披露的决策实际上由基金管理人作出。通常

---

① Frank Easter, Brook and Daniel Fischel. Mandatory Disclosure and the Protection of Investors. *Virginia Law Review*, 1984, Vol. 70, p. 679.

情况下，基金管理人会综合考虑信息披露所带来的成本收益，自主决定是否对该信息予以披露，以及披露的时间、程度、方式等。因而，研究基金管理人的自愿信息披露的意愿和动机是基金管理人进行自愿性信息披露的关键。

选择性信息披露是指基金管理人在进行信息公开披露之前可能会将其中的某些信息提前披露给部分特定对象的行为。与上述两种披露方式不同，基金选择性信息披露对象不是面向全部的基金市场投资者，而只针对特定的部分对象，如基金分析师、基金的大股东、机构投资者等。在美国基金运行的实践中，对某些基金而言，确实存在商业投资机密等某些不宜于公开披露的信息，但为维护全体基金持有人的利益，基金又需要将该信息向市场传达，或就某种股票的投资向特定专业咨询机构咨询，在此情境下，监管当局不可能要求基金将全部信息都在第一时间内公布于众。[①] 然而，这一行为造成了信息占有上的不平等，普通的中小基金持有人很难成为选择性信息披露的特定对象，这就违反了市场的公平原则。由于选择性披露的信息尚未公开，属于法律上内幕信息的范畴，这一行为常常与基金管理人的内幕交易联系在一起。[②] 在美国，基金选择性披露在实践中所带来的不利后果已经引起了广大基金持有人和基金监管当局的关注，SEC也于2000年颁布专门规章以严格禁止基金选择性的信息披露

① 也有学者认为，对于临时发生而又比较复杂、重大的市场信息，非专业的基金投资者往往无法充分理解并做出相适应的投资决定，进而难免引发市场混乱，这时倘若由经验丰富的基金分析师或者机构投资者对这些信息先进行“咀嚼”并做出投资判断，公众再跟随其做出投资决定，则比较有利于市场的稳定。

② Aronson, Daniel H. Proposed Rules Regarding Selective Disclosure and Insider Trading Offer Clues on SEC's Vision, Present Challenges for Issures. At http://www.wallstreetlawyuer.com, 2005－12－9.

行为。[①]

可见，基金强制性信息披露、自愿性信息披露与选择性信息披露三者之间存在着紧密的联系，首先，从信息披露的主体来看，三种方式都是以基金作为信息传播的源头；其次，从信息披露的目标来看，三种披露方式都是投资基金借以降低基金与外部持有人之间信息不对称程度的重要途径；再次，从信息披露的内容来看，基金通过三种方式向外部传递有关基金经营活动的重要信息，为基金持有人对基金进行价值判断的提供依据。

表 4-1　三种基金信息披露方式之间的相互关系

披露方式	强制性信息披露	自愿性信息披露	选择性信息披露
披露的自由度	监管当局的强制性规定	基金管理人自主决定	监管当局的强制性禁止
披露范围	面向所有基金持有人公开披露	面向所有基金持有人公开披露	仅对特定对象的私下披露
披露量	最低限度	可能在最低限度的上下	可能在最低限度的上下
法律的态度	明确要求	不要求也不禁止	明确禁止

当然，基金的三种披露方式之间存在差异(见表 4－1)。相比而言，强制性披露和自愿性披露都是基金将信息向基金市场中所有的参与者进行公开披露，而选择性披露的对象仅局限于特定的市场参与者。在披露自由度方面，强制性披露既是基金监管当局所作的强

① SEC 为促使上市公司和投资基金提供公平的披露，于 2000 年 8 月制定"公平披露条例"(Regulation FD)，该条例禁止上市公司和投资基金在一般情况下不能从事选择性信息披露，除非证券发行人在进行选择性披露的同时(simultaneously)能向社会公众做出公开披露，否则该发行人将被认定为对该条例的违反而承担相应的责任。有关该条例的内容，请参见 SEC 网站，http://www.sec.gov/rules/final/finalarchive/finalarchive2000.shtml，2006－1－5。或者吴谦立著：《公平披露：公平与否》，中国政法大学出版社 2005 年版，第 75～105 页。

制性规定，也是各国基金法律的明确要求，投资基金必须无条件按照该规定和要求进行信息披露，而自愿性披露是基金的自愿披露行为，完全属于基金管理人自主决定的范畴，法律对之不作要求也不禁止。但对选择性披露而言，目前因其有内幕交易之嫌而普遍遭到各国基金监管当局和法律的禁止。在披露量方面，强制性披露是对基金信息披露所应达到的最低限度要求，而自愿性披露和选择性披露的披露量可能是在强制性披露所要求的最低限度之下，也可能超出此限度。从实践中看，自愿性披露的披露量一般小于强制性披露，而选择性披露的披露量则大于强制性披露。

虽然选择性信息披露对增进基金持有人利益有一定的积极性，但鉴于其利小弊大，且为法律普遍禁止，因而不在本章探讨的范围之内。而法律虽不禁止自愿性信息披露，但也没有或者不可能对之作出明确的规定，所以，如果没有特别说明，本书以下所探讨的基金信息披露均指基金强制性信息披露。

二、基金强制性信息披露的必要性分析

在基金信息披露的三种方式中，强制性信息披露对基金的外在约束力最强，所有的投资基金都必须无条件遵守。然而，是否应该在基金业中实施这种强制性信息披露在美国曾引起人们的争议。有学者认为美国现行的基金信息披露管制政策已经成为基金发展的束缚，应该允许基金在各州的法律框架内自行选择所要披露的信息，从而消除各州法律的“管制垄断”(regulation manipulation)。[①] 也有一些学者主张，即使证券法不强制投资基金公开其资料，但市场固有的激励结构(incentive structure)以及本身承担的信赖义务同样也可以使基金管理人拥有自愿披露的动机从而形成最终的充分披露均衡。让基金进行强制性信息披露不仅徒增社会成本，而且对基金持有人

① Roberta Romano. Empowering Investors: A Market Approach to Securities Regulation. *Yale Law Journal*, 1998, Vol. 107, p. 2359.

和基金市场的稳定未必有显著的作用。[①] 更有学者根据市场有效理论对基金强制性信息披露提出批评，认为证券的价格已经完全反映了所有公开的信息。无论公开信息量多少，只要市场的有效性增强，市场中各种证券的价格总体都是其真实价值的无偏估计量。所以，法律对基金信息披露的强制性要求是不必要的。[②]

上述观点虽然罗列出基金管理人进行自愿披露的种种可能性，但是，可能性并不等于现实性。SEC认为要证明自愿性披露比强制性披露更优，不能光停留在一些不切实际的理论设想之上，还需要在整个社会福利的框架中分析制度参与方的成本与效益。更多的学者纷纷指出，由于信息披露成本的存在，加上基金管理人的效用函数与社会总体利益（主要是基金持有人的普遍利益）的效用函数并不一致，如果允许基金管理人进行自愿披露，那么这种披露的主动性是令人怀疑的。[③] 下面，笔者将顺着这些学者的思路，着力分析在基金业

---

① 这种市场激励结构主要建立在市场的动力机制和契约供给理论的基础上。动力机制理论认为基金管理人除了提高自身报酬的需求之外，还具有其他广泛的经济与心理的需求，比如提高在业界和社会上的知名度，树立自我诚信的良好形象等。因此资信卓越的基金管理人为使自己能更快地被基金市场的投资者所识别，有动力向市场释放出某种信号来显示其与他人的不同，从而换回投资者的信任以降低代理成本。而契约供给理论认为基金持有人投资于某个基金之后，如果需要了解基金管理人经营管理的信息，可以通过与基金管理人签订契约的方式来获得。这样每个基金持有人可以根据自己的需要与基金进行谈判，依据契约来规定信息的内容与信息的价格。此外，基金持有人还可以通过许多其他渠道如经纪人、投资咨询公司或其他类似机构来获取信息。在这种情况下，就没有必要对信息进行管制，基金市场中的各类持有人可以根据自己的需要向有关机构获得信息。See Stephen J. Choi and Drew Guaman. Portable Reciprocity: Rethinking the International Reach of Securities Regulation. *California Law Review*, 1998, Vol. 71, p. 903.

② 市场有效理论是美国芝加哥大学著名经济学教授法玛(Fama)于1970年提出的，其主张股票市场具有有效地进行资金分配的调节功能，即股票价格能根据相关的信息及时并充分地进行反映，以使投资者迅速地作出投资决策。法玛将市场有效性总结为三个类型：弱式有效性，半强式有效性和强式有效性三种。弱式有效性指市场反映了所有重大的历史信息；半强式有效性指市场反映了当前市场可得到的所有重大信息；强式有效性指市场反映了所有影响股票价格的重大信息，不仅反映了当前可得到的重大信息，还反映了内部信息。See Fama, Efficient capital Markets: A Review of Theory and Empirical Work. *Journal of Finance*, 1970, Vol. 25, pp. 1～21.

③ Frank Easterbrook and Daniel Fischel, Mandatory Disclosure and the Protection of Investors. *Virginia Law Review*, 1984, Vol. 70, p. 681.

中实施强制性信息披露的必要性。在笔者看来,这种必要性主要是建立在基金管理人自愿性信息披露的动力缺乏,基金市场有效性的不存在和基金自愿性信息披露在保护基金持有人利益方面的不足这三个客观事实上。

(一)基金管理人自愿性信息披露动力之不足

从理论上分析,市场的激励结构可以促使基金管理人进行自愿性信息披露,而且信息披露水平理应符合广大基金持有人的预期需要。但是,有两个客观存在的事实使得上述的假设不复存在:一是基金管理人进行自愿性信息披露需要成本支出,二是基金管理人利益目标函数与社会总体福利目标函数的不一致。就前者分析,基金管理人进行自愿性信息披露的成本可以分为两个部分:操作成本(operational costs)与外部成本(external costs)。操作成本即为基金管理人因编制各种报告或财务报表而付出的各种信息制作成本,包括因此而耗费的各种实务现金支出、人力资源的投入和时间投入。无疑,这种操作成本既是一种私人成本也是一种社会成本;但由于自愿性信息披露具有正的外部性(假设披露信息属实),其不但能满足投资者的知情权,而且可能使其竞争对手了解更多有关基金的信息。[①]比如若一个基金管理人自愿披露该基金当前所持有的证券投资组合,则与之竞争的其他基金管理人就可以对其进行分析,不断修正自身投资组合的收益水平以达到节省自身本需承担的研发费用。可见,这种正的外部性使得基金自愿性信息披露的私人边际成本大于社会边际成本。因此,从成本的角度上看,基金管理人自然缺乏进行自愿性信息披露的动力。下面,为了更清楚分析基金管理人是否具有自愿信息披露的动力,笔者将从收益的角度继续加以论证。

首先,在基金单位初次发行时(IPO),根据市场激励结构当中的

---

① 外部性是福利经济学上的一个专门术语。当一个人从事一种影响他人福利而对这种影响既不付报酬又得不到报酬的活动时就产生了外部性(externality)。如果对他人的影响是不利的,就称为“负的外部性”,如果这种影响是有利的,就称为“正的外部性”。参见[美]曼昆著:《经济学基础》,梁小民译,上海三联书店 1999 年版,第 213 页。

动力机制理论，基金管理人自愿主动进行信息披露会被市场解释为该基金管理人所管理的基金会比那些不主动进行信息披露的基金有更好的业绩表现，从而吸引更多的投资者前来购买。这对基金管理人无疑是一种收益，因为基金规模的扩大使得基金管理人收取的管理费增加。然而动力机制理论并不是说基金管理人自愿披露信息就能带来正面的信号，而是指基金管理人主动披露信息这个行为本身可能会被投资者视为一个绩优的信号。[①] 但是反过来推导并不成立，亦即基金管理人不主动进行自愿性信息披露并不总是被投资者解读为缺乏好消息，投资者可能会认为这是基金管理人不愿让同行知道其所掌握的关键性竞争信息。正是信息具有“公共产品”(public goods)性质，容易引起同行的免费搭车(free ride)，因此自愿性披露所产生的正信号很难成为基金管理人主动披露的动力机制。[②] 而且，对于本来业绩就差的基金管理人来说，进行自愿性的信息披露只能引起投资者更多的负面评价，其结果基金管理人不但无法获得收益，而且还可能会丢掉固有的部分市场份额。由此可见，基金管理人在基金单位初次发行时进行自愿性信息披露所增加的私人边际收益小于社会边际收益。

其次，在基金单位初次发行以后的定期披露中，基金管理人主动进行信息披露无疑会给自己带来内外麻烦。就内部而言，基金独立董事对基金管理人行为监督的力度必将随着基金管理人披露的信息的增多而增强，就外部而言，随着基金管理人主动披露信息的增多，广大基金持有人将更容易寻求相应的证据来追究基金管理人不当行为的法律责任。这一切将对基金管理人私人利益的实现产生负面的影响。而且，与初次发行的情况相同，在决定基金管理人能在多大程

① Frank Easterbrook and Daniel Fischel, Mandatory Disclosure and the Protection of Investors. *Virginia Law Review*, 1984, Vol. 70, pp. 687～690.

② 信息具有“公共产品”性质是指基金管理人所披露的基金经营信息有助于投资者分析其他基金的经营状况或者其他基金管理人改进自身的投资策略。还有，如果基金管理人披露整个基金行业的动态，则行业内所有的基金都将受益。

度上从自愿性信息披露获取的收益也必须考虑信息披露的公共产品性质。自愿披露的信息同样存在着正的外部性，特别是如果该基金管理人披露的信息当中涉及基金的运营和投资情况，则无形当中为其他基金管理人展开投资提供重要的参考价值，而从事该信息披露的基金管理人并不能享有这些收益。

综上分析，不难看出，在有关基金信息披露的实际操作上，如果没有强制性的披露要求而单纯依靠基金管理人的自愿性披露，那么由于基金管理人进行自愿性披露的边际成本大于社会平均披露的边际成本或者基金管理人进行自愿性披露的边际收益小于社会平均披露的边际收益，从而使基金管理人主动进行信息披露的动力不足，或者即使其愿意主动对外披露，这种披露出来的最优信息水平必小于社会利益所需的平均信息水平。

（二）基金市场有效性的不存在

虽然根据市场有效性理论，可以推导出政府不需要实行强制性信息披露制度，但是且不说现实中是否存在着有效市场，单就基金市场的实际而言，无论其发展到何种程度，市场有效性理论根本无法适用。这是因为投资基金不像股票拥有一个积极的竞价市场。由于投资基金的净值大小是根据基金构建投资组合中各种证券的公允价值计算而得，基金持有人不能根据其拥有的充分的信息通过某种定价机制而改变基金的净值。所以，几乎任何关于投资基金运行的重大信息都不会马上反映在基金的净值上。这就要求基金的信息披露要比股票等一般权益性证券更加充分，以利于基金持有人对基金未来的经营提供判断依据。譬如，某个基金管理人旗下的某个基金在基金市场上的历史和现在业绩表现一直十分良好，主要原因是得益于负责该基金投资运作的某位基金经理卓越的投资能力，但是倘若该基金经理因故辞职或退任，这一消息肯定不会像上市公司那样及时反映在第二天的股票上，但此时该基金持有人未来收益的不确定性便会大大增加，如果不强制性要求基金管理人披露此类影响基金未来业绩的重大信息，基金持有人就无从判断是否继续持有或赎回该基金单位，从而大大增加相应的退出与进入成本。

（三）基金自愿性信息披露在保护基金持有人利益方面的不足

笔者认为，基金管理人在某些时候可能因为市场竞争、争夺资金的原因也当然会"见机"主动地向市场披露一些信息，以便于其管理的基金在市场中"与众不同"得到投资者的接受甚至追捧，从而攫取更多的基金管理费。但是，基金管理人的利益本位却促使其在一般情况下只愿意提供"好"信息而隐藏"坏"信息。比如，一旦基金管理人在管理基金资产的过程中出现违反信赖义务的情形，比如前文所探讨的一些损人利己的不当行为，那么基金管理人生怕遭到法律和独立董事的追究肯定会极力采取各种措施来隐瞒相关的不利信息，更遑论会主动对外披露以将自己送上"断头台"。因此，单纯让基金管理人自主决定基金信息的公开披露不但不能满足基金持有人和基金独立董事对基金管理人管理行为的基本知情权，而且反过来又不利于约束基金管理人履行其应负的信赖义务。

除此之外，在自愿披露体制下，由于没有法律的强制力作为后盾，充其量只能做到信息的"披露"，根本无法保证所披露的信息的完整性、真实性、准确性和及时性。而不具备完整性、真实性、准确性和及时性的信息，对投资者来说更具欺骗性。① 为此，美国最初在针对1933年证券法立法草案的参议院报告中着重指出："为防止通过虚假披露对公众投资人销售不健全的、欺骗性的与毫无价值的证券，我们只能建立强制性信息披露制度。"②在1940年关于《投资公司法》的参议院报告也指出："该条款（强制性披露条款）能够以强制力维持一种公正，避免基金信息被滥用，从而确保那些愿意以此作为他们投资方式的投资者能及时、公平地获取他们能据以展开投资的一切基

① 李国安：《虚假陈述的监管与信息披露担保》，《河北法学》，2005年第3期，第5页。

② Division of Investment Management, SEC, *Protecting Investors: A Half-Century of Investment Company Regulation*, 1992. p. 269.

本信息，增强对基金业的信心。”[①]“暴露于大庭广众者，谅必注意其体形”，笔者认为，唯有通过强制性信息披露，才能使基金管理人产生自我约束机制，有利于抑制基金管理人滥用基金控制权的行为，减少不当行为发生的几率，更好地保护基金持有人的利益。而这一切是基金自愿性信息披露所不能具有也不可能达到的效果。

三、基金强制性信息披露制度的基本原则

以上笔者分析了确立基金强制性信息披露制度的必要性，基金市场投资者对基金信息的判断主要是一种个人行为，而每个投资者的知识、经验和利益取向等主观因素又千差万别，因此，基金强制性信息披露制度显然无法为每个基金投资者面面俱到地提供符合其切身要求的各种信息，从美国基金立法来看，因为基金发行的单位凭证被纳入《1933 年证券法》所定义的证券范畴中，所以《投资公司法》也将《1933 年证券法》和《1934 年证券交易法》确立的几个基本原则如“完整性”、“真实性”、“准确性”和“及时性”作为判断基金管理人信息披露行为适法性的基本准则。以下笔者对此作一具体分析。

（一）完整性原则

所谓完整性，也称为充分性、全面性，是指凡是可能影响基金投资者判断基金投资价值的相关信息，都应当全部记载于法定文件中，并予以公开。显见，基金强制性信息披露制度所规定的这种完整性并非要求基金管理人将其所有知悉或掌握的基金运营信息都全部对外披露。因为从客观条件来看，第一，囿于信息披露成本的存在，基金管理人根本不可能事无巨细地披露基金的所有信息，更何况很多基金运营信息涉及基金管理人本身在多年投资实践中所形成的商业秘密，不分青红皂白地强制基金管理人全部对外公开基金的运营信息很可能会损及基金的财产权利。第二，如果基金市场上充斥过多

---

① Division of Investment Management, SEC, *Protecting Investors: A Half-Century of Investment Company Regulation*, 1992. p. 269.

的信息，难免会使投资者陷入杂乱无章的信息堆中，引发市场的“噪音”问题，从而增加投资者筛选有用信息的难度，削弱信息披露的功能。所以，美国基金立法只要求基金管理人对那些可能影响投资者决策的信息负有完整公开披露的义务。而且，为了确定什么才是“可能影响投资者决策的信息”，使得基金信息披露的完整性原则具有一定的确定性和操作性，美国的基金立法，涵摄有如下主要规则：

1. 由法律（包括行政法规、规章）直接明确基金信息披露的标准条款

也就是由法律直接规定在何种情况下（如基金单位的发行或上市阶段）基金应当披露何种信息。以美国基金股份的发行制度为例，该阶段最重要的信息公开文件就是基金股份的招募说明书，这是唯一能为广大基金投资者可见的有关基金单位发行的资料。[①] 目前的基金股份招募说明书是采用格式 N－1A，这是 SEC 在遵照《1933 年证券法》第 10 节及该法附则一规定的招股说明书内容的基础上结合基金业的实际情况而制定的，内容涉及基金的风险与业绩、基金的投资目标、主要投资策略和相关风险、基金的销售安排、基金的重点财务信息揭示、基金发行人概况等，共 30 个项目。值得留意的是，N－1A 格式是一种框架性的表格格式，基金管理人要以基金名义发行基金股份还要非常清楚了解各种登记类型和披露项目的详细要求和细微差别，比如基金管理人要借助 SEC 制定的 S－K，S－X，C 等管理条例。其中，管理条例 S－K 载明了有关非财务信息的详细披露要求；S－X 载明了有关财务信息的披露要求；条例 C 则对基金股份登记作了一般性的规定，如填表费、登记表及修改后的表格的份数、签名要求、纸张大小及其类型等。此外，《1934 年证券交易法》和《投资公司法》也对已经发行的基金单位的上市交易或交易阶段的信息公开行为制定了一系列的约束规范（详细内容见下文）。可见，通过人

---

① 事实上，在美国，不同类型的基金品种有不同格式的基金招募说明书。开放式基金的招募说明书是采用格式 N－1A 形式，而封闭式基金则采用格式 N－2 形式。

们的总结归纳，预先将一些信息披露的基本框架、主要事项在法律上明确起来，就可以保证基金强制性信息披露的完整性。

2. 赋予 SEC 一定范围的弥补立法空缺的规章制定权以及执法者和司法者的自由裁量权，适时判断基金管理人的信息披露行为是否达到完整性

基金制定法的局限之一就在于不可能包罗万象，挂一漏万的情形在所难免，也不宜一发现问题就动辄采取修订立法的方式以牺牲法律稳定性为代价来适应基金业蓬勃创新的变化。所以，恰当的弥补机制就尤显重要。因此，美国基金立法主要是授予 SEC 适当的弥补基金法规定之不足的准立法权，表现在如《1933 年证券法》通过第 7 条专门规定授权 SEC 可依保护投资者之需要，有权直接要求证券发行人申报文件补充提供法定事项之外的其他信息。[①] 而《投资公司法》更为明显，其第 38 条 b 款概括性规定，SEC 为了保护公共利益和投资者权益，有权制定条例或发布指令规定基金管理人应提交本法或《投资顾问法》、《1933 年证券法》、《1934 年证券交易法》、《1935 年公共事业持股公司法》或《1939 年信托契约法》所要求的提交给委员会的信息资料或文件之外其他信息资料或文件。[②] 与此同时，作为典型的英美法系国家，美国也可依赖法官所创立的判例来弥补制定法的不足。其中，最令人关注的莫过于基金信息披露"重大性"标准的提出，随着美国监管执法和司法裁判的反复实践，"重大性"标准目前已经成为明确美国基金信息披露完整性，并进而认定是否存在重大遗漏的虚假披露行为以及追究基金管理人内幕交易法律责任的不可缺或少的基本准则。

"重大性"概念被引入立法首先出现在美国股票信息公开格式 N 程序的规定中，SEC 在 1937 年颁布的条例 C 中就将"重大性"描述为"普通的、谨慎的投资者在购买注册证券之前必须被合理地告知的

① 15 U.S.C. §77a－7(1994).

② 15 U.S.C. §80a－38(b) (1994).

信息”。[①] 至20世纪80年代,SEC修改了条例C,并将“重大性”标准限定为“一个理性投资者在决定是否购买注册证券时会认为该信息具有重要的实质可能性”,并将该标准运用范围扩展到基金单位。[②] 美国联邦最高法院在一系列关于基金信息披露案例中也特别强调了“重大性”标准,并将之解释为“重大性的判断需要细心地分析一个理性投资者将会从一套既定事实中得到的结论以及这种结论对他是否重要”。[③] 美国法对“重大性”标准的定义和解释后来也为他国所借鉴,就目前来看,“重大性”标准已经被视为各国默认为衡量基金管理人履行信息披露义务是否达到完整性原则所要求的底线。

(二)真实性原则

基金投资者要获得基金投资判断可资依靠的有关信息,就必须要求基金管理人公开披露的信息能够真实地反映其所管理基金的运营和财务状况。换言之,基金投资判断的正确性,首先应以投资者获得的有关信息的真实性为前提条件。只有那些真实反映基金运营状况的信息,才能使投资者判断建立在必要的客观基础之上;而任何虚假的基金信息都将在一定程度上干扰投资者的视线,引发投资决策的偏差和错误。因此,真实性也被各国基金立法列为基金强制性信息披露的基本原则之一。

为了防范虚假信息的披露,确保基金信息披露的真实性,从美国的实践来看,一般有以下几种防范机制:(1)信息披露担保,即由SEC直接规定基金管理人之外的某些特定主体(如基金的独立董事、基金单位的承销商等)必须依法明示有关公开文件的内容具有真实性、完整性和准确性,并保证一旦这些文件被证明具有虚假、重大

① TSC. Indus. v. Northway, 426. U. S. 438, 96, S. Ct. 2126 (1976). 转引自齐斌著:《证券市场信息披露法律监管》,法律出版社2000年版,第157页。

② TSC. Indus. v. Northway, 426. U. S. 438, 96, S. Ct. 2126 (1976). 转引自齐斌著:《证券市场信息披露法律监管》,法律出版社2000年版,第158页。

③ TSC. Indus. v. Northway, 426. U. S. 438, 96, S. Ct. 2126 (1976). 转引自齐斌著:《证券市场信息披露法律监管》,法律出版社2000年版,第160页。

遗漏的情形时，这些特定主体要就此向基金投资者承担相应的赔偿责任。[①] (2)独立中介机构的审查验证。在基金信息披露的过程中利用独立中介机构的专业知识与职业操守，无疑将为确保信息披露的真实性提供又一道有效的保障。为此，美国《投资公司法》要求基金管理人披露的文件涉及资产评估、财务会计、法律等事项的，必须由独立、公正的资产评估机构、会计师或审计师事务所进行审查验证。[②] (3)虚假陈述的法律责任，即法律直接规定对于虚假陈述的投资顾问处以刑事的、行政的和民事的处罚。而对于未尽职审查或为基金股份发行出具不真实文件的专业机构和人员，则会被课以停止营业、撤销从业资格和市场准入等处分，严重者将受到刑事处罚。[③]

（三）准确性原则

内容完整而真实的信息并不足以实现信息披露的法律价值（有关信息披露的法律价值详看下文表述），只有准确、明晰地公开信息，才能澄清基金市场内的传闻，打消无根据的猜疑，从而正确地引导公众投资者对基金投资的判断和决策。反之，那些表述模糊不清、使人误解的公开信息（也称为误导性陈述），不仅无助于弥补基金管理人与基金投资者之间的信息不对称，而且容易产生市场“噪音”，导致错误的投资导向和扭曲的价格信号。SEC 前主席亚瑟・拉维特 1997 年 2 月 25 日在波士顿市民论坛上也公开强调了基金信息披露的准确性，他认为美国的很多基金招募说明书普遍存有内容难懂、篇幅过长，从而已趋向于掩盖那些能帮助投资者进行投资决定的基本信息，因而表示了 SEC 要着手进行刺穿包裹招募说明书的层层隐语，抛弃招募说明书的八股式行话以提高基金信息披露的准确性。[④]

---

① 有关信息披露担保的具体内容，详见李国安：《虚假陈述的监管与信息披露担保》，《河北法学》，2005 年第 3 期。

② See 15 U. S. C. §80a－32(a) (1994).

③ See 15 U. S. C. §80b－3(1994).

④ [美]亚瑟・拉维特：《基金信息披露应简洁明了》，李为，水东流译，《证券市场导报》2001 年第 3 期，第 72 页。

目前，SEC主要通过以下几种措施来保障基金信息披露的准确性：

1. 要求基金信息披露的文件应具有严格的“要式性”

“要式性”是指基金信息披露的文件应该按照统一的项目和格式进行制作。不具备既定的项目或不符合统一格式的披露文件不能发生公开的效力，SEC有权要求其修订。SEC为什么特别强调基金信息披露的文件应具有“要式性”呢？这是因为在SEC看来，即便各基金自行编制的信息披露文件的项目和格式体现了完整性和真实性，但是基金投资者仍可能会陷于花样百出、纷繁复杂的文件样板中而不知所云。所以，文件形式上的要式性是确保基金信息披露的准确性、明晰地传达有关信息的重要条件。而且，从实践反馈来看，SEC也认为统一项目和格式不仅可以保证各基金信息的可比性，有利投资者对可供选择的基金品种的比较与甄别，而且还能使基金管理人企图在正式的、定期的披露文件中规避某些重大事项而不被发现的侥幸行为愈发难以得逞。①

2. 要求基金信息披露文件的用语规范明了

基金管理人代表基金公开披露的文件应当容易为投资者所解读。因为信息披露的目的是向投资者传递用以投资判断的信息，所以从“理性投资者”的认识程度出发，确保投资者了解有关信息是个中关键。SEC十分反对基金管理人在所披露的文件中使用繁琐、用语晦涩或过于冗长的技术性术语以及故意追求文学修辞效果而卖弄玄虚等，其下属的一个投资者教育援助办公室于1998年3月发布了421(d)号规则，也称为《简明英语规则》(*Plain English Rule*)，对于包括基金在内的所有证券的发行人及相关人士如何使用规范明了的用语编制明晰的披露文件提出了具体的要求，包括：(1)使用短句；(2)使用确定、具体的日常语言；(3)使用主动语态；(4)尽可能给复杂

① Division of Investment Management, SEC, *Protecting Investors: A Half-Century of Investment Company Regulation*, 1992. p. 276.

内容附上图表;(5)不使用高深莫测的法律专业术语(legalese)或高度技术性的专业用语(jargon);(6)不使用双重否定句。但是,鉴于基金管理人在信息披露文件中描述基金的运营状况不可避免会涉及投资、财务、管理与法律等专业领域,因而一概禁止基金管理人在涉及这些知识的场合中不使用专业术语显然是不现实的,后来,也就是1998年8月,SEC又对421(d)号中第6条规定做了变通,要求证券发行人尽量避免使用一些专业术语,如果不得不使用时则应当在披露文件中用注脚加以解释。[①]

3. 要求基金管理人对披露的基金信息负有纠正义务

为了确保基金信息披露准确性的实现,SEC从基金管理人信赖义务的要求中演绎出投资顾问在基金信息披露中负有对失真的基金信息的纠正义务。在以下两种情况下,为保障广大基金投资者能有一个较为稳定的预期投资利益,基金管理人必须承担对已经披露的基金信息的纠正义务:一是基金投资目标发生调整或财务、投资状况已经产生变化,且与先前已经披露出去的信息不相符合时,基金管理人应当及时加以纠正,保持信息的"持续准确性";二是当证券市场上的某种"噪音"或传闻可能极大地误导投资者对基金已披露信息的判断时,基金管理人在知悉后也应当对该信息作出公开的澄清。[②]

四、基金强制性信息披露制度的法律价值[③]

法的价值目标主要有两个:公平与效率。[④] 基金强制性信息披

---

① SEC, Rule 421(d), At http://www.sec.gov/rules/final/finalarchive/finalarchive1998.shtml, 2005-11-2.

② Division of Investment Management, SEC, *Protecting Investors: A Half-Century of Investment Company Regulation*, 1992. p. 279.

③ 笔者下文的分析,适当参鉴了王苏生博士的分析思路,参见王苏生著:《证券投资基金管理人的责任》,北京大学出版社2001年版,第30～32页。

④ 近代以来多数法学家赞成公平与效率都是法律的价值。但当公平与效率不一致或矛盾的时候,在二者的选择上存在三种观点,即公平优先、效率优先以及公平和效率兼顾。罗尔斯、弗里德曼和奥肯分别是以上三种观点的代表。参见高德步著:《产权与增长:论法律制度的效率》,中国人民大学出版社1999年版,第2～23页。

露制度的法律价值也主要表现在公平与效率这两个方面。

在许多情况下，人们常把公平正义看作法律的精神和灵魂，是法律奉行的首要价值目标。[①] 基金强制性信息披露制度的基本功能是矫正基金管理人与基金持有人之间在信息掌握上的先天性不对称关系，保护弱势群体的利益，其公平价值显露无遗。应该指出的是，法律制度的公平与效率目标之间常常发生冲突，两者很难兼顾，但在基金强制性信息披露制度上，公平与效率得到较好的协调：基金市场的存在和运行建立在基金持有人愿意投资的基础之上，而基金持有人之所以愿意将手中的资金投资于基金则以对基金管理人的信任为前提条件。因此基金管理人要赢得这种永久的信任，唯有定期进行信息公开。因为“在信息无法获取的地方，秘密助长了不信任”，如果基金管理人一味地滥用基金持有人的初步信任，不公开基金运营信息搞“暗箱操作”，或者仅披露有利于其实现筹资目的那部分有利信息而对其他不利信息避而不提，那么基金持有人肯定对基金投资退避三舍，这种连本人都不知道自己的钱如何被花销的理财方式可谓人见人怕，何谈信任之有。所以，强制性披露将与基金投资有关的信息公开公平地传递给所有的基金持有人，就可以大大扭转他们在基金市场中的消极被动地位。当基金管理人对外披露的信息与既存的客观事实不吻合时，普通的基金持有人就不再是单纯游离于基金之外的看客。他们完全可以通过各种渠道比如公众舆论甚或司法途径来发表意见或追究基金管理人的相关责任，由此增强他们对基金投资的安全感与信任度。

基金强制性信息披露制度对社会效率的贡献主要表现在两个方面：(1)资源配置。前文提到，投资基金作为金融中介，在资金供给和资金需求之间起到很好的桥梁与纽带作用，对证券市场效率和资源优化配置有着至关重要的作用。如果没有基金强制性信息披露制度

---

① ［英］麦考密克著：《制度法论》，周叶谦译，中国政法大学出版社 1994 年版，第 174 页。

的存在，普通基金持有人很难掌握相应的证据去证明基金管理人违背信赖义务的事实，独立董事的监督能力也会受到相应的限制，因而基金管理人将更易于发生不当行为，从而不可避免地对基金市场的运作产生扭曲，削弱资金流向最有效率的企业，影响证券市场的资源优化配置功能。(2)交易成本。如果缺乏基金强制性信息披露制度的规定，基金持有人担心基金管理人滥用管理权进行暗箱操作牟取私利，不得不花费更多的时间和精力去搜寻更多的基金运作信息去监控基金管理人的投资行为，以维护自身的利益。然而，这种信息搜寻成本的增加必然导致基金持有人投资于基金的交易成本也随之增加。结果，基金持有人对基金理财服务的需求将下降，从而改变基金管理市场均衡，反过来不利于整个社会资源的优化配置。[①] 下面，笔者借用西方经济学理论来详细论证基金强制性信息披露制度之有无对社会整体效率的影响。

图 4-1 的模型假设基金管理市场是一个自由竞争市场，然后分析在存有和不存有基金强制性信息披露制度这两种情况下基金管理市场的局部均衡，比较社会福利的变化。如果与前一种情况相比，在后一种情况下社会福利增加，则说明基金强制性信息披露制度对社会是有害的，否则说明该制度对社会是有益的。

该模型的纵轴代表基金管理服务价格，横轴代表基金管理活动的需求数量，曲线 S 代表基金管理服务的供给，曲线 D_1 代表存在基金强制性信息披露制度情况下基金管理服务的需求，而曲线 D_2 代表不存在基金强制性信息披露制度情况下基金管理服务的需求(假设影响需求曲线的其他因素如投资者的偏好、收入、预期等因素均保持不变)。在后一种情况下，由于交易成本较前者增加导致对基金管理服务的需求量降低，需求曲线因而在垂直方向往下移动，其移动距

---

① 基金强制性信息披露制度对社会资源配置产生直接和间接影响。前者表现为第一点(即资源配置)，后者表现为第二点(即交易成本)。

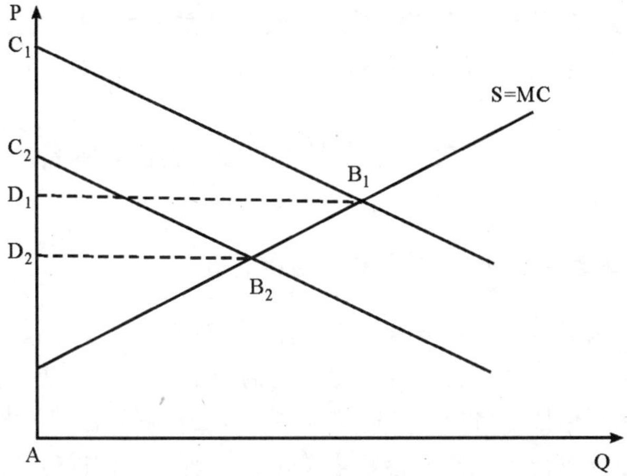

图 4-1　基金强制性信息披露制度的效率价值

离即为增加的交易成本。B_1、B_2 分别代表有无基金强制性信息披露制度的市场均衡点。从图 4-1 可以看出，在不存有强制性信息披露制度的情况下基金管理活动需求数量下降，价格上升。而在存有强制性信息披露制度的情况下，消费者剩余（即基金持有人福利）为 $B_1C_1D_1$，生产者剩余（即基金管理人福利）为 B_1D_1A，社会剩余（即社会福利，为消费者剩余与生产者剩余之和为 B_1C_1A）。[①] 反之，在不存有强制性信息披露制度的情况下，消费者剩余为 $B_2C_2D_2$，生产者剩余 B_2D_2A，社会剩余为 B_2C_2A，与前者相比，社会福利明显减少，其减少数量为 $B_1B_2C_1C_2$。上述分析表明，与前者相比，在不存有强制性披露的情况下，因为基金持有人和基金管理人的福利损失导致社会福利减少，所以资源配置是低效率的。换言之，法律要求基金进行强制性信息披露，有时虽然显得武断并且可能无可奈何地牺牲基金管理人的暂时利益，但从长期来看，受益的并非仅是基金持有人，而是包括基金管理人本身在内的整个社会。可见，推行基金强制性

① [美]托马斯·李·哈森著:《证券监管法》，张学安等译，中国政法大学出版社 2003 年版，第 857 页。

信息披露制度能以较小的资源损耗最大限度地增进社会福利，提高资源配置效率，这恰是其法律价值之所在。

第二节　美国基金信息披露制度的体系

一、基金单位初次发行的信息披露制度

美国法对基金信息披露的监管首先体现在对基金单位初次发行的信息披露上。《投资公司法》比其他的两部联邦证券法更为严格，几乎没有豁免地一概规定投资基金在依据美国联邦法律或州立法律成立之后欲图初次公开发行基金单位，还应向 SEC 进行登记注册，并且注册必须采取符合 SEC 规定的有利于保护公共利益和投资者权益的形式。[①]《投资公司法》规定格式 N 程序的目的在于确保刚成立的投资基金：(1)将有关拟初次公开发行的基金的适当信息先向 SEC 披露；(2)能够用客观叙述性(in narrative fashion)方式将基金的适当信息传递给未来的基金投资者。[②] 根据《1933 年证券法》，SEC 无权在实质问题上批准或不批准某个基金能否进行初次的公开发行，它的权限仅仅集中在决定注册陈述(Registration Statements)和将要传发给潜在投资者的基金股份招募说明书中所包含的信息是否充分和准确。因此，对于欲申请初次公开发行基金单位的投资基金而言，该基金的管理人在进行注册登记后必须向委员会提交基金单位的发行申报材料和招募说明书。

基金单位的发行申报材料是基金管理人按照法定的表格形式呈报给 SEC 用以支持其发行申请，同时也是提供给其审核的信息披露文件。而基金招募说明书作为提供给潜在投资者的法定文件，也构

---

① 15 U.S.C. §80a－8(a) (1994).

② 这边投资者既包括未来基金单位的买者(即基金持有人)，同时也包括决定不买的人。

成发行材料不可缺少的一部分。尽管在理论上发行申报材料是只对SEC披露,并供SEC审核的文件资料,但在很大程度上申报材料内容是由招募说明书组成的,因此发行申报材料,尤其是通过SEC审核的发行申报材料将不可避免地成为招募说明书所要着重披露的事项,从而间接地成为向潜在投资者公开并成为推销基金单位的法定依据。

按照美国《投资公司法》的规定,每家已注册登记的投资基金必须在SEC通过条例所规定的注册后的一段合理时间内(通常在一周内),向SEC提交包含基金单位发行申报材料的登记表格的正本和副本,登记表格必须符合SEC规定的有利于保护公共利益和投资者权益的形式,亦即应包含下列的信息资料:(1)关于基金对下列业务所采取的政策的一份详细说明,包括基金是否保留经营下列任何一种业务的自由的声明,以及(若保留这一自由)关于基金可能经营的下列业务的范围的简要说明:(A)基金单位的类型,主要是封闭式基金还是开放式基金单位;(B)基金成立时是否借入资金;(C)基金是否准备承销他人发行的证券;(D)基金是否发行优先证券;(E)基金是否集中投资于某一行业或某几个行业;(F)基金是否买卖不动产或商品或两者;(G)基金是否向他人提供贷款;(H)多种证券营业额的资料。(2)基金各位关联人士的姓名和地址,包括基金的投资顾问、各位董事、职员过去五年工作经历的简介。(3)依照《1933年证券法》和《1934年证券交易法》注册登记要求必须提交的信息资料和文件(这里主要是指基金股份募集的招募说明书)。[①] 1965年,SEC则根据《投资公司法》的授权设计了注册登记的格式N－8A。因此,基金管理人登记后一个星期之内向SEC提交注册表格式N－8A就成为基金单位初次发行进行信息披露的基本要求,只不过这里的披露对象是SEC。而依《1933年证券法》第8条的规定,基金管理人在向SEC上报格式N－8A之后的20天之内,如果没有收到来自SEC

① 15 U.S.C. §80a－8(b) (1994).

的任何拒绝令(refusal order)或终止令(stop order),则该注册登记在次日自动生效,基金管理人可以向普通公众散发招募说明书并出售基金单位以募集基金资产。但是,如果一家已经注册的投资基金未在合理期限内提交《投资公司法》所要求的注册登记报告,或者SEC认为基金虽已提交了上述注册登记报告,但报告内容忽略了需要陈述的重大事件或者违反了《投资公司法》第34条b款的规定,那么SEC将用挂号信或证明信(certified mail)通知基金管理人他尚未提交注册登记报告,或者他提交的注册登记报告中哪些内容不够全面或容易令人引起误解(视实际情况而定),并且规定基金必须在某一固定日期之前提交上述资料或者对资料内容进行更正。这一日期不得早于该通知邮寄之后的30天。如果基金管理人未在SEC规定的上述时间内或宽限期内提交资料或更正资料内容,那么在通知基金并给予基金适当的申诉机会之后,SEC将根据具体情况发布指令,暂停基金单位的公开发行申请直至基金管理人提交或更正为止(即拒绝令),或者撤销基金的公开发行申请(即终止令)。① 但是,为使SEC能谨慎有效地行使上述两项权力,《投资公司法》规定SEC只有掌握下列确凿证据时,才能采取这两种做法:(1)基金没有提交本法所要求的注册登记表格,或者基金虽提交了登记表格,但其内容中忽略了需要陈述的重大事实,或者在提交登记表格时违反了本法第34条b款的规定;(2)上述暂停或撤销基金单位公开发行申请的做法符合公共利益。② 或者,当SEC根据他人申请或自行确认一家已注册成立(这边的注册不是发行注册,而是成立注册)的投资基金不再是投资基金时,SEC必须先以指令形式发布声明基金的成立注

① 15 U.S.C. §80a－8(e)(1994).《投资公司法》第34条b款的规定为"任何人不得在根据本法规定提交或邮寄或保存的基金证券申请公开发行的注册登记表、申请、报告、账目或其他资料中对某一重大事实做出错误陈述,否则即为违法。提交、邮寄或保存上述资料的人士不得在文件中省略为了防止资料中的陈述在当时的特定情况下可能导致重大误解而必须陈述的事实"。See 15 U.S.C. §80a－34(b) (1994).

② 15 U.S.C. §80a－8(e)(1)(1994); 15 U.S.C. §80a－8(e)(2)(1994).

册失效。[①]

根据《1933 年证券法》的定义，招募说明书(prospectus)是指通过书面形式或通过无线电台或电视，为出售证券要约或确认任何证券出售的任何说明书、通知、通告、广告、信件或以通讯手段传达的信息。[②] 由于招募说明书是基金管理人设立基金后进入基金市场初次供基金投资者投资判断的信息披露文件，因此，注册登记格式 N－8A，SEC 在 1983 年还特地为基金招募说明书的内容制定了格式 N－1A，并以此作为其他信息披露的参照标尺。[③] 表 4－2 给出了美国投资基金招募说明书格式 N－1A 所要求的基金管理人披露项目的顺序与内容：

表 4-2　基金招募说明书格式 N－1A 所要求披露的项目顺序与内容

第一部分：招募说明书所要求披露的信息 (Information Requested in A Prospectus)	
1. 封面与封底(Front and Back Cover Pages)	
2. 风险/收益总结：投资、风险与业绩 (Risk/Return Summary:Investment,Risks and Performance)	
3. 风险/收益总结：基金费率表 (Risk/Return summary:Fee Table)	
4. 投资目标，主要投资策略、相关风险与证券的持股情况 (Investment Objectives, Principal Investment Strategies, Related Risk and Portfolio Holdings)	
5. 管理、组织与资本结构 (Management, Organization and Capital Structure)	

① 15 U.S.C. §80a－8(f)(1)(1994).

② 15 U.S.C. §77a－2(a)(10)(1994). 原文为"The term 'prospectus' means any prospectus, notice, circular, advertisement, letter, or communication, written of by radio or television, which offers any security for sale or confirms the sale of any security."

③ 格式 N－1A 用于开放式基金，此外，SEC 也制定了适用于封闭式基金的招募说明书格式 N－2，适用于独立可变年金账户的招募说明书格式 N－3，适用于单位投资信托的招募说明书格式 N－4 和适用于可变人寿独立账户的招募说明书格式 N－1。

续表

第一部分:招募说明书所要求披露的信息 (Information Requested in A Prospectus)	
6.股东信息(Shareholders Information)	
7.基金股份的销售安排(Distribution Arrangements)	
8.重点财务信息(Financial Highlights Information)	
第二部分:附加信息报表所要求披露的信息 (Information Required in A Statement of Additional Information)	
9.封面与表格目录(Cover Pages and Table of Contents)	
10.基金历史(Fund History)	
11.基金及其投资与风险情况的描述 (Description of the Fund and its Investments and Risks)	
12.基金运营费用信息(Management Fees of the Fund)	
13.控制人与主要持股人 (Control Persons and Principal Holders of Securities)	
14.投资顾问与其他交易 (Investment Advisers and Other Dealings)	
15.基金经理(Portfolio Managers)	
16.证券交易量的分配(Portfolio Allocation)	
17.所持的股票与其他证券(Capital Stock and Other Securities)	
18.基金的购买、赎回与股份定价 (Purchase,Redemption,and Pricing of Shares)	
19.基金的税收情况(Taxation of the Fund)	
20.基金单位的规模(Share Amount)	
21.基金业绩数据的计算(Calculation of Performances Data)	
22.财务报告(Financial Statements)	
第三部分:其他信息(Other Information)	
23.相关法律问题概览(Exhibits)	

续表

第三部分：其他信息（Other Information）	
24. 为基金所控制的相关当事人 （Persons Controlled by or Under Common Control with the Fund）	
25. 关联人士的免责情况（Indemnification）	
26. 投资顾问的商业或其他联系 （Bussiness and Other Connections of Investment Advisers）	
27. 主承销商的情况（Principal Underwriters）	
28. 账户和记录的托管处（the Location of Accounts and Records）	
29. 投资顾问的管理服务 （Management Services）	
30. 基金管理人的承诺与预测（Undertaking）	

资料来源：United States Securities and Exchange Commissions Washington D. C. 20549 Form N－1A.

当然，如果基金管理人想申请基金单位在证券交易所上市交易，除了在发行时必须披露招募说明书之外，还必须根据《1934 年证券交易法》第 12 条的要求向 SEC 和拟申请上市的证券交易所进行再一次登记注册，并向投资者提供上市公开交易书，目的是承诺和保证基金会遵守交易所的上市规则。

二、基金持续性的信息披露制度

美国法对基金信息披露的要求并没有局限于要求基金管理人在基金单位初次发行时应对投资者提供招募说明书，还要求基金管理人在基金单位发行后还要承担持续性对外披露信息的义务。根据《1934 年证券交易法》第 12 条 g 款规定，以下三种类型的公司在美国都必须接受强制注册成为报告公司，进行持续性的信息披露：(1)凡是证券在证券交易所挂牌交易的上市公司；(2)在全国证券交易商自动报价系统(National Association of Securities Dealers Automated Quotations,简称 NASDAQ)进行交易的公司;(3)在营业年度终结时总资产 100 万美元以上且某种证券的持有人数在 500 人以上的公司。[①]《投资公司法》第 30 条 a 款也规定:所有已经发行注册的投资基金每年都必须向 SEC 提交根据《1934 年证券交易法》第 13 条 a 款以及本法下述规定其证券在国家级证券交易所上市的投资基金必须提交的信息资料、文件和报告。[②] 显见,美国法的这些规定已经将承担持续披露的义务扩展到了那些并没有在证券交易所交易甚至未在任何全国交易系统交易的,然而其资产却具有相当规模、已经能够对证券市场和社会公共秩序产生影响力的基金,从而有效地抑制了基金管理人企图以变通方式来逃避 SEC 监管,免除承担持续披露义务的脱法行为。毫无疑问,在美国,基金基本上都是属于上述第三种类型的公司,所以基金管理人承担法律规定的持续披露义务责无旁贷。事实上,很多基金的招募说明书毕竟只是基金在某个时间点的一张"快照"(snapshot),除非这张快照定期更新,否则基金交易市场便缺乏足够的衡量基金单位价值的手段。因此,基金持续性的信息披露既可以使得基金交易市场的投资者能公平地获取基金的重大信息,又能使他们持续性拥有评估基金单位投资价值的信息。对现有的基金投资者(即基金持有人)而言,这关系到是申请赎回某种基金单位还是继续持有该基金单位;而对潜在的基金投资者而言这又关系到是否申购何种基金单位。此外,SEC 认为国会规定基金持续性信息披露旨在增加对投资基金运营管理的公众监管,加强基金持有人权利的行使,从而通过外部的 SEC 和公众力量来限制和阻止基金管理人不当行为和欺诈的发生,增强基金管理人管理基金的透明度,维护投资者对基金业的信心。[③]

---

① 15 U. S. C. § 78a－12(g) (1994).

② 15 U. S. C. § 80a－30(a) (1994).

③ Division of Investment Management, SEC, *Protecting Investors: A Half－Century of Investment Company Regulation*, 1992. p. 283.

美国法将基金持续性信息披露制度分为两类。第一类是定期报告制度(Period Disclosure),也称为结构性披露(Structured Disclosure)。即由基金管理人在可以预见的固定的时间间隔内对外披露基金的信息。它有四种,一是在基金管理人每个财务年度结束后60天内发布的年度报告(annual report),二是在基金管理人每个财务年度前6个月结束后的30天时间内披露的中期报告(semiannual report),三是在基金管理人每个财务年度各季度结束后15天时间内披露的季度报告(quarter report),四是每个市场交易日结束之后的基金净值报告(net report)。其中,无论是年度报告、中期报告还是季度报告,SEC均要求采用格式N－2A的形式。根据《投资公司法》第30条,格式N－2A除了保留格式N－1A中所列举的项目之外,还对其中的第22项财务报告作了进一步的分解,重点要求基金提供以下6个方面的具体内容,包括:(1)资产负债表,其中附有在制表日当天所有投资总价值的声明;(2)制表日当日基金所拥有的证券的价值和数量的一览表;(3)报告所指时期的损益表,其中必须列明占总收人或支出5%以上的各种收人和支出项目;(4)盈余表(a statement of surplus),其中必须列明此报告所指的时期那占所有接待方发生额5%以上的盈余账户的每笔借贷方发生额;(5)在报告所指的时期内基金支付的所有酬劳的一览表,包括(A)支付给所有基金董事成员的定期补偿费用,(B)支付给投资顾问的投资顾问费,(C)支付给基金所有职员,(D)投资顾问关联人士的报酬;(6)在报告所指的时期内基金买卖的投资证券的美元总值(政府证券除外)。[①] 此外,如果SEC颁布条例,要求基金在提交年度报告时随附财务报表,那么这一财务报表中必须附有一份由独立公共会计师出具的证明。这一证明所依据的审计,其水平不得低于这一会计师在通常情况下为了出具可靠的综合性财务报表所进行的审计。而且,证明中必须含有SEC制定的有利于保护公共利益和投资者权益的条例中

① 15 U.S.C. §80a－30(d)(1994).

规定的有关审计性质和范围的信息以及会计师的调查结果和意见。同时,基金年度报告中必须注明上述会计师已经通过实地检查的方式或已经收到保管人的证明,核实了基金所拥有的证券。[①] 而对于基金净值报告,按照 SEC 的要求,基金管理人必须在每个市场交易日结束后的次日通过自家网站、基金单位销售点的网站或其他广为人知的公共媒体第一时间向投资者公开。值得注意的是,SEC 需要基金管理人公开的基金净值不仅包括基金单位的当日净值,还包括基金单位的累计净值。[②]

第二类持续性信息披露是临时报告制度(Timely Disclosure),也称为非结构性披露(Unstructured Disclosure)。即基金管理人是否披露这些信息是无法事先预见的,因为这些信息主要是涉及基金管理人和基金内部组织以及基金日常运营中发生的一些重大变动的事情,如基金管理人撤换负责管理该基金的基金经理,或者因某些意见不一致而引起的基金独立董事一年内辞职超过一半、基金单位遭遇重大的赎回等。这些事情有的是经过精细的策划而处在人为的控制之中,如基金经理的更迭、基金的合并、基金收益的分红等,而有的是非人力所控,如基金管理人遭到基金持有人的重大诉讼或 SEC 的重大处罚等。总之,临时报告所披露的这些信息的最大共性是不可能周期性地发生或者以完全相同的形式出现,主要是指一些能对现有基金持有人权益及基金单位的价格或者对潜在的基金投资者的投资策略产生重大影响的事件。按照 SEC 的要求,这种重大影响的事件包括但不仅仅限制于下列的事件:(1)基金股东大会的召开;(2)投资顾问合同的续订或终止;(3)经过股东大会一致同意后的基金投资风格的调整;(4)投资顾问和托管人名称、住址的变更;(5)基金大股东及其所持股份的变化;(6)基金董事会成员(包括独立董事)一年内变更超过一半;(7)投资顾问重要组成人员(主要指投资顾问总裁或

---

① 15 U.S.C. §80a－30(e)(1994)

② 基金单位的累计净值是基金单位净值与基金成立以来累计分红的派息之和。

基金经理)一年内变更30%;(8)涉及投资顾问或基金的有关诉讼;(9)投资顾问及其重要组成人员、基金董事受到SEC的立案调查;(10)重大的关联交易事项;(11)基金收益的分配;(12)投资顾问费费率和计提方式的变更;(13)基金单位遭遇重大的赎回、变更。临时报告主要采用格式8－K的形式,SEC一般要求在两天之内编制完毕。[①]

三、美国基金信息披露的法律责任与救济

构成美国基金信息披露制度体系的第三部分是有关信息披露的法律责任与救济的规定。美国法根据前述的基金单位初次发行的信息披露和持续性信息披露制度的不同将基金信息披露的法律责任与救济划分为两类:一种是注册登记报告(包括招募说明书)下的法律责任与救济,另一种是持续性信息披露下的法律责任与救济。

从美国证券法律实施的实践来看,引发注册登记报告法律责任与民事救济的原因主要是表格瑕疵。注册登记报告的瑕疵是指注册登记报告在内容上不符合法律、法规的要求,包含有对基金投资者作出投资决定有重大影响的虚假、重大误导或遗漏信息。[②]《投资公司法》虽没有对基金注册登记报告瑕疵所引起的法律责任给予专门的规定,但作为《投资公司法》的基础法——《1933年证券法》第11条首先非常清楚地规定,如果登记注册表含有虚假陈述(unture statement)、遗漏(omitted)或误导(misleading),则购买人可以向在登记注册过程中的发挥作用的发行人(如发行公司的高级管理人员、董事)及其他相关参与人(如会计师、工程师、评估师、承销商等)直接要求损害赔偿。除非这些相关参与人能提出有效的无过错抗辩(non-

---

① Division of Investment Management, SEC, *Protecting Investors: A Half－Century of Investment Company Regulation*, 1992. p. 284.

② 登记表格瑕疵除了内容上瑕疵之外,还有一种形式上的瑕疵。形式瑕疵一般是指登记表格的封面、字体、字号、颜色等不符合SEC的规定。这种瑕疵自SEC制定了统一的格式N－8A形式后就比较少见,因而本书对此不予探讨。

culpability defence)或者没有对未觉察存在重大不实说明或遗漏的独立董事特别规定比例责任(proportionate liability),否则发行人和其他于发行相关的参与人必须承担连带责任。[①] 其次,登记注册表的瑕疵不仅产生上述的私法救济,而且还可能会引起 SEC 的行政制裁、禁令救济或刑事制裁。《1933 年证券法》第 5 条 b 款则特别提到发送的招募说明书必须是真实、完整、准确而且是最新的。如果登记注册表的上述瑕疵集中在招募说明书,那么这种对招募说明书发送要求构成的违反都可能会招致相应的刑事制裁或由司法保证的 SEC 衡平法制裁。[②] 同时,《1933 年证券法》第 12 条 a 款第 2 项则专门规定了有关招募说明书的民事责任,即如果招募说明书存在对重大事实的虚假陈述或者遗漏,那么发行或者销售证券的人应对从其手中购买到这种证券的人负有民事责任,购买人可以在任何具有合法管辖权的法院诉诸普通法或衡平法,以追偿购买该证券所支付的代价,方法是:用其利息减去该证券以投标方式得到的任何收入。如果他不再持有该证券,则追偿其损失。[③]

美国法对持续性信息披露下的法律责任与救济的规定主要集中在 1942 年 SEC 为配合实施《1934 年证券交易法》第 10 条 b 款而制定的 10b—5 规则。10b—5 规则的内容分为 3 款,其中第 1 款和第 3 款的表述以"欺诈"为核心,第 2 款的表述以"虚假陈述"为核心,具体内容为:任何人利用任何方式或州际商业媒介,或者通讯,或者任何全国性证券交易所的任何设施,直接或间接地对任何人实施下列与购买或者出售任何证券有关的行为时,都是非法的:(1)利用任何诡计、计划或伎俩进行欺诈;(2)对某重要事实作任何虚假的陈述,或不对某重要事实做必要的说明,以使其所作出的陈述在当时的情况下

① 15 U. S. C. § 77a—11(1994).

② Arher F. Mathews. Criminal Prosecutions under the Federal Securities Laws and Related Statutes: The Development of SEC Criminal Cases. *Gee. Wash. L. Rev.* 1971, Vol. 39, p. 901.

③ 15 U. S. C. § 77a—12(a)(2)(1994).

没有误导性;(3)参与任何带有或将会导致欺诈或欺骗因素的行动、操作或业务活动。[①] 从这些内容的表述来看,10b－5 规则虽没有明示为受害的投资者提供私法诉权,但是司法实践从一开始就肯定了 10b－5 规则背后的默示民事诉权(implied private right of action)。[②] 美国联邦最高法院在其涉及 10b－5 规则的第一个民事诉讼案件中,就明确指出 10b－5 规则意在禁止一切与证券买卖有关的欺诈行为,无论该行为是在有组织的市场中(如证券交易所或 NASDAQ),还是在面对面的交易中实施的。而且,不论该证券是否应根据《1934 年证券交易法》进行登记注册,也不论证券发行人是开放式公司还是封闭式公司,都一律受 10b－5 规则的管辖。[③] 可见,基金单位作为证券的一种,当其已经注册发行进入流通市场后,如果基金管理人在所披露的定期报告或临时报告中出现恶意的欺诈或者虚假陈述以致基金持有人出现错误的申购或赎回的行为,那么现有的基金持有人都可以依据 10b－5 规则,向法院提起私人的民事诉讼以获得相应的经济补偿。目前,美国判例法认为,10b－5 规则项下的民事诉讼,应当在原告发现或者应当发现证券发行人违反该规则行为之日起 1 年之内提起,但最长不得超过该行为实施完毕后的 3 年。[④]

---

① SEC,Rule 10b－5.

② D. L. Rantner. *Securities Regulation* (4), West Publishing Co,. 1992, pp. 15～16. 默示民事诉权的英文表述为"implied private right of action",直接译为默示的私人诉权或私法上的诉权。称其为"默示"与法律明文规定的诉权相对而言的。另外,本书提到的"私人诉权或私法上的诉权"则是与 SEC 和检察机关提起的行政和刑事诉讼时所依赖的公法上的诉权相对应的概念。考虑到我国的习惯,笔者将"implied private right of action"翻译为默示民事诉权。

③ L. loss, J. Seligman. *Fundamentals of Securities Regulation* (3). Little Brown and Company, 1995, pp. 848～849.

④ Lampf, Pleva, Lipkind, Prupis& Petigrow v. Gilbertson 501 U. S. 350 (1991).

第三节 美国基金信息披露的内容及其改革

一、美国基金信息披露的基本内容

美国是世界上基金法制最为完善的国家，其信息披露制度也最为完善。从上面分析可以得知，无论是作为规制投资基金的特别法《投资公司法》，还是两部证券基本法《1933 年证券法》和《1934 年证券交易法》，都要求投资基金不仅在初次发行基金单位时必须在登记注册申请表和招募说明书中披露与基金发行有关的重要事实，而且还要求在基金单位发行后进行交易过程中必须提交相应的各种年度报告、中期报告、净值报告和临时报告等，持续披露或更新与基金单位交易有关的重要事实。美国基金信息披露制度不仅成为美国基金法的一大组成部分，而且也为许多国家或地区的基金法制所采纳。

无论是基金单位初次发行抑或是持续性的信息披露，综观美国整个基金信息披露的制度内容，笔者将美国基金信息披露分为历史性信息的披露、前瞻性信息的披露和基金管理人信息的披露三种。

历史性信息（historical information）的披露是指基金管理人着眼于过去的既成事实的描述，比如对基金过去的财务业绩、基金已经完成的交易安排、基金已经持有的股票或证券、基金的运营信息、基金单位的销售安排和基金的股东信息等的描述。当然了，根据前面的完整性原则，并非有关基金的所有历史性信息都要披露，只有那些对决定投资者做出认购、申购或赎回基金单位的行为至关重要的信息才需要披露，因而 SEC 根据前述的“重大性”标准只将一些重大的历史性信息纳入格式 N－1A、N－2A 或 8－K 中，并构成这些表格披露的主体内容和常态。

前瞻性信息（forward－looking information）的披露是指基金管理人着眼于未来，对基金未来收益的预期、设想和估计，最典型的是招募说明书格式 N－1A 的最后一项“基金管理人的承诺与预测”。

在 1979 年以前，SEC 并不鼓励基金管理人在各种表格中披露前瞻性信息。因为 SEC 认为前瞻性信息不像历史性信息那样可靠和客观，如果任其披露并被不够成熟的投资者用于投资判断，将从整体上削弱判断基础的可靠程度，增大基金投资风险。不过，随着时间的推移，SEC 的看法有了改变，认为对于基金投资者而言，从基金管理人那里直接获得预测信息也有助于增强投资者的独立性，减少其对基金分析师、专栏作家乃至市场谣言的盲目信赖，而且，只要对投资者辅以必要的提醒，使之认识到前瞻性信息固有的局限性而不应给予同历史性信息同等的信赖，那么这些前瞻性信息对投资者也有存在价值的一面。① 这种态度上的转变促使 SEC 于 1979 年制定了 Rule 175，从而开始有条件地允许证券发行人进行前瞻性信息的披露。根据 Rule 175，只要有关前瞻性信息的披露是基于善意（good faith）并有合理的基础（reasonable basis），那么即使基金管理人的预测与最终的事实不符，则基金管理人的行为不受 10b—5 规则的管辖。②

基金管理人信息（management information）的披露是指基金管理人着眼于对自身的品质（如以往的信誉、是否有受到法律的追诉或 SEC 的惩戒等）、专业能力（如基金管理人的团队组成情况、其各成员的教育背景及其所受的专门训练等）及其对基金的尽职承诺等信息的披露。一般情况下，上述有关基金管理人自身的信息是否披露全凭基金管理人自愿在基金的各种表格之外单独开列，但如果基金管理人从事一些可能减少基金资产或损害基金持有人利益的行为，根据基金管理人肩负的信赖义务要求，则这些信息是务必要加以披露的。如 N－1A 表格中第十五项“投资顾问与其他交易”和第二十六项“投资顾问的商业或其他联系”以及第二十九项的“投资顾问的

① Division of Investment Management, SEC, *Protecting Investors: A Half－Century of Investment Company Regulation*, 1992. p. 285.

② See Securities Act Release No. 5467(1979)，转引自 Division of Investment Management, SEC, *Protecting Investors: A Half－Century of Investment Company Regulation*, 1992. p. 285.

管理服务”和临时报告都是专门供基金管理人披露自身信息而设置的。虽然基金管理人信息的披露虽不能直接对基金单位的价格产生即时的影响，但能反映着基金管理的质量。所以 SEC 在 1964 年就对基金管理人应披露的自身信息的“重大性”作出了一番诠释，认为投资者最根本的关心并不仅是赚钱，特别是基金管理人将强调自身能力或品质作为其发行基金单位的一个卖点时，这些涉及反映基金管理质量的基金管理人信息也构成投资决策信息的一个重要成分，理应加以披露。即便 SEC 拟定的表格项目上没有列举的，SEC 也可以随时要基金管理人加以补充。[①] 在笔者看来，因为投资基金的管理全部采用外包给投资顾问的方式，基金固有的董事会并不参与基金的任何管理，所以基金管理人作为基金的实际经营者不仅同上市公司的经理层一样是信息披露的执行主体，而且更是基金信息披露的实质主体。[②] 这也是美国基金信息披露制度之所以涵摄基金管理人信息的原因之所在。可见，在基金信息披露制度中强调基金管理人信息的披露不仅因为基金管理人自身的一些信息在某种场合具有 SEC 所认为的“重大性”，而且还可以利用监管当局和公众的力量直接约束基金管理人，防杜基金管理人滋生不当行为。下面，笔者将对基金管理人信息披露的内容加以分析。

二、基金管理人的信息披露与其对基金管理人不当行为的防范

SEC 虽然认识到了基金管理人披露自身信息对基金投资者的重要性，但除了在各表格中规定几个常见的信息项目必须披露之外，对基金管理人是否要披露其他个人信息并没有给出一个清楚的标准或尺度，目前的操作主要由 SEC 根据《1933 年证券法》第 7 条的授权

---

① Division of Investment Management, SEC, *Protecting Investors: A Half-Century of Investment Company Regulation*, 1992. p. 286.

② 所谓信息披露的主体，指的是根据证券公开规制的要求，应当以自己的名义，对有关自身的经营、财务或者交易的重大信息加以披露的当事人。而信息披露义务的执行主体，指的是基于职务要求，根据接受授权的事实，负有执行信息披露义务主体所承担的披露义务的主体。

通过伸缩性的条例或指令在个案中要求基金管理人在表格之外加以补充。从实践的反馈来看，总结而言，SEC 一般要求基金管理人在各表格中或表格外加以补充披露下面几种基金管理人的自身信息。

（一）基金管理人与基金的关联交易信息

基金管理人与基金的关联交易是一种利益冲突交易，倘若没有法律的规制，关联交易往往会演变成为基金管理人利用基金资产为己牟利的不当行为。因此，基金管理人与基金的关联交易信息历来被 SEC 视为与基金管理人自身的品质和能力密切相关的一个问题。在有关基金的各种公开披露的表格中，只要是在招募说明书、年度报告、中期报告或临时报告制定日之前发生的或肯定将要发生的有关基金管理人与基金关联交易的信息，SEC 都要求基金管理人必须在“投资顾问与其他交易”的项目中加以详细的披露。在 Midwest Technical Development Corp. 一案中，中西技术发展基金的投资顾问在其向 SEC 递交发行登记注册的文件中没有披露其总裁为了个人利益而准备私下向其家人直接出售部分无负担基金（no-load fund）股份的事实。[①] SEC 认为该基金投资顾问总裁中的这种私下直销（private direct marketing）的无负担基金股份数量虽然不多（仅为基金单位初次发行总额的 0.8%），但此类关联交易也会使基金减少了本应该通过公开包销发行而得到的认购手续费，这种在发行上对不同投资者采取厚此薄彼的做法显然对后来认购该基金单位的投资者是重大的，而中西技术发展基金递交的招募说明书中遗漏此信息必然会使关于该基金投资顾问总裁的声誉的陈述发生了重大误导，因为很多不知情的投资者恰恰是十分信赖该总裁以往的良好记录而认购此基金的。尽管基金投资顾问可以在必要的情况下直销无负担基金股份，但 SEC 要求这种行为是必须披露的，其依据是这种

① 以基金单位初次发行的基金单位面值的价格（不包括认购的手续费）。

关联交易信息与评价基金管理人的品质有关。①

而在著名的 Moses v. Burgin. 一案中，被告一基金的投资顾问为了扩大基金股份的销售以收取更多的基金管理费而自作主张地代表基金拒收基金本可以从其关联经纪商直接合法回收(recapture)的减免交易佣金而遭到了原告的起诉。尽管被告在其答辩状中援引法院曾有的判决来支持其所作的这一商业判断(business judgement)，亦即基金不一定要承担直接回收减免佣金的义务，因为有时拒收基金减免的佣金还可达到刺激经纪商扩大基金股份销售以促进净现金流的效果，从这一点看是有利于基金持有人的。地区法院认为，促进基金股份销售以扩大基金规模在一定程度上的确能使基金持有人受益，但如果基金接受了新股份的资产价值，但同时又将本来有权回收的部分资产给予减免，奖励给销售经纪商，那么也可能使基金在销售股份的过程中所获得的净收入会比资产价值要低。因为现有的基金持有人已经承担了销售的费用，却要支付多余基金投资组合交易必须的费用，而这个费用本来应该由后来的认购基金单位的基金持有人来承担的。而且，是否拒收来自于其关联经纪商减免的佣金是基金独立董事的商业判断，而非被告的商业判断。最后，法院在判决中也对基金管理人对此的披露责任给予关注，认为即便被告的这种佣金减免举措确实能使基金在当时财务上直接受益，但其在很长的一段时间内对基金独立董事和基金持有人隐瞒了此类信息不但使独立董事不能作出国会所明确要求的独立判断，而且更使后来的投资者无法对该基金的投资作出客观的判断。因为该未披露的事实极可能会导致一个理性的投资者对该基金管理人的品质以及履行其信赖义务的表现提出质疑。所以，法院不能减免他们的披露责任。②

笔者认为，SEC 和法院要求基金管理人负有披露其与基金关联

① Richard D. Schuler, Fiduciary Obligations of Mutual Fund Managers in Portfolio Transactions. *Syracuse L. Rev*, 1971, Vol. 22, No. 1, pp. 1113～1114.

② Moses v. Burgin, 445 F. 2d 369(1st Cir.), cert, Denied, 404 U. S. 994 (1971).

交易信息的义务极为必要。这不仅可以增加基金管理人运作基金的透明度，而且有利于防止基金管理人出现各种不当的关联交易。20世纪20年代末美国证券市场的崩溃、基金纷纷被清盘的一大祸因就是基金管理人无须披露与基金的关联交易信息以致产生一系列挪用和转移基金资产的不当行为。所以，基金管理人与基金进行的每一项关联交易是否对基金构成重大经济损失风险，是否属于对投资者在基金投资中据以判断的重大信息，是否与基金财务的健康性有联系，应该由代表基金持有人利益的独立董事和基金持有人本身加以评定。如果不披露，则广大的基金持有人就不可能有对基金管理人的品质或其履行信赖义务的情况加以评定的机会，因而有权对基金管理人在与其负有信赖义务的基金进行交易时的诚实、忠实或能力加以质疑。

（二）基金管理人实施的不当行为

基金管理人实施的不当行为，可以分为已审结或查处的不当行为和未审结或查处的不当行为。由于司法诉讼或行政调查进展程度不同，对被指控行为的评价定性也不同，已审结或查处的不当行为是确然的，而未决的不当行为是或然的。这种确定性不同，使得SEC对基金管理人披露该信息的义务要求有所不同。

对基金管理人（包括基金管理人的总裁、基金经理及其他高级人员）实施的已审结或查处的不当行为，SEC要求基金管理人必须在“投资顾问与其他交易”这一项目中加以披露。因为一般而言，这种不当行为对评价基金管理人的品质或能力是至关重要的，如果不披露，就可能使基金管理人事先做出的有关标榜自我良好记录的说明或陈述成为误导（一般基金管理人从一开始为吸引投资者购买其发行的基金单位，都会在招募说明书中极力标榜自我以往的良好记录），而且当这些不当行为会对本有盈利希望的基金产生负面影响时，对投资者而言，这些信息在是否选择或继续持有该基金就具有重大性，因此必须加以披露。不过，在满足一些特殊条件下，如这些业已审结或查处的不当行为完全陈旧乏味（发生在5年之前）或是与基金管理人的品质能力毫无关系而是其一时过失导致的，那么SEC不要求基金管理人非得向公众投资者进行披露，而只需在表格外向SEC附加提供必要的说明即可。[①] 有关基金管理人不披露已审结或查处的不当行为而导致其他已作出的说明成为误导，有一个具有指导意义的案件即 Fogel v. Chestnutt 案。在该案中，被告是一基金投资顾问的总裁，其在描述自身具有丰富的投资理财职业经历时特别强调4年前在一家大型综合类证券公司为客户从事证券经纪理财服务，但却没有披露当时一个州的法院在对一起对该总裁提起的诉讼案中曾经判决该总裁违反委托合同擅自买卖、挪用客户账户上股票而承担法律责任的违法事实。因而，SEC认为该被告为“纯粹吹牛”而且具有误导性，责令其在3天内重新制作招募说明书加以披露。[②]

对已审结或查处的不当行为的披露已如上述，那么，对基金管理人未经审结或查处的不当行为应该怎么披露呢？SEC对此尚无成文的要求，但其在信息披露监管操作中非常强调基金管理人本身要在招募说明书中加以披露的未经审结或查处的不当行为必须是已经被起诉或列入SEC的行政调查程序，且属于严重的欺诈、盗窃和挪用基金资产三类。此时，基金管理人可用括号在句后标注说明该行为的未决性。SEC之所以如此要求，是因为这类信息与考量基金管理人是否具备履行信赖义务的品质与能力息息相关，不但对投资者投资该基金，而且对投资基金后投资者在股东大会上表决通过投资顾问合同是重大的。例如，在 M. J. Whitman & Co. Pension Plan v. American Financial Enterprises, Inc. 一案中，原告和SEC提出基金投资顾问美国财务企业公司在其成立发行基金单位的招募说明书中没有披露其一个基金经理在别处谋职时被指控内幕交易的未决诉

---

① Division of Investment Management, SEC, *Protecting Investors: A Half-Century of Investment Company Regulation*, 1992. p. 296.

② Fogel v. Chestnutt, 668 F. ed 100(2d Cir. 1981).

讼。被告抗辩该基金经理被“诬陷”，法院很快就会还给他清白，因而无须披露。但法院在判决中给出的理由是：在基金管理人的招募说明书中，有着其聘请的各基金经理(portflio manager)的高雅相片，有着对他们专业背景、从业经历和良好职业操守的描述，更有着对他们以往管理业绩的炫耀，这些自然可赢得基金股东对他们优秀才能、高度责任和良好判断的认可和同意。然而，主宰着基金命运的基金经理既然有着招募说明书中所描述的良好记录但却被指控有严重内幕交易的嫌疑，这不能不引起投资者的警惕，这种警惕足以使一些类似原告的基金股东在投票批准投资顾问合同授权该基金经理花“他们的钱”时犹豫不决或中止。因此，法院支持原告和 SEC 的诉求，要求被告向投资者公开道歉，并补正披露该未决的诉讼。[①]

(三)基金管理人的教育背景、从业经历、专业能力与声誉

毋庸置疑，有关基金管理人的教育背景、从业经历、专业能力与声誉的信息，对于投资者的投资决策可能非常重大。这主要因为这种信息反映了基金盈利能力的潜在性。对此，SEC 要求基金管理人应在“投资顾问的管理服务”这一项目中加以披露，而其中的声誉可以基金管理人最近 5 年内提供的管理服务质量和表现为基础进行一个简短的概括，如管理基金工作中没有不良的记录，信赖义务履行状况良好等。同基金管理人必须披露的不当行为信息一样，此类信息对于基金投资者的重要性不仅体现在会直接影响投资者投资的决定，而且也会影响投资者后续投票批准投资顾问合同的决定。因此，当基金管理人故意吹嘘、夸大其专业能力，编造从业经历或就其教育背景和声誉作出虚假陈述，SEC 和法院就会根据上述的 10b－5 规则追究基金管理人的披露责任。

---

① M. J. Whitman & Co. Pension Plan v. American Financial Enterprises, Inc, 552 F. Supp. 17(S. D. Ohio. 1982).

三、SEC 对基金信息披露内容的改革

自 20 世纪 80 年代以来，美国为改进基金信息披露作出了一系列的努力。尽管登记注册格式 N－8A 里头必须提供招募说明书的内容，但早期基金招募说明书缺乏统一的披露格式，因此不同基金管理人公开的信息内容参差不齐，且都充斥着过多的技术、法律和所有基金共有的操作解释和名词术语。因此，1982 年，SEC 在一份证券法解释规则中就认为："尽管现存的包罗万象的基金招募说明书至少能为一部分投资者有效地利用，但是其所包含的复杂内容与过量的信息规模将使许多投资者不能有效地理解整个文件所提供的信息。需要对招募说明书的披露内容加以整合，统一格式。"[①]为此，1983 年 SEC 就设立一种全新专门的基金信息披露格式 N－1A 以整合格式 N－8A 中的招募说明书内容，把同样对投资者投资具有重大性的信息按投资者的关注程度加以归类：首先把一般投资者所普遍关注和必须浏览的关键性信息总结出来，纳入"第一部分：招募说明书所要求的信息"，形成一种独立的概览格式(fund profile)，然后在把其他较为专业的微观信息内容转移到"第二部分：附加信息报表所要求的信息"中，而把相对不是很重要但涉及为基金提供服务的相关机构的信息归入到"第三部分：其他信息"中。其中，概览格式仅包括 8 个项目，简明扼要，十分醒目。而附加信息和其他信息主要是供有特殊需求的机构投资者和专业背景的基金分析师使用，当然如果一般投资者有兴趣花时间来钻研这些信息也是 SEC 乐于见到的。[②]

此后，SEC 对格式 N－1A 做了几次重大的修改：1988 年要求基

① Division of Investment Management, SEC, *Protecting Investors: A Half－Century of Investment Company Regulation*, 1992. p. 296.

② Proposed Revision of the Registration Form Used by Open－End Management Investment Companies, Securities Act Release No. 6447. 转引自 Division of Investment Management, SEC, *Protecting Investors: A Half－Century of Investment Company Regulation*, 1992. p. 296.

金管理人增列披露基金运营费用信息，并且以 1 000 美元投资额为例，披露基金费用如何影响投资者在 1 年、3 年及 10 年以后的赎回价值。[①] 1993 年 SEC 要求基金管理人披露投资顾问中具体负责该基金日常管理的基金经理的具体教育背景、从业经历、专业能力与声誉等方面信息。1995 年，SEC 又着手对招募说明书中的风险披露进行改革，在保留原有的"投资目标，主要投资策略、相关风险与证券的持股情况"这一披露项目的基础上增列"风险/收益总结"的披露项目，以提高基金风险的披露效果。在 SEC 看来，风险披露是基金信息披露的核心，SEC 所有改革的目标就是使投资者能够根据他们所获得的基金信息来理解、认识到特定基金的投资风险。因此，仅仅要基金管理人披露基金投资的相关风险还不够，SEC 还要求基金管理人必须在"风险/收益总结"中总结基金在过去的一段时间内风险与基金的收益变化之比。为此，SEC 建议基金管理人尽可能用一个柱形统计图表来表示基金在过去 10 年中每年的年度收益，以及用一个表格来比较过去 1 个财政年度、5 个财政年度和 10 个财政年度中宽泛的证券市场指数与基金的年度平均收益之间的区别，使得投资者能够对基金的业绩与市场相关的风险进行评估，从而根据自己的投资偏好和个人的经济条件来选择基金。[②] 根据 ICI 所作的一项调查，超过 75%的个人投资者都赞成使用柱形统计图来表示基金的风险。[③] 1998 年 3 月，SEC 又正式颁布了规则 421(d)，即《简明英语规则》。前已述及，该规则旨在要求基金管理人在制作基金招募说明书的时候要使用简单明了的语言，包括尽量使用短句、日常用语及主动语态等，不用复杂的法律术语和高度技术性的词语。

---

① Consolidated Disclosureof Mutual Fund Expense, Securities Act Release No. 6752. 转引自 Division of Investment Management, SEC, *Protecting Investors: A Half－Century of Investment Company Regulation*, 1992. p. 296.

② [美]哈威尔・E. 杰克逊，小爱德华・L. 西蒙斯著：《金融监管》，吴志攀译，中国政法大学出版社 2003 年版，第 883 页。

③ *The Profile Prospectus: An Assessment by Shareholders*. Investment Companies Institute, 1996, p. 23.

而随着2001年下半年臭名昭著的安然公司财务虚假案和2002年世通、施乐等上市公司财务会计丑闻的相继曝光，2002年7月30日美国国会又通过了专门监控公众公司财务会计和审计业务的《萨班斯－奥克斯利法案》（*Sarbanes－Oxley Act*）。[①] 该法案涉及内容十分广泛，但其中影响最大、同基金信息披露制度改革也最密切的，莫过于其要求基金管理人的首席执行官（Chief Executive Office，简称：CEO）和首席财务官（Chief Financial Office，简称：CFO）们对基金管理人向SEC提交和对公众披露的定期报告的真实性和准确性提供个人保证的严厉规定。如果CEO和CFO故意违反法案的规定而不提供书面保证，则可被处以高达500万美元的罚款和上至20年的监禁。[②] 此外，随着近几年，部分美国国际基金暗中容许特定的大客户与之进行择时交易的行为愈演愈烈，SEC在加大查处力度的同时又于2004年4月作出规则434，要求管理国际基金的基金管理人必须在招募说明书N－1A中的"基金的购买、赎回与股份定价"一项中披露择时交易给其他投资者带来的风险并陈述基金董事会阻止择时交易的方法。[③]

格式N－1A不仅是美国基金招募说明书的披露格式，而且也构成了基金年度报告和中期报告N－2A的主体格式。因此，SEC才不遗余力地对之加以修订和完善。显见，SEC的上述改革举措都是以对法律和证券投资不甚了解的普通投资者作为基金信息的使用对象，从而力图使N－1A规定的各项内容尽可能简单、直接和易于把

① 该法案因由美国参议院议员萨班斯和众议院议员奥克斯利针对上述几个著名上市公司的严重造假现象联合提出议案而得名。其在会计师行业监管、外部审计的独立性、公众公司财务信息披露、管理层责任以及防止证券分析师利益冲突等方面提出了许多新的严格要求，其适用对象是包括上市公司和投资基金在内的公众公司。有关美国《2002年萨班斯－奥克斯利法案》，可详阅《2002年萨班斯－奥克斯利法案》，ZETA－CIA研究中心译，法律出版社2004年版。

② 参见美国《2002年萨班斯－奥克斯利法案》第九编第6条和第十一编第6条的规定。

③ SEC，Rule 434. At http://www.sec.gov/rules/final/finalarchive/finalarchive2004.shtml，2005－12－25.

握，以达到增进基金与投资者之间信息的有效沟通。对 SEC 的改革动机，SEC 前主席亚瑟·拉维特谈到，只要 SEC 能确保基金正确有效地公开其应公开的信息，SEC 就尽到其职责。而如果有投资者在获得来自基金管理人提供的正确有效信息之后发生愚蠢的投资，那纯粹属于个人本身判断的问题，SEC 无能为力。[1] 可见，亚瑟·拉维特的这一番话道出了 SEC 对基金信息披露内容的改革与完善的宗旨是在实现"卖者审慎"(caveat venditor)的基础上推崇"买者自慎"(caveat emptor)的监管文化。

第四节　我国基金信息披露制度存在的问题及其矫正

一、我国基金信息披露制度的内容

目前，我国基金信息披露制度的主要内容由三个层次的法律规范构成。第一层次为规范投资基金信息披露的基本法律制度，主要是《投资基金法》。该法第 0 章的第 60 条、第 61 条、第 62 条和第 61 条的规定基本奠定了我国基金信息披露制度的基本框架，包括我国

---

① Division of Investment Management, SEC, *Protecting Investors: A Half-Century of Investment Company Regulation*, 1992. p. 298.

基金信息披露的基本原则、基本内容和责任机制。[①] 第二层次为行政法规，即 2004 年 7 月 1 日颁布实施的《证券投资基金信息披露管理办法》(以下简称《信息披露管理办法》)，它主要围绕上述《投资基金法》的四条规定分别从“基金募集信息披露”、“基金运作信息披露”、“基金临时信息披露”和“信息披露事务管理”以及“法律责任”五个方面加以详细的展开。第三层次为中国证监会的部门规章，在这些规章中，除了证监会在实施上述法律、法规过程中所发布的公告以及针对某些具体问题发布的解释性说明和建议之外，最重要的要数证监会根据《投资基金法》和《信息披露管理办法》制定的第 1 号到第 5 号《证券投资基金信息披露内容与格式准则》。其中，《证券投资基金信息披露内容与格式准则》第 1 号是基金的《上市交易公告书的内容与格式》，第 2 号是基金的《年度报告的内容与格式》，第 3 号是基金的《半年度报告的内容与格式》，第 4 号是基金的《季度报告的内容与格式》，第 5 号是基金的《招募说明书的内容与格式》。

由此可见，我国基金信息披露制度也包括基金份额初次发行的信息披露、持续性的信息披露和法律责任追究三个部分。基金份额初次发行的信息披露主要采用招募说明书(如果是封闭式基金还要额外提供上市交易公告书)；持续性的信息披露主要采用年度报告、

① 《中华人民共和国投资基金法》第 60 条规定：基金管理人、基金托管人和其他基金信息披露义务人应当依法披露基金信息，并保证所披露信息的真实性、准确性和完整性。第 61 条规定：基金信息披露义务人应当确保应予披露的基金信息在国务院证券监督管理机构规定时间内披露，并保证投资者能够按照基金合同约定的时间和方式查阅或者复制公开披露的信息资料。第 62 条规定：公开披露的基金信息包括：(1)基金招募说明书、基金合同、基金托管协议；(2)基金募集情况；(3)基金份额上市交易公告书；(4)基金资产净值、基金份额净值；(5)基金份额申购、赎回价格；(6)基金财产的资产组合季度报告、财务会计报告及中期和年度基金报告；(7)临时报告；(8)基金份额持有人大会决议；(9)基金管理人、基金托管人的专门基金托管部门的重大人事变动；(10)涉及基金管理人、基金财产、基金托管业务的诉讼；(11)依照法律、行政法规有关规定，由国务院证券监督管理机构规定应予披露的其他信息。第 64 条规定：公开披露基金信息，不得有下列行为：(1)虚假性、误导性陈述或者重大遗漏；(2)对证券投资业绩进行预测；(3)违规承诺收益或者承担损失；(4)诋毁其他基金管理人、基金托管人或者基金份额发售机构；(5)依照法律、行政法规有关规定，由国务院证券监督管理机构规定禁止的其他行为。

半年度报告、季度报告、临时报告和开放日基金资产与基金份额的净值报告等。而基金信息的法律责任追究则主要体现为证监会对有关基金信息披露义务人违规披露的各种行政处罚措施。①

从形式上看，上述基金信息披露制度的组成部分似乎已经相当完善，甚至比美国更为全面，但从具体内容上看，却又显得十分的庞杂和凌乱，以致实际运行效果大有过犹不及之嫌。在笔者看来，我国基金信息披露制度目前主要还存在以下几点不足。

（一）基金招募说明书的格式设计主次不分、杂乱无章以致实践中各基金披露的招募说明书重点不突出、篇幅冗长、晦涩难懂，偏离了投资者使用它的初衷

"良好的开端是成功的一半。"基金招募说明书作为基金单位初次发行之际广大投资者可以查阅的唯一文件，其格式设计的项目披露顺序、内容表述如何对他们能否正确地选择适合自己的基金产品无疑发挥着基础性的作用。综观我国《证券投资基金信息披露内容与格式准则》第 5 号《招募说明书的内容与格式》的规定，我国基金招募说明书正文部分要求基金管理人披露共计 25 个与基金运行有关的项目信息，数量与美国相比相差不大，然而仔细一看，这些项目在说明书中的排列顺序远不及美国的科学和合理（具体内容可见表 4-3）。因为从常理而言，无论是作股票、债券抑或是其他金融产品的投资，普通投资者首先要关注的是该金融产品可能获取的投资收益及承担的潜在风险，而后再结合自己的具体情况来决定是否展开投资。基金投资亦不例外，如果一份公开的基金招募说明书无法向投资者一针见血地传递基金的收益与风险这一核心信息，那么这种文件在披露上的有效性必大打折扣、令人生疑。我国的基金招募说明书格式恰恰"犯此大忌"。作为揭示基金投资与风险的项目即"基金的收益与分配"和"风险揭示"被置于整个说明书的最后部分，一个是第十

---

① 这些行政措施主要表现为警告，并处罚款，情节严重的，暂停或者取消基金从业资格四种。参见《证券投资基金信息披露管理办法》第 9 章"法律责任"的规定。

六项，另一个是第二十项。而另外描述基金投资策略和基金运行费用这两个关键信息也于第十二项和第十七项才得以披露。相反地，基金招募说明书披露格式的开头部分除了“基金管理人”这一项目之外，基本上都充斥着与基金投资有关联但不起关键作用的信息，如“绪言”、“释义”、“基金托管人”、“基金募集”、“相关服务机构”、“基金合同生效”等。

以 2006 年 4 月 7 日公开的《海富通强化回报混合型证券投资基金招募说明书》为例，该基金招募说明书基本按照《招募说明书的内容与格式》加以编制，除了摘要、目录和封面之外，正文部分包括 26 个披露项目，排列顺序依次为：绪言、释义、基金管理人、基金托管人、相关服务机构、基金的募集、基金合同的生效、基金份额的交易、基金份额的申购与赎回、基金的转换、基金的非交易过户与转托管、基金的投资、基金的财产、基金资产的估值、基金的收益与分配、基金的费用与税收、基金的会计与审计、基金的信息披露、风险揭示、基金的终止与清算、基金合同的内容摘要、基金托管协议的内容摘要、对基金份额持有人的服务、其他应披露事项、基金托管人和基金管理人的更换、招募说明书的存放及查阅方式及其备查文件，总共 97 页，大约 4.8 万字。① 在这 26 个披露项目当中，对于基金的投资、基金的收益与风险的揭示仅位于第十一项、第十四项和第十八项。换言之，投资者至少必须阅读完前面十项内容亦即 2 万多的文字量后方可看到这些关键信息。而且，这些信息在表述用语上极为专业化，如“基金的投资”这一内容中就有近百个类似“市场中枢价值评估模型”、“新股IPO 套利策略”、“增发套利策略”、“期间收益率”、“滚动收益率”等专业术语，并且不见有任何的脚注解释，更有甚者，干脆连中文和英文全称的表述都给予省略，直接冠之以“DCM、DCF 或 DFCF 模型”的英文简称，读起来令人一头雾水。如此晦涩难懂的招募说明书，一般

① 《海富通强化回报混合型证券投资基金招募说明书》，At http://www.china-fund.cn/baogao/519007zm.pdf，2006－4－14。

投资者，是很难有时间和耐心去通读和领会的。

以上笔者虽以某一家基金管理公司发布的招募说明书为例，但举一可以反三，只要随便浏览我国其他基金初次公布的招募说明书，我们可以发现上述的问题基本大同小异。根据中国基金网 2005 年在网上所作的一项投票调查显示，目前我国国内有超过七成的基金投资者在认购或申购基金单位时根本不查看基金招募说明书的内容。为什么专门为基金投资者量身定做的基金招募说明书在实际中会遭到投资者的如此冷遇呢？个中的原因除了我国基金投资者对招募说明书的重要性认识不够之外，剩下的恐怕要归咎于这种基金招募说明书的主次不分、杂乱无章的披露顺序和晦涩难懂的披露用语了。笔者认为，我国现在的基金招募说明书似乎有点重蹈美国当年的覆辙，与投资者使用它的初衷相去甚远。

表 4-3　中美基金招募说明书信息披露的顺序与内容的比较

美国的格式 N－1A	我国的格式
第一部分：招募说明书所要求披露的信息	
1. 封面与封底	1. 招募说明书摘要
2. 风险/收益总结：投资、风险与业绩	2. 招募说明书封面、目录
3. 风险/收益总结：基金费率表	3. 绪言
4. 投资目标，主要投资策略、相关风险与证券的持股情况	4. 释义
5. 管理、组织与资本结构	5. 基金管理人
6. 股东信息	6. 基金托管人
7. 基金股份的销售安排	7. 相关服务机构
8. 重点财务信息	8. 基金的募集

续表

美国的格式 N－1A	我国的格式
第二部分:附加信息报表所要求披露的信息	
9.封面与表格目录	9.基金合同的生效
10.基金历史	10.基金份额的交易
11.基金及其投资与风险情况的描述	11.基金份额的申购与赎回
12.基金运营费用信息	12. 基金的投资
13.控制人与主要持股人	13. 基金的业绩
14.投资顾问与其他交易	14.基金的财产
15.基金经理	15.基金资产的估值
16.证券交易量的分配	16.基金的收益与分配
17.所持的股票与其他证券	17.基金的费用与税收
18.基金的购买、赎回与股份定价	18. 基金的会计与审计
19.基金的税收情况	19. 基金的信息披露
20.基金单位的规模	20. 风险揭示
21.基金业绩数据的计算	21. 基金的终止与清算
22.财务报告	22.基金合同的内容摘要
23.相关法律问题概览	23. 基金托管协议的内容摘要
第三部分:其他信息	
24.为基金所控制的相关当事人	24. 对基金份额持有人的服务

续表

美国的格式 N－1A	我国的格式
第三部分：其他信息	
25.关联人士的免责情况	25. 其他应披露事项
26. 投资顾问的商业或其他联系	26. 招募说明书的存放及查阅方式
27.主承销商的情况	27. 备查文件
28.账户和记录的托管处	
29.投资顾问的管理服务	
30.基金管理人的承诺与预测	

资料来源：根据美国 SEC 的 Form N－1A 与我国证监会《证券投资基金信息披露内容与格式准则》第 5 号《招募说明书的内容与格式》整理而成。

（二）基金定期报告编制的时间偏长，信息披露的有效性较差

根据我国《信息披露管理办法》的第 18 条、第 19 条和第 20 条的规定，我国基金管理人应当在每年结束之日起 90 日内，编制完成基金年度报告；在上半年结束之日起 60 日内，编制完成基金半年度报告；在投资组合变更之日起 15 个工作日内，编制完成基金投资组合公告。这些条款规定的各报告编制时间早在 1999 年 3 月证监会发布《证券投资基金信息披露指引》（证监发[1999]11 号）时起就开始受到人们的微词，因为这恰恰成为 2000 年“基金黑幕”中“信息误导”事件的一大起因。正如有基金业内人士分析的那样：正是各定期报告编制的时间过长（尤其是年报的编制时间有 90 天）才使得当时很多基金管理公司在基金年报公告的时间内暗中为图利自我而进行基金股票仓位的调整，从而很可能使这些基金定期报告中披露的基金

持股信息不是“现在时”或“现在进行时”，而是“过去时”。[1] 事实上，基金的资产负债结构相对简单，统计汇总比较容易，完全可以在较短的时间内披露有关信息，加上基金资产经常处于变动之中，因此，参照上市公司信息披露制度的时限要求披露基金信息就显得有些不妥。[2] 对此，笔者也认为我国上述规定暴露出我国基金持续性信息披露时间滞后期相对较长，在很大程度上会影响信息披露的有效性。

二、完善我国基金信息披露制度的若干立法建议

第一，证监会作为我国基金信息披露的监管机构，要妥善地解决基金信息披露中存在的一对矛盾，既要全面披露影响投资者投资决策的所有基金信息，又要做到披露内容重点突出、主次分明，能为广大的投资者更直观地了解和接受。为此，笔者认为完善我国的基金信息披露制度可像美国 SEC 那样采取两个途径并举的方式：一是调整现有招募说明书格式中各项目的披露格局，使之更为合理化；二是加强对披露内容用语、方式等的统一规范，提高整个说明书的可读性。

具言之，对于第一种途径，笔者建议可以借鉴美国格式 N－1A 的设计，将“基金的投资”和“风险的揭示”从原来的第十二项和第二十项放置于基金招募说明书的前两项，以便普通投资者能一目了然地把握基金的投资与风险方面的信息，从而能结合自身的情况对是否决定投资、购买该基金有一个初步大致的判断。接着，也可根据影响投资者投资决策的密切程度将其余几个较为重要的信息也调整到招募说明书的前面。比如，“基金的收益与分配”和“基金的费用与税收”这两个项目与投资者能否获得预期投资收益息息相关，笔者认为它们也应从原来的第十六项和第十七项往前置放。同时，基金招

① 平湖、李箐：《基金黑幕——关于基金行为的研究报告解析》，载《财经》2000 年第 10 期。

② 何孝星著：《证券投资基金运行论》，清华大学出版社 2003 年版，第 173 页。

募说明书虽是基金单位初次发行的文件，初次发行当然无所谓有基金业绩的历史信息，但一旦该基金单位初次发行募集完毕后成功进入运营阶段，则有关“基金的业绩”这一项目提供的信息对于那些准备进行基金单位申购或赎回的投资者而言也是非常重要的，因而往往是基金管理人更新基金招募说明书后备受投资者关注的焦点。[①]所以，“基金的业绩”这一项目笔者认为也应该放置于招募说明书的前列。此外，一旦决定投资某个基金，投资者肯定也很想知道有关如何办理基金份额的申购与赎回的程序，故该项目也应前置。如此一来，经过调整后的我国基金招募说明书格式从第一项到第六项就可以比较集中显示所有影响基金投资与收益的各种核心与关键因素。相反的，那些对于投资者欲了解所发行的基金单位的特点帮助不大、相对次要的信息，比如有关基金管理体制方面的共同信息，像“基金托管人”、“相关的服务机构”、“基金的募集”、“基金合同的生效”和“基金份额的交易”等都是所有投资基金必须遵守的行业自律规定，因而完全可以如同美国格式 N－1A 那样将之归放到说明书的后半部分。

除此之外，对于我国格式中的第十九项“基金的信息披露”，笔者总觉得有“画蛇添足”之嫌：既然招募说明书是基金的信息披露文件，其披露的各种信息自然属于“基金的信息披露”，不知证监会何以还在文件内容中设置“基金的信息披露”这一项目。不仅“同语反复”，而且易产生逻辑混乱，让人有杂乱无章之感。因此笔者认为此项目纯属多余，建议证监会在今后修订招募说明书格式时给予删除。[②]至于其他的三个项目，如“基金的终止与清算”、“基金合同的内容摘

---

① 这主要是针对开放式基金而言的。根据《证券投资基金信息披露管理办法》第 12 条的规定：开放式基金的基金合同生效后，基金管理人应当在每 6 个月结束之日起 45 日内，更新招募说明书并登在网站上，将更新后的招募说明书摘要登 在指定报刊上。

② 从证监会对“基金的信息披露”这一项目的披露要求来看，其内容主要是要求基金管理人陈述基金披露的形式、文件种类、存放地点和查阅方式等。这显然又与招募说明书的第二十六项“基金招募说明书的存放及查阅方式”相重复。因此，这也从另一方面说明证监会设置此披露项目是多此一举。

要”和“基金托管协议的摘要”,由于这些内容证监会事先都已分别有颁布专门的规章加以统一的规定,而且投资者在认购或申购基金单位处也都有现成的基金契约可以查阅,所以笔者也认为可以考虑不予保留。

综上,经过“瘦身”之后的我国基金招募说明书披露的项目与顺序可为:绪言、释义、基金的投资、基金的风险揭示、基金的收益与分配、基金的费用与税收、基金的管理人、基金的业绩、基金份额的申购与赎回、基金的财产、基金资产的估值、基金的会计与审计、对基金份额持有人的服务、其他应披露事项、招募说明书的存放及查阅方式和备查文件,共计 16 个项目。这样,整个招募说明书的格式就不仅比以前显得重点突出、简明扼要,而且逻辑清楚,更易于为投资者所接受。

至于第二种途径,笔者认为我国证监会应尽快早日出台类似美国 SEC 的《简明英语规则》,以对我国基金信息披露形式作统一规范:对我国招募说明书的披露用语、句子表达、脚注说明等形式给予统一的规范,并尽可能要求基金管理人应用表格、坐标、图示等更加直观的方式来加以披露,以力求图文并茂、通俗明了,提高基金信息披露的有效性。

第二,为提高所披露基金信息的及时性,使基金披露的信息更加有效、可用,防止基金管理人在基金信息披露期间乘机暗中进行基金所持股票买卖牟取私利,用过时信息误导基金持有人,笔者认为缩短基金信息披露文件现有的披露时间规定极为必要。即调整现有的基金年度报告、中期报告的时限要求,分别将这两种报告的披露时间缩短一个月,变为在一会计年度结束后,基金管理人要在 60 日之内披露年度报告,在半年度结束后的 30 日内披露中期报告。此外,如果基金管理人的确出于基金的投资需要而不得不调整信息披露期间基金的股票仓位,除了必须得到基金独立董事的同意和批准之外,还应要求其将此事实以临时报告的形式及时向投资者披露,以免产生误导。

第五章

基金管理人不当行为的法律责任

“任何法律都不能没有牙齿，制度只有以责任为后盾，才具有法律上之力。一切以法律形态实现的目的、宗旨、理念、权利皆是如此。”[①]同样，如果基金法上的信赖义务、独立董事和信息披露制度缺乏相应的法律责任机制作保障，那么它们就会形同虚设，宛如一个国家缺乏了军队、警察和监狱那样，丧失其对基金管理人不当行为应有的规制作用和威慑力。因此，美国《投资公司法》在精心设置上述各种规制环节的同时也非常重视构建完整可行的法律责任机制以维护整个社会的公共利益和实现对基金持有人应有权利的救济。[②] 概言之，美国法上有关基金管理人不当行为的法律责任机制共有三类：行政责任、民事责任和刑事责任机制。由于对基金管理人不当行为一般不宜采取刑罚的方法（详见下文分析），加上在各国实务中，尤以行政责任和民事责任的实施机制较为常见。[③] 所以，本章也将着重以这两类责任为主来探讨美国基金管理人不当行为法律责任规制机制的实施和运用，并对如何改进和完善我国基金管理人法律责任机制提出自己的一孔之见。

---

① 杨志华著：《证券法律制度研究》，中国政法大学出版社 1995 年版，第 250 页。

② Tamar Frankel. *The Regulation of Money Managers: The Investment Company Act and the Investment Advisers Act*, Little Brown and Company, 1980, p. 723.

③ 本章也重点探讨基金管理人不当行为的行政责任和民事责任规制机制。

第一节 基金管理人不当行为的法律责任类型

一、基金管理人不当行为的行政责任

基金管理人不当行为的行政责任为公法上的责任，系指基金管理人在投资基金发行成立与运营过程中因实施基金法律、法规、规章所禁止的不当行为而必须承担的行政上的不利法律后果，主要表现为基金监管当局对基金管理人所实施的各种禁令、警告、罚款、暂停或取消从业资格、关闭或接管等措施，其主要功能是惩罚、教育那些不当行为尚未触犯刑律的基金管理人，主要目的是维护基金业发行和管理秩序的正常运转。

可以说，美国《投资公司法》在很大程度上是一部行政管制法，其理由正如美国 SEC 前主席加·弗兰克(J. Frank)所言："以行政责任机制规制、处理今天复杂的社会、经济问题，是必要的民主方式。"[①] 综观以《投资公司法》为中心的美国基金法律体系，可以说，在前述有关基金管理人不当行为的信赖义务、独立董事和信息披露的各种法律规范中，行政责任机制的作用无不得到国会的极大强化，对此主要体现在两个方面：一方面，国会除了在具体信赖义务、独立董事和信息披露管制条款中直接规定 SEC 拥有相应的行政处罚权力之外，还在《投资公司法》中专条赋予了 SEC 有权制定、发布、修正或废止条例或指令，从而更好地执行《投资公司法》各种条款授予它的权力；[②] 另一方面，与民事责任、刑事责任机制相比，在规制基金管理人的不当行为上，行政责任机制更经常性地被 SEC 发挥作用，因而在美国

① 加·弗兰克(J. Frank)是美国新政时期 SEC 的第四任主席，为极端现实法学派的代表人物，1940 年的《投资公司法》和《投资顾问法》都是在其任期内完成的。具体内容参见陈春山著：《证券投资信托契约论》，台湾五南图书出版公司 1987 年版，第 303～305 页。

② 参见《投资公司法》第 38 条"条例及指令；SEC 的一般权力"之规定，See 15 U. S. C. § 80a－38(a)(1994).

《投资公司法》和其他基金法律责任体系中占据着更高的地位和比重，直至今天，国会对用行政责任机制来预防和处罚基金管理人的不当行为依旧十分推崇。[①] 美国法如此，后期引进投资基金的其他国家或地区的基金法也都非常重视运用行政手段来对本国基金管理人的各种不当行为实施严格的责任追究。即便原本对行政管制手段较少重视的英国基金法晚近也感到不能满足对日益复杂的投资工具的监管需求而开始着手调整原有监管方式，即从高度的自律监管转向自律监管和行政监管相结合的方向，目的也是通过强化基金管理人的行政责任机制以更好地弥补以往单纯自律监管的不足。[②]

行政责任机制在各国基金法中得以强化不仅与各国立法者意识到追究基金管理人不当行为法律责任的重要性有关，更重要的是这已成为一种客观需要。与其他责任机制相比，利用基金监管当局的行政手段来追究基金管理人不当行为的法律责任有如下几个方面的优势。

首先，基金监管当局作为基金业的专门监管机构，其内部往往配置有包括精通法律、财务、投资理财和调查执行等专业在内的工作人员，因而不仅在基金规则制定权和执行权方面具有很强的专业性，而且与普通投资者、法院或检察机关相比，其在调查、处理基金管理人

---

① James d. Cox, Robert W. Hillman, Donald C. langevoort. *Securities Regulation: Cases and Materials* (3). Aspen Publishers, Inc., 2001. p. 1176.

② 从世界上第一个投资基金在英国诞生后到上个世纪末，英国政府长期奉承一般不干预基金具体事务的监管理念，对基金业强调通过行业自身制定出来的相应规则来进行自我约束和管理，因而实施的是以基金行业自律为中心的监管体制，即由一个半官方性质的证券投资委员会(Securities and Investments Board，简称 SIB)负责制定有关基金监管方面技术性较强的政策和措施，而在 SIB 之下又设有一个较强自律性的民间组织(Self—Regulation Organizations，SROs)即基金行业协会来进行基金业的具体监管，保持基金业的自由竞争。然而，由于英国基金行业协会是通过“会员制”来管理基金的，结果，这种单纯的自律监管中很难展示法律的权威功能，久而久之容易形成行业协会的垄断。因而从 1998 年开始，英国布莱尔政府进行了金融监管体制的改革，于同年的 6 月 1 日成立金融服务管制局(Financial Services Authority，简称 FSA)以取代原来的 SIB。FSA 直接从属于英国首相，全面负责银行、保险、证券业的监管。显然，这种改革的主要目的之一就是要加强对包括集合投资计划在内的金融业的行政管制。

各种不当行为方面更为得心应手:因为这些专业人员的专业能力使之能更好地联系、结合基金具体的投资活动来客观判定基金管理人某一不当行为的进程及其对基金利益造成的损害程度从而正确地对基金管理人课以与之相称的法律责任。

其次,就不当行为法律责任条款的制定过程来看,基金监管当局更具有主动性、动态性和及时性优势。这里的主动性是相对法院而言的,众所周知,在普通法国家,法院的判例具有约束力,因而在一定程度上可以理解为立法的一部分,但法院通过判例立法来确立形成不当行为的法律责任机制是事后的,而且必须在提起诉讼并判决之后才得以最终完成;相反的,基金监管当局则可以根据自身对基金管理人不当行为的研究和管制实际,主动运用法律赋予的规则制定权,制定相关的法律责任条款。而动态性主要是针对立法机关来说的。一般而言,在国家立法层面上,一国立法机关制定的行为主体的法律责任条款应既有必要的普遍性又能兼具相对的稳定性,因此,这就决定了各国基金法中给出的基金管理人不当行为法律责任条款较为一般化和笼统化。而基金监管当局则可以在符合法律规定的基础上根据不当行为表现方式的演变而不断地更新和完善,因而其制定的法律责任条款是动态的。此外,基金监管当局在制定不当行为法律责任条款中所具有的及时性优势是同时相对立法机关和法院而言的。因为立法机关所制定的相关法律责任条款或修正案一般需要经过较长的法定程序,而法院通过判决来制定不当行为的法律责任条款更是漫长,许多案件从提起诉讼到最后终审判决往往需要几年的时间。而与之不同的是,监管当局的行政立法程序非常的简便和灵活,这种程序上的特点决定了行政立法将更多地参与不当行为法律责任条款的制定。

再次,从不当行为的法律责任机制实施效果来看,按照美国《投资公司法》的另一个主要起草人杰米斯·兰迪(James Landis)的观点,强化 SEC 行政管制手段可以很好地矫正以往单纯依赖法院执行的缺陷和不足。[①] 事实确实如此，法院的执法必须源于他人提起的诉讼，因而是后发被动反应型的，而基金监管当局的执行则是事前积极主动型的，譬如要日常性地监视基金市场，并根据市场的非正常情况主动出击进行处理，所以很多时候这种执行措施都是在基金管理人不当行为的外部性影响发生之前或发生的过程中采取的，而法院的执行一般都是发生在损失发生之后。所以，行政责任机制对于规范基金管理人不当行为具有特别重要的意义。笔者也认为，由于基金运营实务中基金管理人与基金的利益冲突是经常、普遍的，而且相当数量是潜在的，过分依赖法院事后惩罚或救济将无法应付这种局面，大量违反信赖义务和信息披露义务的不当行为将得不到追究，甚至对于潜在很可能演化为现实不当行为的利益冲突交易根本上无能为力，而行政责任机制则可以采取多种宽严相济的措施来防范基金管理人的不当行为。

最后，由基金监管当局实施行政责任机制可以有效地弥补基金持有人参与不当行为治理之不足。由于基金持有人通过积极出席基金股东大会或持有人大会行使表决权对基金管理人进行监督或对基金管理人不当行为提起民事诉讼等形式参与基金管理人不当行为的治理活动对其他没有参与上述活动的基金持有人而言能带来正向的外部性。显然，这种治理效果具有公共产品的性质，因而不可避免会产生像奥尔森所讲的集体行动“悖论”，即某些基金持有人对基金管理人不当行为的治理活动可能会表现出“理性冷漠”或出现“搭便车”的消极行为。[②] 因此，基金监管当局一定程度上的行政干预就可以弥补这些基金持有人上述参与之不足，从社会角度而不是私人（指单个投资者）角度来矫正市场价格机制，从而有助于克服单纯市场治理的失灵。

---

① James Landis. *The Administrative Process*. Yale University Press, 1941. p. 23.

② 有关奥尔森的集体行动悖论，参见［美］曼瑟尔·奥尔森著：《集体行动的逻辑》，陈郁等译，上海人民出版社 1995 年版，第 30～35 页。

二、基金管理人不当行为的民事责任

所谓基金管理人不当行为的民事责任是指基金管理人在投资基金发行成立与运营过程中从事违反有关证券民事法律规范的不当行为而应承担的一种不利后果，主要责任形式有损害赔偿、解约或取消交易等。这种不利后果对饱受不当行为侵害的基金持有人而言则是一种民事救济。因此，对基金持有人的民事救济与基金管理人民事责任的追究在内涵上是重合的，两者实际是一个问题的两个方面。

概言之，各国对遭受基金管理人不当行为侵害的基金持有人的民事救济主要分为两类：一类是专门针对基金管理人违反信赖义务或信息披露义务等不当行为的民事救济，主要见诸各国的证券法和投资基金法中的专门民事法律责任规定；另一类则为普通的民事救济，如公司法（适用于公司型基金）、信托法（适用于契约型基金）、合同法及侵权行为法等民事法律中的责任规定。民事救济的特点在于其直接保护的是不当行为对基金或基金持有人所造成的损害，并不注重不当行为对公众投资者整体或基金市场整体运作所造成的不利冲击和负面影响，因而往往是由特定的、直接或间接受到不当行为侵害的基金持有人或独立董事对基金管理人提起民事诉讼。[①] 当然，这种特点是针对民事救济的直接目的而言，由于民事法律关系是每个基金正常运营所赖以建立的一种最基础和最重要的法律关系，因此，尽管基金管理人不当行为的民事责任机制直接维护的是个体的民事法律关系，但涓涓细流，可以汇成江河，唯有每个基金所赖以运转的民事法律关系稳定和各种民事交易的正常有序进行，整个基金业才能得以平稳健康地发展。所以，就此而言，私法和公法应是一致的，即民事责任机制同行政责任和刑事责任机制一样，其终极目的仍

① 在一些特定的情况下，比如基金管理人侵犯了独立董事进行独立判断所必需的知情权，故意不及时向独立董事提供必要的信息或虚假提供、不充分提供以致独立董事独立判断出错时，基金独立董事也可以对基金管理人提起民事诉讼。

然是维护所有基金持有人利益和整个基金市场的公共利益。不过，与其他两种责任机制相比，民事责任机制则具有以下几种优点。

第一，可以发动广大基金持有人协同监管，充分利用私人执法系统——民事诉讼来惩治基金管理人的不当行为。民事诉讼的提起者多为特定的基金持有人或基金独立董事，他们往往由于各种原因与基金管理人或基金有着种种联系，在受到切身利益的驱动下，他们会比其他人更有动力去密切关注基金管理人的一举一动。在美国，私人提起的民事诉讼是支持基金行政监管与执法的重要力量，美国人常用“私人检察长”(private attorneys general)一词来描述私人民事诉讼在证券执法中所扮演的关键角色。譬如，从 1995 年到 1998 年短短的四年间，美国法院判决的包括基金单位在内的证券欺诈赔偿数额就高达 65 亿美元。[①] 可见，一旦将所有基金持有人的监督力量集聚发挥出来那是相当巨大的，肯定是监管当局所无法比拟的。

第二，有助于使真正的受害者得到补偿。基金管理人从事各种不当行为的真正受害者是基金持有人(在一定条件下还包括潜在投资者和以前的基金持有人)。民事救济由特定的投资者提出，胜诉后由基金管理人(或其关联人)给予赔偿或返还非法所得，据以弥补受害者所受的损害，而行政责任或刑事责任机制罚金都是归缴国库，旨在弥补国家或公共利益的受损，个体的利益无法得到救济。因此，确立民事责任机制在理论上似乎更符合救济的目标。

第三，民事责任机制使“法律规范不取决于行政机构的流行心态或预算限制”。[②] 由于受多重因素之限制，纵使监管当局始终奉承以保护投资者利益为上的监管理念，但其用于监管的各种资源(人、财、物)亦极受限制。因此，与之相比，民事责任机制则是一种成本极低

---

① 张明远著:《证券投资损害诉讼救济论——从起诉董事和高级职员的角度进行的研究》，法律出版社 2002 年版，第 9 页。

② John C. Coffee, Jr. Rescuing the Private Attorney General: Why the Model of the Lawyer as Bounty Hunter is not Working. *Md. L. Rev*, 1983, Vol. 42, No. 214, p. 227.

的监控措施，无须政府投资就可调动大量的基金投资者参与监管，提高监管的效率，及时惩罚与遏制基金管理人的不当行为。

但是，过分依赖民事责任机制也存在一定的不足，主要表现在如下几个方面：

第一，效率不高。一方面，与行政责任机制相比，前已提及，民事责任机制耗时较长，效率不高，不利于及时有效地遏制基金管理人的不当行为；而从另一方面来看，不当行为基本都是基金管理人与基金持有人固有潜在的利益冲突激化的结果，因此，单纯依赖事后的民事救济显然无法预防不当行为的发生或杜绝损害后果的形成，由此足见民事救济手段的被动性。而且，基金管理人的日常工作的主要业务是运用基金资产进行证券投资，证券市场的波动性和不确定性也在一定程度上削弱了民事救济的效果。①

第二，惩罚力度不够。民事救济在原则上是补偿性而非惩罚性的，即以补偿受害人所遭受的损失为主要目标，而惩罚救济仅在侵权法上有零星体现，是一种例外和补充。基金持有人根据信托法、基金法、公司法或财产法等对基金管理人提起诉讼，胜诉后的结果通常只能要求基金管理人吐出非法所得。如依合同法对其起诉，则也只能获得相应的补偿。② 显然，这种救济带给基金管理人的威慑力是柔性有余而刚性不足，难以有效地达到惩罚基金管理人的良好效果。

第三，机制运行动力不足。基金持有人一般通过两种形式参与基金管理人不当行为的治理：即基金持有人大会（基金股东大会）的表决投票或民事诉讼。根据前面的分析，民事责任机制无法提供足够动力去克服集体行动的"理性冷漠"和"搭便车"。尤其对于民事诉讼，在大多数国家或地区由于缺乏集团诉讼或设置严格的诉讼程序限制，理论上可以进行的基金持有人民事诉讼在实践中并不具有可

---

① James d. Cox, Robert W. Hillman, Donald C. Langevoort. *Securities Regulation: Cases and Materials* (3). Aspen Publishers, INC., 2001, p. 984.

② 王苏生著：《证券投资基金管理人的责任》，北京大学出版社 2001 年版，第 180 页。

诉性。[①]

三、基金管理人不当行为的刑事责任

同行政责任一样，基金管理人不当行为的刑事责任也是一种公法上的责任，是指基金管理人在投资基金发行成立与运营过程中故意因实施触犯刑律，构成犯罪的不当行为而必须承担的不利法律后果，主要有罚金、监禁等。其主要功能是对犯罪的基金管理人实施财产或自由剥夺，惩罚、教育改造，对受害人实施安抚，主要目的在于预防基金管理人利用基金资产再次从事犯罪性质的不当行为。[②]

在一定条件下对基金管理人进行刑事处罚的理论依据是，这种不当行为首先应是一种极其严重的不当行为，其严重程度不仅像行政责任所要求的那样已经违反了基金法律、法规与规章的规定，而且还达到了触犯刑事法律的要求，构成犯罪。因为此时，这种不当行为侵犯的不仅仅是特定的投资者利益和社会的公共利益，而且还侵害了整个国家的统治利益。所以正如其他商事领域的任何犯罪不可避免一样，保留和运用刑罚手段及其天生具有的强制性来惩罚和威慑基金管理人，是制止其从事诸如利用管理基金资产之便盗窃、操纵市

① 以我国为例，2001 年 9 月 21 日，最高人民法院要求各级法院对涉及证券虚假陈述的民事诉讼案件“暂不受理”。而 2002 年 1 月 15 日，最高人民法院的态度虽已有松动，颁布了《关于审理证券市场因虚假陈述引发的民事赔偿案件的若干规定》，通知各地法院可以开始受理虚假陈述引发的民事诉讼，但即便如此，最高人民法院仍设置了如下前置程序限制：第一，诉讼理由只能是虚假陈述，不包括市场操纵、内幕交易等；第二，必须是证监会查处的案件方能起诉；第三，只能是单独或共同诉讼，不能是集体诉讼。具体内容详见，张海波：《备受争议的前置程序》，At http://business.sohu.com/26/97/article204489726.shtml，2006－4－30.

② 有学者认为，基金管理人从事犯罪性质的不当行为应属于一种白领罪行。白领罪行是指一工业社会的上层白领或精英们利用本身拥有的极强专业技术和较高职业权限而从事的一种犯罪行为。自 2001 年来，美国安然、世通、施乐等大型上市公司的一系列财务造假案使得白领罪行的提法变得流行而引人重视。白领罪行不仅造成巨大的经济损失，而且对社会利益（主要是指社会信任、社会道德规范、社会秩序等方面）造成更大的损害，而投资基金管理人利用基金资产从事犯罪行为正是一种典型的白领罪行。相关论述，See Edwin H Sutherland. Is White Collar Crime Crime. *American Sociological Review*，2002，Vol. 10，p. 132.

场、内幕交易或盘后交易等一系列具有犯罪性质的不当行为的根本所在。[①] 与其他两种责任机制相比，刑事责任机制具有如下特点。

第一，广泛性。刑事手段关注基金管理人不当行为对一般投资者的普遍的严重消极影响，不太注重基金管理人是否为特定的基金管理人，其损害对象是否为特定投资者，因而其适用范围较为广泛。

第二，惩罚性。这种模式的基本目标是为了保护社会公共利益和国家统治利益，重视以惩戒为原则的刑事制裁，因而有别于以补偿损失为原则的民事救济，具有比民事责任和行政责任机制更强大的威慑力。[②]

但根据各国管制经验，刑事手段不宜作为规制基金管理人不当行为的主要手段，与民事手段和行政手段相比处于相对次要的地位。这是由刑事手段的局限性、现代证券交易的特点和不当行为的性质所决定的。

首先，与民事责任机制相比，提起刑事诉讼往往要承担十分繁重的举证责任，因为刑事责任机制实施的证据标准十分严格。如在英美法系国家，对刑事案件所使用的证明标准要求达到按情理无可置疑的程度(proof beyond a reasonable doubt)，即只要陪审团对于公诉人指控所提交的证据存在“合理的怀疑”(reasonable doubt)，则不应当判当事人有罪。相反，民事诉讼对举证要求的门槛则低得多，只要求证据所证明的结果能达到使具有普通常识的人认为具有必然的“盖然性”(reasonable certainty)程度即可。[③] 因此，如果过分依赖刑事手段，可能会使得大量不当行为因公诉人调取的证据够不着刑事诉讼的证据标准而成为漏网之鱼，无法得到相应的定罪和惩罚。

其次，证券交易常常涉及法律、财务、金融、计算机方面等一系列

---

① James d. Cox, Robert W. Hillman, Donald C. Langevoort. *Securities Regulation: Cases and Materials* (3). Aspen Publishers, INC., 2001, p. 1183.

② 王苏生著：《证券投资基金管理人的责任》，北京大学出版社 2001 年版，第 181 页。

③ 白绿铉著：《美国民事诉讼法》，经济日报出版社 1996 年版，第 137～138 页。

专业知识的操作与运用，特别是现代证券交易逐步走向无纸化交易，电脑自动撮合成交及证券中央集中托管的情况下，有关证据、记录、文件极易被销毁而不留痕迹。加上交易过程迅速多变，在发现证据和取得证据等问题上均面临很大的困难，往往因证据不足而影响调查和起诉的案件数量，结果是最后真正定罪的案件数目极少，其实际效果有限。①

最后，根据前面所提的委托代理理论：即只要有机会，代理人都会从谋求自己私利的最大化出发，运用代理权利在代理中从事不当行为。由此足见不当行为是一种与人性相连的机会主义行为，其常态表现就是未达到信赖义务所要求的忠实义务和注意义务标准而已，与故意证券犯罪行为在性质上不可等量观之，只能防微杜渐，而无法釜底抽薪。若在这些不当行为尚未恶化为犯罪行为（即成为严重的不当行为）之时而将其纳入刑罚手段的调控范围加以封杀，那么势必人心惶惶，无人愿意从事基金理财工作，最终使整个基金业逐渐萧条萎缩。可见，刑罚作为最严厉的司法手段，一旦适用不当，就会给社会带来严重的负面影响。因此，以刑事责任机制为主要手段来管制基金管理人的不当行为不仅与刑罚目标不符，而且不利于基金业的可持续发展。在笔者看来，基于刑事制裁这种高风险和高成本的执法特点，除非基金管理人不当行为的性质十分恶劣，符合刑法所规定的内幕交易罪或操纵市场罪等犯罪行为的构成要件，否则不宜动用刑罚。笔者认为，这也是为什么自我国刑罚规定证券犯罪以来，

① 王苏生著：《证券投资基金管理人的责任》，北京大学出版社 2001 年版，第 182 页。

司法机关一直慎用刑罚手段的原因所在。①

第二节 基金管理人不当行为的行政责任

一、基金管理人不当行为的行政预防

SEC对基金管理人不当行为的行政预防突出地表现在两个方面：其一是根据《投资公司法》授权由其负责对基金管理人申请进行某些符合特殊条件的关联交易给予事先的审查、批准或豁免，其二是对基金管理市场准入的审查或批准。前者侧重对基金管理人关联交易行为的监管，旨在消除基金管理人与基金潜在的利益冲突交易转化为现实的不当行为，以确保基金管理人正确处理与所管理投资基金的利益关系；而后者是审慎性监管，侧重监督基金管理人本身是否具备起码的职业道德。可以说，这两方面的监管是相辅相成的：一方面加强对关联交易行为监管有助于抑制基金管理人进入基金管理市场后萌生“捞一把就走”的投机心理；另一方面，严格的审慎性监管可以很好地起到过滤、甄别基金管理人的作用，将不符合SEC要求的不合格的基金管理人排除在基金管理市场之外以减少不当行为的发生概率。对于前者，本书在第二章中分析基金管理人关联交易的规制一节时已有叙述，故笔者在此不再赘述。下文重点介绍SEC对基金管理市场准入的审慎性监管。

---

① 如2006年发生了震惊我国基金业界的两明星基金经理构建“老鼠仓”事件，即上投摩根基金管理公司阿尔法基金经理助理唐建在2006年3月通过“唐金龙”及其关联证券账户多次交易“新疆众和”股票，为自己及他人非法获利152.72万元；南方基金管理有限公司基金金元、基金宝元的基金经理王黎敏在2006年8月操作其父亲“王法林”账户买卖“太钢不锈”和“柳钢股份”股票，非法获利150.9407万元。即使该两人的行为性质十分恶劣，属于严重地违反基金管理人信赖义务的不当行为，但我国证监会在2007年查处后也只是对两人作出取消从业资格、没收违法所得和罚款50万的行政处罚，并没有将之移交给司法机关处理。事后，检察机关也没有对两人提起相应的公诉，原因之一是我国刑法没有规定“背信罪”。详情参见《基金“老鼠仓”定性，司法建议增设“背信罪”》，At http://finance.qq.com/a/20080422/000812.htm，2007－12－11.

在美国，任何投资顾问要想成为基金管理市场的供给者，即申请从事基金管理服务，除非符合三种特殊条件：(1)投资顾问之全部客户均在该投资顾问主要营业场所所在州的范围内，而且该投资顾问不就任何全国性证券交易所上市或特许未上市证券提出建议、分析或报告；(2)投资顾问之全部客户均为保险公司；(3)投资顾问在前一年内客户总数少于15个，且既不公开以投资顾问之身份营业，又不作为《投资公司法》规定之投资公司或者《投资公司法》规定之商务开发公司的投资顾问，否则都必须向SEC注册并接受其监管，不经注册的投资顾问不得利用邮政或其他任何跨州商务工具开展任何的投资顾问业务。[①]因此，根据《投资顾问法》第203条c款的规定，任何目前准备成为投资公司的投资顾问都需填写SEC的有关登记申请表。[②] SEC的有关登记申请表采取事先制定的ADV格式。该格式对投资顾问资格几乎没有规定任何积极条件，甚至在财务和教育方面也不作硬性要求，但出于公共利益和保护未来基金投资者利益的目的，SEC在该格式中要求申请人应填写以下必要的和适当的内容，包括：(1)投资顾问正在或准备从业的名称、组织形式；该投资顾问受管辖的州名或其他主权机构的名称；主要营业场所与分支机构的所在地；申请人及其合伙人、职员、总裁以及行使类似职能者的姓名、地址；如果投资顾问是个人性的，该个人的姓名、地址以及雇员数目。[③] (2)该投资顾问、合伙人、职员、总裁、行使类似职能者以及所有对该投资顾问拥有控制权人员的学历、最近10年及目前的商业附属机构。[④] (3)该投资顾问的业务性质，包括提出建议、提交分析、报告的方式。[⑤] (4)由一名独立、公共会计师签字证实的资产负债表和

---

① 15 U.S.C. §80b－3(b)(1994)；15 U.S.C. §80b－3(a).(1994).
② 15 U.S.C. §80b－3(c)(1)(1994).
③ 15 U.S.C. §80b－3(c)(A)(1994).
④ 15 U.S.C. §80b－3(c)(B)(1994).
⑤ 15 U.S.C. §80b－3(c)(C)(1994).

其他财务报表(SEC可要求其提供相关证明)。[①] (5)该投资顾问支配客户资金和账户的性质与权限。[②] (6)该投资顾问提供服务之计价基础。[③] (7)该投资顾问是否以基金管理业务为主要业务的声明和关于该投资顾问的业务是否包含其他证券服务(比如证券经纪或承销服务等)的声明。[④]

在投资顾问向SEC提交ADV表格之后,SEC必须在45天之内启动程序以决定或批准投资顾问的登记申请是否应被拒绝,如果决定给予拒绝登记,则最迟应在120天之内以书面形式正式通知申请人其被拒绝登记及其拒绝的理由。反之,如果投资顾问在此期间没有被给予任何的书面拒绝通知,则意味着其先前的登记申请已经自动生效,投资顾问可转而进行下一步的基金单位募集发行的注册登记申请。一般而言,只要投资顾问的登记申请不属于《投资顾问法》所规定的消极条件,SEC就必须给予通过申请。概括起来说,SEC可以拒绝登记注册的实质性条件可分为两类:其一是投资顾问在登记申请表虚假陈述,其二是投资顾问及其组成人员不具备从事投资顾问业务所需的道德水准。详言之,只要投资顾问或其组成人员具备了以下五种情形,则申请就可能会被拒绝。这五种情形为:(1)在登记申请表或者SEC要求提供的报告中,或SEC之前的任何有关登记手续中,有意制造或唆使制造重大虚假陈述或容易引起歧义的重要实施陈述,或在申请表、报告中隐瞒要求报告的重要事实;(2)在申请登记之前10年之内被判有罪,或在申请登记之后的任一时间内涉及任何证券的买卖,虚假宣誓,提供虚假报告,贿赂、盗窃、抢劫、勒索、伪造、贪污、欺诈性侵占、滥用等非法行为而被判有罪;(3)已被任何享有司法管辖权之法庭的命令、判决、政令暂时或永久地禁止其作为基金投资顾问的申请人;(4)故意违反《1933年证券

---

① 15 U.S.C. §80b－3(c)(D)(1994).
② 15 U.S.C. §80b－3(c)(E)(1994).
③ 15 U.S.C. § 80b－3(c)(F)(1994).
④ 15 U.S.C. §80b－3(c)(H)(1994).

法》、《1934 年证券交易法》、《商品交易法》、《1940 年投资公司法》下的任何规则与条例，以及市政债券规则制定委员会制定的任何规则的任一条款，或不能遵守上述任一条款的申请者；(5)故意帮助、唆使、劝导、命令、诱使或收买他人，使他人从事上述违法行为的申请者。[①]

即便投资顾问的登记申请表在 SEC 处自动得以通过而取得经营基金管理服务的资格，但这并没有意味着 SEC 的审慎性监管活动到此完毕。根据《投资顾问法》第 204 条 a 款规定，任何投资顾问在正式开展基金管理服务前，必须结合其业务特点合理设计、建立、保持、执行书面政策与制度，以防止该投资顾问及其内部组成人员违反《1934 年证券交易法》，SEC 可以定期或不定期地给予检查。[②] 同时，只要 SEC 经过调查和听证后发现投资顾问的关联人确已参与了帮助、唆使、劝导、命令、诱使或收买投资顾问使之出现前述的违法行为，则 SEC 可以基于公共利益与保护基金投资者利益的考虑，发布命令谴责、限制或暂时中止(中止时间不超过 12 个月)该关联人与投资顾问的往来活动和投资顾问的基金发行申请，必要时甚至可以取消该投资顾问已经取得的登记资格。[③]

综上可以看出，在基金管理人的市场准入方面，SEC 采取"注册制"，因而这种行政预防机制比较宽松。只要申请从事基金管理服务的投资顾问的注册资金符合所在州的要求，那么至于该投资顾问自身财力有多雄厚，主要股东是谁，理财能力高低如何，SEC 并不作任何的实质性审查和统一的要求。SEC 所要做的正是尽可能地减少行政干预手段，降低市场进入壁垒，让更多的投资顾问涉足基金管理服务以形成一种有效的市场竞争机制，充分发挥市场自身扶优汰劣的选择功能。有学者对此评价道，与其说 SEC 对基金管理人的市场

---

① 15 U.S.C. § 80b−3(e) (1994).

② 15 U.S.C. § 80b−4(a) (1994).

③ 15 U.S.C. § 80b−3(f) (1994).

准入采取了行政预防，还不如说 SEC 对投资顾问进入基金市场采取了行政鼓励（administrative encouragement），即对那些资料提供属实，过往没有任何违法不良记录的投资顾问进入基金市场的鼓励。[①]

与美国注册制不同的是，我国对基金管理市场准入采取极为严格的特许制。根据《投资基金法》第 13 条的规定：设立基金管理公司，应当具备下列条件，并经国务院证券监督管理机构批准：(1)有符合本法和《中华人民共和国公司法》规定的章程；(2)注册资本不低于 1 亿人民币，且必须为实缴货币资本；(3)主要股东具有从事证券经营、证券投资咨询、信托资产管理或者其他金融资产管理的较好的经营业绩和良好的社会信誉，最近 3 年没有违法记录，注册资本不低于 3 亿人民币；(4)取得基金从业资格的人员达到法定人数；(5)有符合要求的营业场所、安全防范设施和基金管理业务有关的其他设施；(6)有完善的内部稽核监控制度和风险控制制度；(7)法律、行政法规规定的和经国务院批准的国务院证券监督管理机构规定的其他条件。

显然，上述罗列的七项条件仅是设立基金管理公司的必要条件，尚未构成市场准入的充分条件。因为申请人是否最后能得以获准设立基金管理公司还有赖于证监会在申请之日起 6 个月之内结合审慎监管原则审查后才最终决定批准或不予批准。[②] 应该说，在我国基金业的发展还处于初期的今天，考虑到基金管理公司准入后各种不当行为的法律监管制度还不够健全，因而必须重视行政预防手段的作用。如果市场准入的门槛过低，让一个基金管理公司很容易用较低的资本得以掌握几十亿甚至上百亿元的资金，一旦出现严重的不当行为导致众多的投资者利益受损，那么所造成的社会负面影响是巨大的。再者，我国目前的投资基金为契约型基金，其充其量只是从

① James d. Cox, Robert W. Hillman, Donald C. Langevoort. *Securities Regulation: Cases and Materials* (3). Aspen Publishers, INC., 2001, p. 1186.

② 参见《中华人民共和国证券投资基金法》第 14 条的规定。

属于基金管理人管理之下的一堆信托财产，本身不是一个独立的法律实体。由此要求基金管理公司拥有较高的注册资本对确保基金管理人的基本赔偿能力和维持投资者的基本信心是必要的，因而，笔者认为《投资基金法》对《暂行办法》作出修正，将基金管理公司的注册资本从原来的 1 000 万元抬高到 1 亿元是合理的。[①] 但是，基金管理人不当行为给基金持有人造成的损失是以基金管理人的自有资产为限进行赔偿的，与基金管理人主要股东的注册资本无关，所以，上述第 13 条第 3 款中有关基金管理公司的主要股东必须拥有 3 亿人民币注册资本的要求显属多余。相反的，笔者认为我们应如美国法那样，不单对基金管理人的主要股东，还要对其余的成员股东的道德水准提出严格的法律要求，并将 3 年没有违法记录的要求提高到 10 年没有违法记录，以此来引起欲组建从事基金管理公司的相关证券经营、投资咨询或资产管理机构对自身职业操守的重视。

二、基金管理人不当行为的行政责任执法措施

对于基金管理人的不当行为，SEC 可以采用三种行政执法程序对其加以追究：一是在联邦地区法院提起诉讼（federal court actions），申请对从事不当行为的基金管理人提起司法禁止令和其他附带衡平法救济措施；二是行政审裁程序（administrative proceedings），即对有关基金管理人的不当行为施以行政处罚；三是发布调查报告程序（report of investigation），向全社会公布基金管理人不当行为的操作过程及其对投资者的危害。下面，笔者逐一加以分析。

（一）SEC 的司法禁止令诉讼

司法禁止令就是法院禁止或要求从事某种行为的命令，不遵守禁令即构成对法庭的藐视，可处以罚款和监禁。因此，司法禁止令对于约束基金管理人的不当行为具有无可比拟的强制力。基金市场的

① 《证券投资基金管理暂行办法》第 24 条第 4 款规定：拟设立的基金管理公司的最低注册资本为 1 000 万元。

正常运转需要市场参与各方包括基金管理人、证券经纪商和承销商等遵守证券和基金法规的各项规定。为协助SEC更好地维护证券和基金市场秩序，《1934年证券交易法》第21条d款授权"如果SEC发现某人从事或可能从事违反本法条文的行为，有权在具有管辖权的联邦法院提起诉讼，申请永久或临时的禁令或限制令，无须提供担保"。[①]《投资公司法》第42条d款也规定"如果SEC认为某人已经或即将从事违背本法条款的活动，它可以自行决定向一家合适的美国地区法院或属于美国关系范围的美国属地法院或其他地区的法院提起诉讼，禁止此人从事上述活动，并要求此人遵守本法条款及有关条例和指令"。[②] 可以说，自SEC成立以来，司法禁止令诉讼一直是其执行行政责任机制的一大王牌，它不仅引入了司法强制权力来制止证券市场上各种不当行为的恶化，而且通过其中的附带衡平救济措施大大增加了违规者的违规成本，更好地保护了投资者的合法权益。实践中，SEC的司法禁止令诉讼适用《联邦民事诉讼规则》(*Federal Rules of Civil Procedure*)和《联邦证据规则》(*Federal Rules of Evidence*)，具有如下特点。

1. 司法禁止令诉讼的证据标准

法院决定是否签发禁止令的核心原则是"公平"问题，即根据被告已往发生的不当行为情节与性质来判断这样的行为在将来是否还会进一步发生。为此，SEC就要对被告过去所有发生过的不当行为，而不仅仅是最近被查处的不当行为进行调查和论证，以此推断将来是否可能再度发生类似的不当行为。根据《联邦民事诉讼规则》，只要SEC法规执行部通过正式调查(formal investigations)后作出"当事人不当行为性质严重，需要对其处罚"的结论并通知当事人SEC将提出指控，那么SEC就可以自行决定向联邦地区的任一家法院提起禁止令诉讼。

---

① 15 U.S.C. §78a—21(d) (1994).

② 15 U.S.C. §80a—42(d) (1994).

禁止令一般分为暂时禁止令(temporary injunction)和永久禁止令(permanent injunction)两种，因此法院所签发的禁止令不同，适用的证据标准要求也就不同。对于签发暂时禁止令，法院只需与民事诉讼一样遵循证据优势标准(preponderance of evidence)即可裁定。亦即只要 SEC 展示出来的理由和证据比被告的反对证据更有说服力，或者已经能证明被告对公众业已构成“持续威胁”(continuing menace)，法院都会支持 SEC 的诉讼要求。具体到基金业，这种“持续威胁”是指基金管理人的某一基金经理经 SEC 查处时被确认已经连续两次或两次以上从事同一不当行为，或者已经同时从事两种或两种以上的不当行为。显见，暂时禁止令的标准较低，而对于永久禁止令，法院要求 SEC 提供的证据标准就相对较高。SEC 不但必须证明该被告的不当行为已经给投资者造成了“不可挽回的伤害”(irreparable injury)，而且此证明还应建立在被告先前至少已经被 SEC 提起两次暂时禁止令诉讼为前提的基础上。[①] 同时，即便 SEC 提供的证据满足了上述条件；法院还要考虑被告对其行为性质的认识以及不当行为发生的时间和暂时禁止令裁定时间的间隔等因素才能签发永久禁止令。[②]

2. 禁止令的种类、范围及后果

前面已经提到，法院签发的禁止令有暂时禁止令和永久禁止令两种。暂时禁止令的生效时间由 SEC 根据不当行为的情节和危害性在诉讼要求中向法院建议而定，一般分为半年、一年或三年不等。而永久禁止令则没有任何时间限制。无论 SEC 是提起暂时禁止令抑或永久禁止令，禁止令的禁止范围都不仅仅局限于过去被 SEC 查处的那种不当行为，而是包括基金管理人在基金管理活动过程中所

① SEC v. Culpepper, 270F. 2d241, 249(2d Cir. 1959)

② James d. Cox, Robert W. Hillman, Donald C. Langevoort. *Securities Regulation: Cases and Materials* (3). Aspen Publishers, INC., 2001, p. 878.

有利用基金资产为己或关联人谋利的不当行为。[①]

显然，SEC 之所以对基金管理人提起禁止令诉讼目的意在告诫基金管理人对自身行为的检讨以遏制今后类似损害基金或基金持有人利益的不当行为的再发生，表面上看更多的是体现一种制约与威慑作用，以致华盛顿特区联邦法院法官将禁止令的性质简单地描述为是对基金管理人不当行为的一种"轻微的防范措施"。[②] 事实上这种说法是过于低估禁止令在实践中所体现的作用与威力，理由如下：

第一，禁止令以法院命令的形式命令基金管理人必须保证遵守相关法律、法规，如果其今后再"重蹈覆辙"，那么 SEC 就可以因基金管理人不执行禁止令为由将之起诉到签发禁止令的法院，控其藐视法庭。法院往往会视情节的不同而对基金管理人的违反行为直接判以民事或刑事藐视法庭罪加以惩罚，因而基金管理人违反禁止令的后果是十分严重的。[③]

第二，禁止令附带另一后果是基金管理人必须履行加重的信息披露义务。意即基金管理人必须在各种信息披露文件中披露不限时间范围内（即不受 5 年时间的限制）的所有针对其基金管理人主要组成人员（即基金管理人的总裁、基金经理及董事）的所有已经审结或查处的不当行为及其已经立案而未经审结或查处的不当行为。[④]

第三，法院签发禁止令也就意味着法院已经认可 SEC 对基金管理人不当行为违法性的认定。因此，如果以后要是有任一基金持有人对基金管理人同样的不当行为提起民事诉讼，那么作为被告的基金管理人将受到"禁止反言"(doctrine of collateral estoppel)的限

① SEC v. Commonwealth Chemical Securities Inc. , 574 F. 2d 90,99－100(2d Cir. 1978)

② SEC v. First City Financial Corp,. 890 F. 2d1215(D. C. Cir,1989)

③ Penfield of California v. SEC, 330 U. S. 585 (1947) (civil contempt); Williams v. United States, 402F. 2d 47(10th Cir, 1967)(criminal contempt). 转引自王苏生著：《证券投资基金管理人的责任》，北京大学出版社 2001 年版，第 193 页。

④ SEC v. United Fin. Group,Inc. , 474 F. 2d 354,358－359(9th Cir. 1973)

制。[①] 显然，禁止令的这一后果将大大减轻基金持有人在今后的民事诉讼中的举证负担，提高胜诉的概率。

3. 附带的衡平救济措施

司法禁止令虽然有力地降低了基金管理人继续违法的可能性(likeihood of further violations)，但对那些“捞一把就走”只想违法博弈一次的基金管理人而言，禁止令对其没有实质上的处罚，因此并不能完全起到威慑作用。于是，SEC 从 20 世纪 60 年代开始，利用司法禁止令程序，逐渐扩展自己的权力。意即 SEC 在向法院提起禁止令诉讼时候，可以附带向法院提出衡平救济措施的请求。由于证券和基金法规并没有授权 SEC 有这些附带请求的权力，但是根据“联邦法院维护公平的基本权力”原则，美国的联邦法院基本还是接受了 SEC 的主张，认为 SEC 不是一个普通的诉讼主体，而是“执行证券和基金法规、维护公共利益的法定监护人”，因而认定 SEC 提出附带的衡平救济措施申请属于证券和基金法规对 SEC 的授权范围。[②]

第一个支持 SEC 衡平救济措施请求的案件是 1960 年的 Los Angeles Trust Deed & Mortgage Exchange v. SEC 案。[③] 在该案中，第九巡回法院同意了 SEC 提出的任命接收人来接管被告资产的附带诉讼请求。在以后的案件中，SEC 又先后提出了冻结资产、返还非法所得、民事罚款等衡平救济措施的请求，法院都无一例外地给予了支持。今天，SEC 针对基金管理人的不当行为可以向法院提出的衡平法救济措施请求包括：(1) 返还非法所得(disgorgement)。SEC 提出返还非法所得的目的就是阻止不公平的获利，要求基金管理人将其在从事不当行为中从基金获得的利益“吐”出来，归还给受害者基金本身。对此，SEC 只需要证明被告已经从事了严重的不当行为和从中获得了非法所得，而无须证明将来还会发生，法院就可支

① Parklane Hosiery Co. v. Shore, 439 U. S. 322 (1979).

② SEC v. Management Dynamics, 515F. 2d 801, 808(2d Cir. 1975).

③ Los Angeles Trust Deed & Mortgage Exchange v. SEC, 285 F. 2d 162(9th Cir. 1960).

持其诉讼请求。(2)民事罚款(civil penalties)。在某些恶性的不当行为案件中,SEC可以申请对基金管理人施以民事罚款。民事罚款一般是在被告履行了返还非法所得的责任后向美国财政部支付。如果SEC提出对基金管理人施以民事罚款的诉讼请求,法院在审理中一般会走陪审团程序。[①] 民事罚款的数额分为三个层次,第一层次,自然人5 000美元,非自然人50 000美元,或者被告的违法所得,两者择其大者;第二层次,如果被告行为涉及欺诈、操纵、内幕交易、篡改或者放任故意不遵守规则要求,民事罚款数额自然人不得超过5万美元,非自然人不超过25万美元,或者被告的违法所得,两者择其大者;第三层次,如果被告行为涉及欺诈、操纵、内幕交易、篡改或者放任故意不遵守规则要求,且直接或间接地对他人造成巨大损失或者产生了巨大损失的高风险,那么民事罚款数额自然人不得超过10万美元,非自然人不超过50万美元,或者被告的违法所得,两者择其大者。[②] (3)资产冻结(freezing)。法院对冻结范围、条件和时限有广泛的自由裁量权。SEC在申请法院冻结令时常运用的理由是,被告行为产生了违法所得,而被告有转移资产的可能,因而必须冻结资产以偿付给投资基金。(4)指定接管人(receivers)。这种情况发生在投资基金因基金管理人的不当行为而面临着资产亏空,即将被清盘的时候。(5)禁止被告继续在基金管理人中担任基金经理、董事及其他高级管理人员的职务。此项处罚仅适用于那些违反《投资顾问法》第206条反欺诈条款的基金经理,而且其行为性质表明他们已不适

---

① James d. Cox, Robert W. Hillman, Donald C. Langevoort. *Securities Regulation: Cases and Materials* (3). Aspen Publishers, INC., 2001, p. 881.

② 15 U.S.C. §78a—21(d) (1994).

合担任该职务。[①]

(二)SEC 的行政审裁程序

SEC 作为美国行政体系中的特殊主体——独立机构(independent agency),行使的行政审裁权力是一种准司法权,在崇尚三权分立的美国自其出现伊始便受到是否违宪的质疑。疑问主要集中在两个方面:一是美国宪法第 3 条规定的司法权由法院独享的原则,二是宪法第 6 条修正案要求由陪审团进行审判的权利。不过,美国最高法院在众多的判例中无一例外都支持了将裁决权力授予独立机构的立法,如独立机构可以裁决有关外国人的案件、铁路管理中的行政裁决、煤炭价格管制等。[②] 因此,SEC 的行政审裁权力有法可依。

与禁止令诉讼不同,SEC 的行政审裁程序是一种违纪处分措施,属于 SEC 的内部程序,具有简便、高效、直接的特点。对于基金管理人的不当行为,SEC 可以直接对基金管理人采取如下处罚措施。

1. 责令改正

《1964 年证券法修正案》(1964 *Securities Acts Amendments*)授权 SEC 可以向违规人员或将要违规的人员签发责令改正决定(Cease & Desist order,以下简称 C&D)。SEC 签发 C&D 还可以并处返还非法所得、清算、罚金和取消或者暂停职业资格等处罚。如果并处取消或者暂停职业资格处罚,会导致剥夺一个人的谋生手段,

---

① 《投资顾问法》第 206 条反欺诈条款内容如下:任何投资顾问使用邮电或任何跨州商务活动之手段或工具直接或间接进行以下活动均视为违法:(1)利用任何手段、诡计、阴谋来欺骗任何现有的或潜在的客户。(2)参与欺骗、欺诈任何现有的或潜在的客户的任何交易、行为或业务过程。(3)为自己账户交易,尤以向客户卖出或从客户买入任何证券,或者充当第三者的经纪人,有意为客户的账户促成任何证券之交易,而且也没有在征得客户同意的交易完成之前向客户书面披露自己所起的作用。本段所禁止之交易不适用于不作为投资顾问的自营商或经纪人与客户进行的交易。(4)参与任何欺骗性、欺诈性或操纵性的行动、行为或过程。See 15 U.S.C. §80b-6(1994).

② 相关的判例为:Zokonilio v. Wolf, 226 U.S. 271 (1912); Shields v. Liah Ldahocent. R. Co,. 305U.S. 177(1938); Sunshine Anthracito Coal Co. v. Adkins, 310U.S. 381(1940)。

因此 SEC 除了需要通知被处罚的基金管理人之外，还要告知基金管理人有权在收到通知后的第二个月内可以随时向 SEC 要求举行听证。听证由行政法官(administrative law judge，由独立的 SEC 雇员出任)主持，对听证后达成的决定不服的，基金管理人可以申请对其进行行政复议，或者直接起诉到巡回法院寻求司法救济。

从内容上看，SEC 签发的 C&D 与前面提到的法院司法禁止令基本相同，都是对基金管理人不当行为的一种"下不为例"的警戒，但由于出自不同的权力来源，一是行政权力，二是司法权力，以致两者还有以下的几点区别，具体表现为：(1)在 C&D 程序中，处罚手段不如司法禁止令广泛。SEC 只能针对基金管理人，而不能对非监管对象(譬如基金管理人的关联人或其他第三人等)直接加以处罚。而司法禁止令可以针对包括基金管理人在内的所有严重违法、违规者。(2)C&D 的法律效力弱于司法禁止令，如果当事人违反 C&D，SEC 必须起诉到联邦地区法院才能申请对当事人强制执行，而违反司法禁止令者则会直接构成藐视法庭罪。(3)与司法禁止令不同，SEC 在签发 C&D 时无须证明基金管理人将来还会再犯同样的不当行为，而提起司法禁止令诉讼，SEC 要证明被告有继续违法的可能性。

2. 行政处罚

《1934 年证券交易法》授权如果券商、投资顾问、投资公司及上述机构的工作人员故意违反证券法规，SEC 可以根据公共利益的需要对他们处以行政罚款。[①] 罚款的数额对比前述法院的民事罚款标准进行。SEC 在决定对基金管理人施以行政罚款处罚时必须证明是出于维护公共利益的需要。而在证明公共利益时，SEC 会考虑如下因素：(1)基金管理人主观上是否存在恶意(scienter)，即基金管理人的不当行为中是否包含了欺骗、操纵和欺诈的恶意或对法规要求的蓄意违反和罔顾后果的恶意；(2)对基金持有人构成了持续的损害；(3)不当得利的程度；(4)是否为初犯；(5)预防的需要；(6)其他的

① 15 U.S.C. §78a－21(1994).

因素，主要是当事人赔付能力的高低，但当事人需要举证。

(三)SEC 的调查报告程序

《1934 年证券交易法》第 21 条 a 款授权 SEC 在行使调查某一违法行为时，可以自行裁量公布任何当事人违法行为的信息。[①] SEC 据此发布的调查信息被证券业界称为“调查报告”。最初，发布调查报告并不是 SEC 的一项执法措施，因为报告中并没有对当事人进行任何处罚的决定。SEC 只是通过它来宣布一项调查结束后的态度及将可能采取的行政执法措施，以提醒投资者和市场专业人士倍加注意被调查人最近在市场中的表现问题。与 SEC 前两种执法措施相比，调查报告虽非对基金管理人不当行为的一种实质性处罚，但其对基金管理人不当行为的违法性认定无须通过公开听证即可完成。加之这种调查报告对基金管理人的声誉有一定的负面影响，以致在很多场合中，基金管理人为生怕 SEC 公布调查报告而提前损及其声誉，都主动与 SEC 和解，保证不再犯，并采取相应的措施对相关业务环节进行补救。因此，从 20 世纪 70 年代开始，调查报告就开始逐渐演化为 SEC 的另一个行政执法措施，即 SEC 可以在提起禁止令诉讼或进行行政审裁前也可以在报告中向全社会公开基金管理人不当行为的过程、危害及其可能的违法性所在，以儆效尤。

鉴于发布调查报告无须经过公开听证程序，因而国会要求 SEC 必须较为谨慎，应“仅在有助于其履行职责的有限范围内运用该措施”。前 SEC 委员，现布鲁克林法学院教授克美尔(Karmel)也认为调查报告实质上已经构成了对当事人的声誉处罚，SEC 只有在确信当事人已从事了违法的不当行为且公告其违法行为有利于保护投资者或证券交易秩序的情况下，才能运用。[②] 而且，法院在对 SEC 发布调查报告程序进行司法审查时也要求 SEC 提供“明确而可信的证

① 15 U.S.C. §78a－21(a) (1994).

② 转引自 Louis loss, Joel Seligman. *Fundamentals of Securities Regulation* (3). Little Brown and Company, 1994, p.1191.

据”(clear and convincing evidence)。因此，相对司法禁止令诉讼和行政审裁程序，SEC 在调查后还没宣布进行实质性处罚就公开发布调查报告倒是运用得不多。从 2000 年到 2005 年涉及基金业的违规行为调查中，SEC 总共才公布了 4 份调查报告。①

三、我国基金管理人不当行为行政责任规制的缺陷与改进

有关我国基金管理人不当行为行政责任机制的规定主要集中在《投资基金法》第 98 条。根据该条的规定，对于基金管理人从事《投资基金法》第 23 条所列举的不当行为，证监会可处 10 万元以上 100 万元以下罚款，有违法所得的，没收违法所得，造成基金份额持有人损失的，承担赔偿责任；对基金管理人中直接负责的主管人员和其他直接责任人员给予警告、暂停或者撤销其从业资格等行政处罚，并可处 3 万元以上 30 万元以下罚款。从中可以看出，我国证监会对基金管理人不当行为行政责任的追究手段共有四种：(1)罚款；(2)没收违法所得；(3)警告；(4)暂停或者撤销其从业资格。笔者认为，与美国相比，《投资基金法》关于基金管理人不当行为行政责任机制还有以下不尽完善之处。

首先，行政罚款的金额偏低。对于少则掌握几十亿，多则几百亿资产的基金管理人而言，无论是 10 万元，还是 100 万元的人民币罚款金额都很难起到应有的威慑作用。而且，这种规定一个固定的罚款金额的立法方式也很难适应社会的发展。像美国采取固定罚款金额与不当行为的非法所得相权衡，取其最高者的方法来确定最终罚款的金额值得我们参考。

其次，无论是提起司法禁止令诉讼，还是行政审裁抑或公布调查报告，公开性一直是美国行政执法措施最鲜明的特色之一。这种公开性的意义不容低估。第一，在当前激烈的基金市场竞争中，基金管

① 数据是笔者根据美国 SEC 网站逐年公布执法情况总结出来的。具体请查阅 http://www.sec.gov/litigation/admin/adminarchive/adminarc2005.shtml，2006—5—1。

理人仍十分注重自身的形象和声誉，因而这种公开曝光的做法有利于充分发挥行政处罚的威慑作用，让违法的基金管理人“偷鸡不成反蚀一把米”。第二，SEC 每作出一项行政执法措施都会公开当事人的违法事实和据以处罚的法律依据，这实际上已演变成为解释法律、适用法律的有力工具。[①] 鉴于基金管理人不当行为的复杂性和多变性，这一点对增进基金持有人对不当行为的认识和了解，教育他们如何与之作斗争十分必要。第三，公开性增强了行政处罚的透明度，有利于社会公众对 SEC 依法行政进行监督。[②] 而与之相比，我国行政处罚却倾向于内部作业方式，其处理过程缺乏必要的透明度，处理结果也极少公开。即使对那些早已成为“众矢之的”，非查不可的不当行为，我国证监会往往也只是简单地公布处理结果，缺乏对事实认定与法律适用的详尽分析，不利于投资者从中寻求指引和帮助。[③]

最后，我国基金管理人不当行为行政责任机制的功效偏重于事后的制裁，一方面，对于基金管理人将要或准备进行的不当行为，证监会无能为力；另一方面，从现有的行政处罚措施来看，我国行政处

① 王苏生著:《证券投资基金管理人的责任》，北京大学出版社 2001 年版，第 197 页。

② 主要是监督 SEC 的行政执法工作是否在法律的框架内进行，即 SEC 的所有行政执法措施必须符合美国宪法、联邦行政法以及其自身的行为规范，尊重和维护执法对象的合法权利。

③ 在 2000 年 10 月“基金黑幕”事件被媒体揭露之后，中国证监会随后统一组织了有关证券投资基金规范化运作的检查，即对《基金黑幕》一文中所曝光的十家基金管理公司运用基金资产进行的股票买卖，集中抽取异常交易记录，进行统一的技术定量分析；然后通过统计分析，对同一时间内各基金管理公司异常交易记录的总量进行分类、汇总、排序。证监会检查结果发现十家基金管理公司中未存在异常交易行为的仅为两家。然而为避免公开处罚对基金市场造成的极大冲击，证监会则大事化小，对其中七家违规的基金管理公司仅在基金业内部发文要求自查自纠，以对造成相关异常交易行为的直接责任人员和涉及其他较严重问题的人员课以内部纪律处分。而对违规最为严重的博时基金管理公司，证监会虽依据《证券法》第 168 条和《禁止欺诈行为暂行办法》第 24 条的规定对之进行公开立案调查，而最后也就是草草公布暂停博时基金管理公司一位基金副经理的基金高级管理人员从业资格的决定，丝毫没有提及据以立案的依据、该基金副经理违规的经过和之所以对之作出上述处罚的法律依据。参见《证监会查处基金黑幕，欲大事化小》，At http：http：//sz. gtja. com/gtja/content/20010223/9950000040235. html，2006－5－6。

罚也只是着眼于针对过去的处罚,并不能预防基金管理人将来进一步的不当行为。因此,在这一点上,引进类似美国的禁止令诉讼或签发责令改正决定书等行政处罚手段以克服现有行政处罚的被动性是很有必要的。只有如此,才能充分发挥我国证监会对基金管理人不当行为的积极预防作用。

第三节 基金管理人不当行为的民事责任

一、基金持有人的明示民事诉讼

美国对基金管理人不当行为法律责任的追究采用公私法并重的模式。其在重视通过行政或刑事手段制裁违法基金管理人以保护社会公共利益的同时,亦非常重视通过民事责任补偿受害基金持有人所遭受的经济损失。因此,除了 SEC 的行政查处或向法院提起的禁止令诉讼,美国《投资公司法》还授权基金持有人可以针对基金管理人违反证券、基金法律、法规的不当行为提起诉讼以要求赔偿。基金持有人依据这些授权规定所提起的民事诉讼在学理上被称为明示诉讼 (expressly private rights of action)。①

综观美国现有的两部联邦证券法和基金法,明文授权基金持有人可以提起民事诉讼的法律条款主要集中在以下几条:(1)《1933 年证券法》的第 11 条和第 12 条。其中,第 11 条规定,重大误导性登记注册文件准备人、签署人以及其他参与发行人,对使用该误导性文件的人负有相应的民事法律责任。第 12 条则规定,违反该法第 5 条的规定发布重大不实的招募说明书的要约或出售证券的人,对与其有直接买卖关系的人所遭受的损失,应当给予民事赔偿。(2)《1934 年证券交易法》第 9 条、第 16 条和第 18 条。其中,第 9 条 e 款规定:投

---

① Louis Loss, Joel Seligman. *Securities Regulation* (3). New York: Little, Brown and Company, 1989, p. 523.

资者因他人违法第 9 条规定在上市证券交易中操纵市场而遭受到损失的，可以提起民事诉讼，要求损害赔偿。第 16 条 b 款规定，发行证券的公司或基金的高级管理人员、董事和大股东在发行市场中通过内幕交易获利，那么该公司或基金（包括代表公司或基金利益的股东或基金持有人）可以通过民事诉讼要求任何内幕人士将其在 6 个月内买卖证券所获得的利润归还给公司或基金。第 18 条 a 款规定投资者对因信赖招募说明书或其他各种定期披露文件中的重大不实陈述或遗漏而遭受损失的，有权提起民事诉讼。(3)《投资公司法》第 36 条。该条 b 款规定，基金管理人在收取了基金管理费后对基金管理费负有信赖义务，对于基金管理人违反这种信赖义务的不当行为，基金持有人可以代表基金公司的利益对其提起民事诉讼（on behalf of such company against such investment adviser）。[①] 该规定是美国国会在 1970 年修正案中特别增补的，旨在专门解决长期困扰美国基金业发展的管理费监控不力的问题。[②] 迄今为止，该条创建（institute）的民事诉讼仍然是《投资公司法》中唯一明文规定的基金持有人民事诉讼。因而，美国很多学者更习惯于将基金持有人根据《投资公司法》第 36 条 b 款代表公司提起的明示民事诉讼直称为 36(b)诉讼

---

① 该规定的英文表述为："the investment adviser of a registered investment company shall be deemed to have a fiduciary duty with respect to the receipt of compensation for services, or of payments of a material nature, paid by such registered investment company, or by the security holders thereof, to such investment adviser or any affiliated person of such investment adviser. An action may be brought under this subsection by the commission, or by a security holder of such registered investment company on behalf of such company, against such investment adviser ..."

② H. R. Rep. No. 1382, 91st Cong., 2d Sess. 87(1970). 转引自 Robert G. Leonard. The Second Circuit Review—1982—1983 Term: Security: Shareholder Actions Against Mutual Fund Investment Advisers: Placing Limits on the Demand Requirement. *Brooklyn L. Rev*, 1984, Vol. 50, No. 3, p. 817.

(Section 36(b)action)。[①]

综上可见,针对基金管理人的各种不当行为,美国基金持有人可以提起的明示诉讼总共有九种。其中,前八种属于联邦证券法规定的适用于包括基金持有人在内的所有证券投资者,而后一种明示诉讼则为联邦基金法规定的专门授权给基金持有人实施的,也是笔者下文所要着重探讨的内容。

(一)36(b)诉讼的诉权性质

基金持有人在提起36(b)诉讼之前是否应当必须遵守申请请求(demand requirement)这一程序要求,这一问题自国会1970年投资公司法修正案一通过,就开始引起了美国很多证券法和公司法学者的广泛争议。大家争议的焦点主要集中在36(b)诉讼究竟是基金持有人的直接诉讼(direct action)还是衍生诉讼(derivative action)。[②]因为若为衍生诉讼,那么根据《联邦民事诉讼规则》第23条第1款,基金持有人在诉讼之前必须遵循先向基金董事会请求作出批准或同意诉讼的申请程序。反之,基金持有人可不受申请请求的限制而代表基金径直向法院提起诉讼。美国早期的判例基本上都认为基金持有人代表基金针对基金管理人的36(b)诉讼应是衍生诉讼而非直接

---

① David C. Weiss. Comments and Note: The Effect of Section 36(b) of the Investment Company Act of 1940 on the "Demand Requriement" of Federal Rules of Civil Procedure 23.1: Weiss v. Temporary Investment Fund, INC. *Del. J. Corp. L.* 1983, Vol. 7, p. 427.

② 认为36(b)诉讼是衍生诉讼的文献,在美国最近期有: Mark S. Vanderbroek. The Demand Requirement in Investment Company Act Shareholder Action. *U. Chi. L. Rev*, 1983, Vol. 50; David C. Weiss. Comments and Note: The Effect of Section 36(b) of the Investment Company Act of 1940 on the "Demand Requirement" of Federal Rules of Civil Procedure 23.1: Weiss v. Temporary Investment Fund, INC. *Del. J. Corp. L.* 1983, Vol. 7. 认为36(b)诉讼是直接诉讼的文献,在美国最近期有:Robert G. Leonard. The Second Circuit Review—1982—1983 Term: Security: Shareholder Actions Against Mutual Fund Investment Advisers: Placing Limits on the Demand Requirement. *Brooklyn L. Rev*, 1984, Vol. 50; John. A. Otoshi. Note: Class Action Treatment of Shareholders's Suits under Section 36(b) of the Investment Company Act. Colum, *L. Rev*, 1983, Vol. 83.

诉讼。因此，申请请求基本上应自动应用（automatically apply）在36(b)诉讼中，成为基金持有人提起36(b)诉讼的前置程序。

比如，1982年，联邦法院在Grossman v. Johnson案和Weiss v. Temporary Investment Fund, Inc.案中对法院为何要以原告没有进行申请请求为由驳回基金持有人直接提起36(b)诉讼的做法作了较为严密的司法解释。在Grossman案中，第一巡回法院认为《投资公司法》第36条b款已经非常清楚地提供给投资基金直接诉讼的依据，因为该款的表述用语"代表……的利益"(on behalf of...)在立法实践中通常暗示着这是一种公司自身也可以提起的衍生诉讼。[①] 而在Weiss案中，第三巡回法院虽没有赞同第一巡回法院的推理思路，但也是十分坚定地认为36(b)诉讼应为衍生诉讼。对此，第三巡回法院主审法官还特意对此作了十分详尽的分析。首先，其从最高法院1975年在Cort案确立的有关默示诉讼权利存在的测试标准推导出投资基金本身在36条b款下享有默示诉讼权（关于该测试标准，下文将会分析）。并且基金持有人或基金本身提起的民事诉讼都是利用了相同的执法机制（the same enforcement mechanism）来为基金追回过多的管理费。所以承认投资基金具有默示的民事诉讼权利并不影响国会在36条b款中所创立的救济平衡。其次，在确立投资基金享有默示诉讼权之后，法院又进一步阐述了36(b)诉讼所具有的衍生诉讼的特征，包括：投资顾问是对基金而非对基金持有人负有直接信赖义务；投资顾问收取过多管理费是对基金整体而非对个体的基金持有人造成损害；胜诉后从投资顾问追回的管理费是归还给基金而非退还给作为原告的基金持有人。最后，法院结合36条b款的立法背景指出：既然1970年修正案之前基金持有人根据旧条款提起的反对投资顾问滥收过多管理费的诉讼都被视为严格的衍生诉讼，那么在此基础上发展起来的36(b)诉讼也应保持原来的风格不

① Grossman v. Johnson, 674 F. 2d 115(1st Cir.), cert. denied, 103 S. ct. 85 (1982).

变,也应为衍生诉讼。因为国会通过1970年修正案的目的只是要减轻原告的举证负担,[①]而非剥夺这种明示诉讼的衍生本质(dispose the derivative nature of the express action)。[②]

然而,在1983年的Fox v. Reich & Tang, Inc.上诉案中,判例法又否认了36(b)诉讼的衍生性。该案的具体过程为:每日收益基金(Daily Income Fund)的一持有人也就是原告Martin Fox代表该基金首先于1982年向纽约南区法院控告该基金的投资顾问Reich and Tang,Inc在过去的三年内向基金收取了过多管理费。理由是该基金投资顾问全然不顾基金资产增长会带来规模经济(economies of scale)效应的这一事实,而一直按投资顾问合同中确定的固定比例(1.5%)向基金收取管理费。而且,原告宣称(assert)每日收益基金作为一种货币市场基金,其运作模式相对机械(relatively routine),不需要像管理股票基金那样要对市场作周密的分析与实时跟踪,所以投资顾问管理基金的成本基本不会随着基金资产规模的扩大而增长,因而投资顾问的这种做法是毫无道理的,已经违背了36条b款所确立的忠实义务。然而,在一审中,纽约南区法院遵循以往的判例驳回原告的起诉,理由是原告既没有向基金董事会做出申请请求,也没有提供符合《联邦民事诉讼规则》第23条第1款规定的豁免申请的证据。[③] 原告不服,向联邦上诉法院上诉,提出其之所以不想向基金董事会做出申请请求是因为36条b款并没有明文要求36(b)诉讼必须恪守《联邦民事诉讼规则》第23条第1款中的规定。第二巡回法院经过审理后转而支持上诉人的请求推翻了地区法院的裁定,其认为《联邦民事诉讼规则》第23条第1款所规定的申请请求并不必然就自动适用于36(b)诉讼。因为这里的申请请求仅适用于股东凭借专属于公司诉讼权而提起的衍生诉讼。而事实上,36条b

① 正如本书第二章第三节所分析的,1970年修正案使得原告在诉讼中的举证标准从早先的"基金资产浪费"和"信托权力滥用"标准降低到"忠实义务标准"。

② Weiss v. Temporary Investment Fund, Inc., 692 F. 2d 928(3d Cir. 1982).

③ Fox v. Reich & Tang, Inc., 94 F. R. D. 94, 96—98(S. D. N. Y. 1982).

款的表述清楚地显示国会并没有赋予基金诉讼权的意图。因为该法律条款非常明确地道出(explicitly identifies)诉讼权的享有者只能是 SEC 或基金持有人(by the SEC or by a security holder)。至于被告所认为的“代表……利益”(on behalf of)意指(signify)衍生诉讼的见解是站不住脚的,该词仅仅说明不管是 SEC 还是基金持有人提起诉讼,胜诉后的补偿应归属于基金而不是原告所有,因而并没有为基金创造出法定的诉讼权利。而且,第二巡回法院进一步指出真正产生投资顾问滥收过多管理费的问题还是肇因于基金与投资顾问之间这种独特的结构关系。国会创设 36(b)诉讼正是要改善(ameliorate)基金持有人以往根据公司法理提起衍生诉讼救济之不足,因而被告仍将 36(b)诉讼理解为衍生诉讼显然违背了修正案的立法本意。最后,第二巡回法院作出《联邦民事诉讼规则》第 23 条第 1 款规定的申请请求不适用于 36(b)诉讼的决定,原告可以直接起诉投资顾问。①

与 Grossman 案和 Weiss 案不同的是,Fox 案中法院的推理和判决随后就得到联邦最高法院的首肯。最高法院赞成第二巡回法院对 1970 年修正案立法政策的分析,认为投资顾问之所以能成功地向基金收取过多管理费,主要原因在于基金董事会在确保管理费合理性工作上不够称职或力量不足。因此,国会创设 36(b)诉讼意在为基金持有人提供一种比先前更方便、更高效的救济基金受损利益的实施机制,使得那些与基金切身利益关系最为密切的基金持有人能独立地检查管理费的合理性(act independently to check the reasonableness of the fee)。此时,如果还让基金持有人进行申请请求,那么这种请求往往不但造成拖拉(dilatory),而且很容易被某些不称职的董事会以履行商业判断规则为由所拒绝而代之以各种非正式的内部救济方式(informal intracorporate remedies)。如此,如果还让基金持有人恪守申请请求程序,那么 36(b)诉讼跟以往的衍生诉讼并

---

① Fox v. Reich & Tang, Inc. 692 F. 2d 250(2d Cir, 1983).

无两样，其体现出来的方便和高效性就根本无从谈起。[①] 因此，最高法院最后得出结论认为 36(b)诉讼应为一种直接的股东诉讼，如果非要说其具有衍生特质，那么这种衍生性体现的是一种宽泛意义上的含义(the broad sense of the meaning of the term)，不是指那种纯粹必须适用《联邦民事诉讼规则》第 23 条第 1 款申请请求的那种衍生性。[②]

从上可以看出，联邦最高法院在肯定 36(b)诉讼具有衍生性的同时巧妙地从国会立法意图出发令人信服地阐述了申请请求不适用于 36(b)诉讼的依据所在。这种司法解释的作出有力地支持了 36(b)诉讼为直接诉讼的观点。在此后的司法实践中，联邦很多法院在受理 36(b)诉讼时也都认可最高法院的观点，倾向于不要求基金持有人适用申请请求程序。[③]

即便撇开国会通过 1970 年修正案的立法意图不谈，笔者也十分赞同美国联邦最高法院的解释，主张 36(b)诉讼具有直接诉因而非衍生诉因。因为虽然从表象上看，36(b)诉讼确与美国各州公司法规定的衍生诉讼存在着很多相似之处：比如，两者都要求直接受害者是公司而非个体的股东，原告是为维护公司利益而提起的诉讼，原告胜诉后的救济所得应归于公司等。但仔细一推敲，两者在诉权来源上存在着本质的不同。根据州公司法理，在衍生诉讼中，原告据以提起的诉讼权必须专属于基金本身。换言之，原告提起的这种损害赔偿诉讼本应为基金直接提起，但由于种种的原因基金不能或者怠于起诉，以致普通法为救济基金受损的利益才将本专属于公司的诉权

① Robert G. Leonard. The Second Circuit Review－1982－1983 Term: Security: Shareholder Actions Against Mutual Fund Investment Advisers: Placing Limits on the Demand Requirement. *Brooklyn L. Rev*, 1984, Vol. 50, p. 818.

② Robert G. Leonard. The Second Circuit Review－1982－1983 Term: Security: Shareholder Actions Against Mutual Fund Investment Advisers: Placing Limits on the Demand Requirement. *Brooklyn L. Rev*, 1984, Vol. 50, p. 815.

③ John. A. Otoshi. Note: Class Action Treatment of Shareholders's Suits under Section 36(b) of the Investment Company Act. *Colum. L. Rev*, 1983, Vol. 83, p. 2045.

转移给股东代替行使。然与之不同的是,基金持有人在36(b)诉讼中享有的诉权是国会在1970年修正案中明文赋予的,而不是来自于基金诉权的被动授让。更何况基金本身在36条b款下是否必然享有默示诉权至今还一直没有被美国最高法院所明确认可。因此,单从诉权的来源上看,我们可以发现36(b)诉讼并不等同于原来的衍生诉讼。

综上,无论是从国会创设36(b)诉讼是为改善基金持有人民事救济方式的本意出发,还是从36(b)诉讼与衍生诉讼本就存在的差异来看,笔者认为36(b)诉讼其虽具有衍生诉讼之形,但并不具有衍生诉讼之实,因而不是一种纯粹的衍生诉讼,而应定位于一种带有衍生诉讼特征的直接诉讼。申请请求程序在这种诉讼中可以不被遵守。

(二)36(b)诉讼的程序要求

上述论证表明36(b)诉讼不同于州法上的衍生诉讼,因此,基金持有人提起36(b)诉讼的只需证明被告(投资顾问)在收取基金管理费上有过违背忠实义务的不当行为即可,而无须再像以往衍生诉讼所要求的必须证明被告在基金管理费上严重滥用信托权利或导致基金资产浪费。而且,如果被告在36(b)诉讼中未能证明其向基金收取管理费的合理性,那么法院就会认可原告的指控成立,对投资顾问的不当行为作出损失赔偿判决。当然了,这种损失赔偿必须以违背信赖义务的不当行为所引起的实际损失为最高限额,并且在任何情况下都不得超过基金支付给投资顾问的全部管理费金额。[①]

二、基金持有人的默示民事诉讼

除了第36条b款赋予基金持有人可以直接对基金管理人违反基金管理费信赖义务的不当行为提起36(b)诉讼之外,美国《投资公司法》并没有为基金持有人针对基金管理人违反《投资公司法》各种

① 15 U.S.C. § 80a-36(b)(3)(1994).

禁止性条款提供任何的明示救济方式。其只在第 36 条 a 款中规定，当 SEC 认为投资顾问违反对基金信赖义务并存在不当行为时，可以向美国的某一个地区法院或属于美国管辖范围的美国某一属地的法院或其他地区法院请求停止或禁止其执行职务。① 于是，这里就出现了一个问题，既然根据 36 条 a 款，基金监管当局针对基金管理人一般性的不当行为都可以向法院提起诉讼，那么，这是否意味着基金持有人在《投资公司法》中也同 SEC 一样享有诉讼权呢？对于这个问题的回答，笔者觉得有必要结合美国默示民事诉讼权的产生过程和判断方法加以分析。

众所周知，在普通法救济方式上（主要是指侵权法和合同法），不管普通法律是否有专门的明文规定，受害一方都可以根据侵权法向侵权一方或者凭借合同向违约一方提起默示的民事诉讼。因此，受害方享有的这种默示民事诉讼权在普通法上早已成为无须证明的结论。② 但是，受害人根据普通法上的默示民事诉讼权提起的赔偿诉讼请求要得以实现难度较大。比如，对于侵权损害赔偿诉讼，原告除了必须证明损害行为业已发生和损害结果的存在之外，还必须证明两者之间存在着因果关系。因此，在国会通过一系列旨在保护投资者利益的联邦证券法律后不久，为方便投资者在证券投资中更快地获得衡平法的救济，美国法院也开始逐步尝试着从这些法案的目的(statutory purpose)出发来认可投资者享有直接的民事诉讼权，前提是被告违反了联邦证券法律的禁止性条款，且这些法律条款并没

① 15 U. S. C. § 80a－36(a). 该款的原文内容为“The Commission is authorized to bring an action in the proper district court of the United States, or in the United States court of any territory or other place subject to the jurisdiction of the United States, alleging that a person serving or acting in one or more of the following capacities has engaged within five years of the commencement of the action or is about to engage in any act or practice constituting a breach of fiduciary duty involving personal misconduct in respect of any registered investment company...”

② Maher. Implied Private Rights of Action and the Federal Securities laws: A Historical Perspective. *Wash & Lee L. Rev*, 1980, Vol. 37, p. 783.

有明文否认采用民事救济方式。[①] 联邦最高法院率先在这方面作出上述的判例。在 1964 年的 J. I. Case Co. v. Borak 案中，最高法院就推断《1934 年证券交易法》第 14 条 a 款中存在着默示的民事损害求偿权以维护那些在委托书征集中受到误导和欺骗的中小股东利益。因为法院发现在投票代理征集中，中小股东的利益很容易受到侵犯，单凭 SEC 禁止令诉讼来实施第 14 条 a 款力量仍显单薄。所以，民事诉讼理应与禁止令救济一样成为实施禁止性条款的有力工具(an effective tool in enforcement of regulatory provisions)。最后，最高法院认为不单是第 14 条 a 款，在所有《1934 年证券交易法》和其他联邦证券法的禁止性条款中，民事诉讼都可以成为 SEC 禁止令诉讼的必要补充。[②]

不过，因为担心默示诉权在联邦证券法的过分扩大会使得大量的民事求偿案件纷纷进入联邦法院系统，所以进入 20 世纪 70 年代后，最高法院以往支持自由推断联邦证券法默示民事救济方式的立场开始逐渐收敛。[③] 在 1975 年的 Cort v. Ash 案中，最高法院创建了一套测试标准(俗称 Cort 标准)对上述自由默示诉权推断理论作出了限制。这套测试标准认为法院决定原告在联邦证券法中是否享有国会赋予的默示诉权应视其是否同时满足了以下四个要件，包括：(1)原告是否是国会立法所要保护团体中的一成员；(2)在联邦证券立法进程中，国会是否清楚或含蓄地表明其有将要创造某种民事救济方式的意图；(3)原告享有默示民事诉权是否与整个联邦证券法案立法的基本要旨相一致；(4)承认原告的默示民事救济是否会冲击传统州法的管辖地位，或者说，原告仅仅依靠建立在联邦证券法上的默

---

① Maher. Implied Private Rights of Action and the Federal Securities laws: A Historical Perspective. *Wash & Lee L. Rev*, 1980, Vol. 37, pp. 789～793.

② J. I. Case Co. v. Borak, 377 U. S. 426(1964).

③ Maher. Implied Private Rights of Action and the Federal Securities laws: A Historical Perspective. *Wash & Lee L. Rev*, 1980, Vol. 37, p. 795.

示民事诉讼救济是否恰当。[①] 可见，Cort 案表明最高法院对原告在联邦证券法下是否享有默示诉权的推断较以前严格得多，但同时也昭示着最高法院支持原告在联邦证券法下应该拥有默示诉权的信念依旧非常坚定。进言之，最高法院在 Cort 案后只是要求整个联邦法院系统今后必须建立在四要件测试标准上来作这种民事诉权的推断(make the inference on the basis of the four-part test of Cort)，但并不否认默示基本理论在证券民事诉讼中的存在。[②]

根据最高法院在上述 Cort 案中确立的四要件测试标准，我们很容易发现基金持有人在《投资公司法》第 36 条 a 款下存在着默示的民事诉权，理由如下：

第一，《投资公司法》第 1 条 b 款已经开宗明义地表明国会制定该法的宗旨和原则就是在于尽量减少并力图消除对国家公共利益和投资者利益造成不良影响的各种因素，且这一宗旨和原则将作为解释本法各条款的依据。[③] 由此可见，单个基金持有人作为 36 条 a 款下默示民事诉讼的原告无疑成为《投资公司法》所要保护团体的当然成员之一。所以，原告在 36 条 a 款下很容易满足 Cort 标准中的第一要件。

第二，尽管在 1970 年修正案未颁布之前，《投资公司法》原有的 36 条条款也是只明确提供给 SEC 诉权，但当时的立法者几乎都明确承认 36 条也是基金持有人进行默示民事诉讼的依据所在。为此，很多学者认为修改后的第 36 条 a 款的用语在本质上与原来旧的 36 条条款相同，所以 36 条 a 款也应同样沿袭着国会以往支持私人民事救济的意图。[④] 事实上，从 1970 年修正案新增的第 36 条 b 款明确

---

① Cort v. Ash, 422 U.S. 66-78(1975).

② Kartering Carruth Link. Implied Private Rights of Action Under the Investment Company Act of 1940. *Wash & Lee L. Rev*, 1983, Vol. 40, p. 1075.

③ 15 U.S.C. § 80a-1(b)(1994).

④ Clarke Randall, Fiduciary Duty of Investment Company Directors and Management Companies Act under the Investment Company Act of 1940. *Okla. L. Rev.* 1978, Vol. 31, No. 1, p. 659.

赋予基金持有人民事诉权也可以再一次印证国会支持创造基金持有人民事救济方式的意图。另外，在制定1970年修正案的过程中，1969年众议院委员会的关于州际与涉外商业的报告文件有两处地方清楚或含蓄地表明国会具有承认36条a款下存在默示民事诉权的意图。一是该报告澄清了当时人们的错误想法，表明国会新增的专门要为基金持有人提供明示诉权的36条b款并不能被含蓄地解读为国会已经否决了a款下的默示民事救济方式。[①] 二是该报告解释了国会之所以要改变旧36条条款的原因所在，即克服以往类似Saxe等案件在基金管理费诉讼上的不良效果（to overcome the effect of cases such as Saxe on fund advisory fee litigation）。因为基金持有人如果根据旧36条规定的"基金资产浪费"和"信托权力滥用"标准来追回过多基金管理费必须要承担繁重（cumbersome）的举证责任。[②] 可见，上述的立法文件不但没有表明国会要否定36条a款下的私人民事诉讼方式，相反的，却流露出其要尽可能为民事救济方式的实现提供更为便利的途径。

第三，正如第一点所分析的，《投资公司法》的立法宗旨在于保护国家公共利益和投资者利益。但由于1970年修正案只是为基金持有人针对基金管理人向基金收取过多管理费这一不当行为所造成损失进行明示的民事救济，如果不赋予基金持有人在36条a款下的默示诉权，则必会使得基金管理人的其他各种不当行为（即除了收取过多基金管理费之外的不当行为）的民事责任机制无法得到实施。正如参议院在草拟1970年修正案的一份报告中所指出的："36条b款虽只规定基金管理人对其收取的基金管理费负有信赖义务，但这不

---

① H. R. No. 91－1382，91st Cong.，2d Sess. 38（1969）. 转引自 Clarke Randall Fiduciary Duty of Investment Company Directors and Management Companies Act under the Investment Company Act of 1940. *Okla. L. Rev.* 1978，Vol. 31，p. 663.

② Note，Private Rights of Action against Mutual Fund Investment Advisers：Amended §36 of the 1940 Act，*U. Pa. L. Rev.* 1970，120(1)：159.

表明基金管理人不对基金的其他所有事务承担信赖义务。"[①]因此，既然基金管理人对基金(基金持有人)负有信赖义务，那么基金持有人自然可以对其违反信赖义务的所有不当行为直接提起民事诉讼。所以，承认基金持有人在36条a款下的默示诉权与整个《投资公司法》的立法宗旨相一致。

第四，承认基金持有人在36条a款下的默示诉权很容易满足Cort标准的第四要件。因为《投资公司法》第1条第5款已经表明国会更倾向于支持将涉及投资基金事务的案件交给联邦法院而非州法院管辖。因为"投资基金涉及各州的业务活动，它们对州际贸易工具的综合运用以及证券持有人在地理上广泛分布等因素，使得州政府很难对这些投资基金进行有效的管理，以便更好地保护投资者的利益"。[②] 所以，承认基金持有人在36条a款下享有默示民事诉权不会冲击州法的传统管辖地位。

综上，美国国会在《投资公司法》第36条a款中虽没有明文赋予基金持有人拥有同SEC一样直接向法院提起诉讼的权力，但依以往整个证券判例法惯例和最高法院业已确立的Cort标准四要件加以考量，我们也很容易推断出基金持有人的默示损害赔偿请求权。事实上，晚近的司法实践也显示绝大多数的美国联邦法院不仅基本上肯定和支持基金持有人在36条a款下所拥有的默示的直接诉权，而且也逐步推广到认可基金持有人在所有《投资公司法》禁止性条款下享有的默示诉权。[③] 在笔者看来，要求国会在《投资公司法》中都同36条b款那样逐一明文规定基金持有人对每一种不当行为的直接诉权那是不现实的。从这个意义上说，联邦法院承认基金持有人的默示直接诉权对实施基金持有人的民事责任机制是极为必要的。唯

① Senate Commission on Bank & Currency, Investment Company Amendments Act of 1969, S. Rep. No. 184, 91st Cong., 1st Sess, 7(1969).

② 15 U.S.C. §80a—1(5)(1994).

③ Kartering Carruth link. Implied Private Rights of Action Under the Investment Company Act of 1940. *Wash & Lee L. Rev*, 1983, Vol. 40, p. 1085.

有基金持有人的明示诉讼与默示诉讼有机结合，才能将民事责任机制对基金管理人不当行为的威慑作用发挥到极致。

三、SEC对基金持有人民事诉讼的援助

（一）证据收集

除了专门针对过多基金管理费这类不当行为提起的36(b)诉讼之外，基金持有人针对基金管理人其他不当行为所提起的默示民事诉讼中都普遍存在着举证困难的障碍。这是因为：第一，有关证据大都以电子化手段保存，并处于基金管理人的控制之下，易于被篡改或消灭；第二，与基金监管当局SEC相比，基金持有人大都并不具备相关的专业知识，缺乏相应的人力和资金，更无强制力，这种状况意味着基金法所确立的基金管理人民事责任机制的目的难以实现。[①] 但在美国，SEC还可以从以下两个途径来帮助基金持有人克服上述举证困难。

第一，SEC在其提起禁止令诉讼程序中向法院所作的举证本身就有助于基金持有人在民事诉讼中赔偿请求的实现。根据《投资公司法》第36条a款的规定，对于基金管理人违反信赖义务的各种不当行为，SEC可以在美国的某一个地区法院或属于美国管辖范围的美国某一属地的法院或其他地区法院提起禁止令诉讼，并向法院提交相应的证据。前已述及，SEC向法院提起禁止令诉讼这一行政执法措施一般都是建立在对不当行为事实的调查与违法性的充分取证的基础上，所以一旦法院签发了禁止令，就意味着SEC先前所收集的证据已经得到法院的认可。因而这些证据的提前存在必然大大地减轻了基金持有人在后续民事诉讼中的举证负担，增强了他们在诉讼中的主动地位，成为确保基金持有人损害求偿权得以实现的必要前提。美国的相关案例证明，基金持有人针对基金管理人不当行为

---

① 王苏生著：《证券投资基金管理人的责任》，北京大学出版社2001年版，第198页。

所提起的成功民事诉讼无一不是发生在SEC禁止令诉讼胜诉并公布据以提起禁止令处罚的证据之后。因为此时基金持有人的这些损害赔偿请求恰可利用SEC这些已经被法院认可的证据之便顺势跟进。[①] 有学者认为,在基金持有人针对基金管理人提起的民事诉讼中,SEC起到了排头兵的作用。[②] 第二,如果SEC向法院提起禁止令诉讼获胜,那么在其后因同一事件所引起的民事诉讼中,作为被告的基金管理人将受到"禁止反言"(doctrine of collateral estoppel)的限制。即在基金持有人就同一行为对同一被告提起的损害赔偿诉讼中,基金管理人对在禁止令诉讼终审判决中已经被法院确认的违法行为不得否认。因此,基金持有人可在民事诉讼中直接援引SEC所提交的证据,并以此推定基金管理人不当行为的存在及其违法性。虽然基金持有人仍须证明自己的投资损失与基金管理人不当行为之间存在因果关系,但这种举证与对基金管理人违反信赖义务的不当行为的举证要容易得多,这就大大减轻了基金持有人的举证负担。

(二)SEC作为"法院之友"参与民事诉讼

在基金持有人针对基金管理人不当行为提起的民事诉讼中,SEC不仅可以在证据收集方面提供帮助,而且还可作为"法院之友"(amicus curiae)参与基金持有人的民事诉讼。[③] "法院之友",顾名思义是"法院的朋友",是欧美法院特有的一种制度,意指诉讼案件当事人以外其他组织或个人,认为其所代表的或所关心的群体利益已经或将要受到某个案件中法律问题的裁决或影响时,主动向法院提交

---

① 这些相关的案例主要有:Tannenbaum v. Zeller, 552 F. 2d 402(2d Cir. 1977); Gartenberg v. Merrill Lynch Asset Management, Inc. ,528 F. Supp 1038(S. D. N. Y. 1981),aff'd , 694 F. ed 923(2d Cir. 1982);Krinsk v. Fund Asset Management,Inc. ,875 F. 2d 404(2d Cir, 1989); Kalish v. Franklin Advisers,Inc. , 742 F. Supp. 1222(S. D. N. Y. 1990),aff'd , 928 F. 2d 590(2d Cir,1991).

② 王苏生著:《证券投资基金管理人的责任》,北京大学出版社2001年版,第199页。

③ Louis Loss, Joel Seligman. *Fundamentals of Securities Regulation*(3). Little Brown and Company, 1994, p. 1189.

一些诉讼双方当事人并未向法院说明或尚未引起法院重视但与案件有关的补充信息或辩论意见以支持诉讼一方的主张和立场。具体到基金持有人针对基金管理人不当行为所提起的民事诉讼中，SEC 为了基金持有人和国家公共利益经常以法院之友身份向法院呈递法律意见书(brief)甚至参加口头辩论，阐明对法院在诉讼中所碰到法律问题的立场以便帮助法院正确审理和裁判案件。特别是在 1970 年修正案通过到最高法院 Cort 标准四要件确立的 5 年期间，为使遭受基金管理人不当行为侵害的单个基金持有人能根据《投资公司法》第 36 条 a 款直接向基金管理人提起损害赔偿，SEC 更是频繁利用法院之友的身份向法院出具应承认基金持有人在《投资公司法》第 36 条 a 款下默示诉权的法律意见书。[①] 由于 SEC 这种监管机构的特殊性，其提出作为法院之友向法院呈递法律意见书无须向其他社会团体、商业组织或个人那样须事先获得诉讼双方的同意或法院的许可，SEC 作为法院之友参与民事诉讼非常的便捷。虽然 SEC 提出的意见书不具有法律约束力，法院可以自行决定是否接受这种意见。但由于 SEC 监管基金管理人不当行为所固有的专业性和权威性，SEC 呈递的法律意见书往往对法院最终结论的形成产生很大的影响力。因此，“法院之友”这种制度为 SEC 援助基金持有人民事诉讼提供了一种新的法律途径。与前述的“证据收集”这种援助方式不同，SEC 利用“法院之友”身份对基金持有人民事诉讼的援助是着眼于法律而非事实问题的角度。当然了，SEC 没有义务以法院之友身份参与基

① 对 SEC 应否作为法院之友参与民事诉讼以及应在何种程度上参与民事诉讼自 20 世纪 60 年代末就开始引起美国国内的激烈争论。反对者认为 SEC 作为中立的行政机构，不应利用纳税人的钱在私人诉讼中偏袒一方，而且国会也没有赋予 SEC 为支持原告而以法院之友身份参与私人诉讼的权限。See Shipley. the SECs Amicus Curiae Aid to Plaintiffs in Mutual Fund Litigation. *A. B. A. J.* 1966, Vol. 25, p. 337. 但法院和投资者代表支持 SEC 的法院之友活动，希望后者的专业知识能为前者使用。SEC 从自己肩负保护公共利益和投资者利益的使命出发也对法院之友活动持肯定和积极的态度。See Loomis & Eisenberg, The SEC as Amicus Curiae in Shareholder Litigation—A Reply, *A. B. A. J.*, 1996, Vol. 25, p. 749.

金持有人向基金管理人提起的每一起民事诉讼。只有在下述的情况下,SEC 必须作为法院之友参与诉讼:(1)该民事案件涉及的技术性很强,SEC 的专业知识必须提供给法院;(2)了解 SEC 的行政经验对于成文法律和规则的解释十分重要;(3)由于案件涉及新的法律解释问题,可能成为有助于 SEC 今后行政的先例。[①]

(三)SEC 代替基金持有人提起民事诉讼

这种最彻底的援助形式主要见诸《投资公司法》第 36 条 b 款。因为第 36 条 b 款不仅赋予了基金持有人的直接诉权,而且同样赋予了 SEC 直接的诉权,所以它不仅是那些饱受支付过多管理费之苦的基金持有人的有力救济手段,而且也是 SEC 实现法之目的的工具。与前面两种援助方式不同的是,SEC 不是从侧面对谋求实现损害求偿权的私人给予援助,而是直接从正面代其行使权利。不过 SEC 对基金持有人给予的这种直接援助并非在任何场合都能直接适用,其仅仅局限于有关基金管理人违反对基金管理费信赖义务而向基金收取过多管理费的情形,而且,败诉的基金管理人是向基金支付,而非直接向基金持有人或 SEC 支付。因此,SEC 代替基金持有人提起民事诉讼也是以填补受害人损害为目的,并非像提起禁止令诉讼那样带有惩罚性。[②]

四、完善我国基金管理人不当行为民事责任规制的构想

(一)我国基金立法中关于基金管理人不当行为民事责任的规定及评析

我国现行基金立法即《投资基金法》中有关基金管理人不当行为的民事责任规定主要有,(1)第 83 条规定:“基金管理人、基金托管人在履行各自职责的过程中,违反本法规定或者基金合同约定,给基金

① Louis Loss, Joel Seligman. *Fundamentals of Securities Regulation*(3). Little Brown and Company, 1994, p. 1193.

② 王苏生著:《证券投资基金管理人的责任》,北京大学出版社 2001 年版,第 201 页。

财产或者基金份额持有人造成损害的，应当分别对各自的行为依法承担赔偿责任；因共同行为给基金财产或者基金份额持有人造成损害的，应当承担连带赔偿责任。”(2)第 88 条规定：“基金管理人、基金托管人违反本法规定，未对基金财产实行分别管理或者分账保管，或者将基金财产挪作他用的，给基金财产或者基金份额持有人造成损害的，依法承担赔偿责任。”(3)第 91 条规定：“基金管理人、基金托管人违反本法第 59 条第 1 项至第 6 项和第 8 项所列行为之一的，给基金财产或者基金份额持有人造成损害的，依法承担赔偿责任。”(4)第 93 条规定：“基金信息披露义务人不依法披露基金信息或者披露的信息有虚假记载、误导性陈述或者重大遗漏的，给基金份额持有人造成损害的，依法承担赔偿责任。”(5)第 99 条规定：“违反本法规定，应当承担民事赔偿责任和缴纳罚款、罚金，其财产不足以同时支付时，先承担民事赔偿责任。”

从上面的规定可以看出，在我国，基金管理人不当行为的民事责任是一种典型的明示责任。[①] 这种明示民事责任的出现反映了我国基金立法思维和风格的一大转变：先前的基金立法——《暂行办法》将基金管理人不当行为的行政责任等同于所有的法律责任，崇尚行政包揽一切，喜好“以罚代赔”或警告或取消基金从业资格三种行政处罚手段的应用，丝毫不见任何基金管理人民事责任的规定，完全忽略了民事责任的存在，以致我国基金持有人长期处于一种无法利用基金法律捍卫自己权益的尴尬境地。为此，现行的《投资基金法》一改《暂行办法》对基金管理人不当行为的行政责任和民事责任不加区别的做法，在保留原有行政处罚手段的同时也相应增加了很多民事责任的规定，从而更切实地体现了保护投资人合法权益这一立法宗

① 明示责任是法律明文规定所设立的民事责任，即我们平常所指的一般意义上的民事责任。而与明示责任相对的则是默示责任，是为保护某一特定群体，法律规定应为或不为一定行为的义务，但对违反该义务却并未明文规定相应责任时，法院根据民事法律的精神或立法意图和基本原则认为私人诉权有助于确保法律的有效实施而赋予当事人民事诉权的一种责任形式。

旨。然就上述新增加的这些损害赔偿责任规定和我国原有的整个证券民事诉讼机制而言，笔者仍发现还存在很大的疏漏之处，比较明显的有以下两点。

第一，在究竟由谁代表基金持有人的共同利益向基金管理人的不当行为主张损害赔偿权上，现有的《投资基金法》并不明确。众所周知，基金管理人不当行为的侵害对象有二：一是基金财产，二是基金持有人的合法权益。① 对于后者，由于基金管理人直接侵害的是基金持有人的自益权，根据《投资基金法》第 70 条第 7 款的规定，基金份额持有人有权对基金管理人、基金托管人、基金份额发售机构损害其合法权益的行为依法提起诉讼。因此，单个基金持有人基于自益权在诉讼中作为民事损害赔偿责任的请求权主体自不待言。而对于前者，基金管理人不当行为侵害的不是单个基金持有人的自益权，而是基金持有人的共益权，因此，基金持有人显然无法援引《投资基金法》第 70 条第 7 款的规定向基金管理人主张有关基金财产的损害赔偿权。尽管《投资基金法》第 19 条第 11 款明确规定基金管理人应当以基金管理人名义，代表基金份额持有人利益行使诉讼权利或者实施其他法律行为，但此规定显然不能适用于基金管理人自身侵害基金财产的违法情形。于是，这里就留下了一个极为关键的问题：当基金管理人侵害基金财产时，究竟由谁来捍卫基金利益对基金管理人主张损害赔偿权呢？对此，我国《投资基金法》并没有给予明确的回答。此外，令人感到遗憾的是，对于基金管理人在基金市场上经常发生的两种典型不当行为形态，即操纵市场和内幕交易，除了以往《证券法》规定的行政责任外，《投资基金法》也无民事责任的规定，这显然是立法上又一疏漏之处。

第二，对于基金管理人在公开说明书中所作的虚假陈述，即便基

① 虽然基金财产是由所有分散的个体基金持有人的货币资产聚集而成的，基金管理人侵害基金财产的不当行为必然也会间接侵害个体基金持有人的合法权益（即分享基金财产收益的权利），但两者还是存有差异。因为个体基金持有人并不仅仅享有基金财产收益的权利，其合法权益受到侵害并不能必然反向推断出基金财产也得到侵害。

金持有人可以根据《投资基金法》第 70 条第 7 款和第 93 条直接对基金管理人提起民事诉讼，但这种民事诉讼却受制于最高人民法院 2003 年 1 月 9 日颁布的《关于审理证券市场因虚假陈述引发的民事赔偿案件的若干规定》(以下简称《规定》)的两个条件：(1)诉讼必须以该案件“经过中国证券监督管理委员会及其派出机构调查并作出生效处罚决定”为前置条件，否则我国各级法院将不予受理；(2)提起诉讼的方式只能是单独或共同诉讼，不能是集体诉讼。在笔者看来，尽管这种人为设计的先行政后民事的责任追究顺序在诉讼程序上能为我国的原告、被告和法院提供必要的便利，但其最大的弊端是大大限制了我国受损的基金持有人应有诉权的发挥，等于把司法程序的启动权给予证监会而不是受害的基金持有人，从而使基金持有人无法直接寻求法院的救济。同时，这种前置程序还使《投资基金法》第 99 条——即“违反本法规定，应当承担民事赔偿责任和缴纳罚款、罚金，其财产不足以同时支付时，先承担民事赔偿责任”——的规定形同虚设，难以执行。因为实践中被告的财产在行政处罚中一般都早被先执行完毕，即使原告在后续的民事诉讼中胜诉，被告也可能已经没有能力再承担相应的民事赔偿责任。再者，在有关基金管理人虚假陈述的民事诉讼中，受害的基金持有人往往一方人数众多，分散广泛且难以确定，如果采取单独诉讼，由于单个基金持有人遭受的损失金额较小，不仅缺乏单独诉讼的动力，而且人为分割案件，产生同样案件不同判决的问题。如果采取可适用于一方人数众多的共同诉讼，由于判决只对参加登记的基金持有人有效，在诉讼时效期间内未登记权利的，则不适用判决结果。[①] 这就使得此类诉讼的标的额、民事赔偿的威慑力和对基金管理人虚假陈述的警示作用大大受到削弱。

(二)完善我国基金管理人不当行为民事责任规制的建议

笔者认为，在未来完善我国基金管理人不当行为民事责任机制

① 参见《中华人民共和国民事诉讼法》第 55 条。

时，我国应当着手从以下几点加以改进。

首先，建立基金持有人的代表诉讼制度，针对基金管理人侵害基金财产的各种不当行为，我国应在基金法上明确赋予符合一定条件的基金持有人有权可以代表基金向损害基金财产的基金管理人提起民事赔偿责任。前已述及，由于我国的投资基金是契约型基金，基金本身不具有独立的法律地位，只能作为基金管理人掌管控制下的一堆信托财产，基金持有人不能对基金的运作指手画脚。尽管《投资基金法》第71条详细罗列了我国契约型基金持有人在持有人大会上所拥有的"参政议政"的六项权利，但这种持有人大会只有在特定情形下方可召开，而且即使召开了，基金持有人囿于严重的信息不对称也不能有效地对大会审议、表决事项进行正确监督。显见，与美国的公司型基金相比，我国契约型基金持有人虽也是基金财产的最终所有人，但在存续期间并没有类似基金董事会这样一个有形的机构来对基金管理人行为进行及时的监督，再加上前文所分析的基金托管人在监管上的不能，导致契约型基金管理人从事损害基金财产不当行为的现象更为严重。此时，仅靠基金监管当局的行政处罚或司法机关的刑事处罚是远远不够的。因此，笔者认为像美国《投资公司法》第36条b款那样赋予基金持有人的直接诉讼索赔权就显得极为必要。否则，我国契约型基金的财产利益还是无法得到根本有效的保护。

在具体制度的设计上，为减轻基金持有人的诉讼成本，提高诉讼效率，防止基金管理公司的董事会为偏袒基金管理人而故意阻隔诉讼的进行，笔者主张我国基金持有人代表诉讼不宜设置类似申请请求的前置程序。即只要基金管理人从事了违反信赖义务、侵害基金财产的不当行为，基金持有人都有权代表基金直接向基金管理人提起损害赔偿诉讼。不过，根据权利义务对等的原则，为了防止基金持有人滥用诉讼权，笔者认为在赋予基金持有人代表诉讼权利的同时有必要附加一些相应的诉讼义务以促使基金持有人认真收集可靠证据，谨慎理性地行使诉权。比如，借鉴美国的做法，要求基金持有人提起诉讼时要向法院提供适当的担保金。即如果原告起诉后经法院审理被认定是出于恶意，那么其不仅应承担败诉的费用，丧失担保金，而且为此给被告造成损失的，还需另外承担相应的赔偿责任。①

其次，在保留原有明示责任规定的同时适当地加入默示民事责任条款。虽然我国《投资基金法》这种明示责任体例简单明了，易于遵守执行，也在一定程度上能较好地保护广大基金持有人的合法权益，但基金管理活动复杂多变，基金管理人的不当行为也是不胜枚举，法律仅作上述的规定是不够的。但是试图要求《投资基金法》以明示的方式列举基金管理人的各种不当行为并逐一规定相应的民事责任，那也是难以做到的。因此，为避免基金管理人利用基金法律的空白竞相从事违法"创新"，因应之道，笔者认为一者当然是加强对于操纵市场和内幕交易行为在理论上的研究和在实践中形态的把握，迅速作出有关这两种不当行为民事责任的明确规定，弥补现行基金民事责任之漏洞。二者可借鉴美国的做法，在保留原有明示责任规定的同时适当地加入默示民事责任条款，从基金法上的禁止性规定中，演绎出可供基金持有人要求民事赔偿的法律依据。如此通过采用明示与默示兼顾的责任设立方式，可使我国基金持有人不再拘泥于已有的明示责任规定，也不管基金管理人不当行为的表现如何的新奇多样，都可援引默示责任条款来追究其民事责任。

最后，鼓励我国证监会对基金持有人民事诉讼给予必要的援助。在一个理想的基金管理人不当行为法律责任机制中，行政责任机制与民事责任机制的辩证关系应当是：一方面，根据前面的分析，这两种机制有不同的功能和价值取向，因而不能完全相互替代；另一方面，两者具有共同的目标，即为保护基金财产或基金持有人的合法权

① 究竟多大的担保金才能达到"适当性"由法官视原告的资信状况、案件事实本身的复杂程度、原告持有人的主观状态等具体因素作综合的裁量。See Louis Loss, Joel Seligman. *Fundamentals of Securities Regulation*(3). Little Brown and Company, 1994, p. 1219.

益，因而存在协作关系。[①] 所以当基金持有人自发通过提起民事诉讼以请求法院追究基金管理人不当行为的法律责任的做法实际上等于给基金监管当局予无偿的协助，在一定程度上起到了临时替代监管当局履行责任的作用。同样，作为对基金管理人不当行为负有监管责任的基金监管当局，也应当根据情况对基金持有人的民事诉讼提供必要的援助，并努力通过这类诉讼实现法的目的。然而在我国基金监管实务中，迄今为止尚无证监会主动援助基金持有人民事诉讼的先例。据学者分析原因有如下几点：第一，作为证券市场警察或裁判的证监会应保持中立角色，平等地对待各种市场参与主体（包括基金管理人和基金持有人）；第二，证监会应依法行政，不得凭借其行政权力干预民事纷争，以免任意使用法外压力所带来的负面影响；第三，证监会由于人力、经费等方面的限制，无法给私人诉讼有力的支持。但仔细分析，这些原因实际上站不住脚，这是因为：第一，基金持有人与基金管理人在证券市场上存在先天性的、实质性的不平等，基金持有人的弱者地位要求基金监管当局以“公”的手段实现对“私”的利益的保护。所谓行政机关不得介入民事纷争原则可能适用于实质性平等的民事主体之间纷争，但对于存在信赖义务的场合，这种对待私人诉讼的貌似公正的态度实质上并不公正，因为它忽视了基金管理人与基金持有人委托代理关系的实质。第二，在法治国家中，行政机关对私人诉讼的参与是依照法律规定，通过法律程序进行的，因此这种证券主管机关对基金持有人民事诉讼的援助完全不同于我国传统的行政干预陋习。比如，美国 SEC 对基金持有人民事诉讼的援助就是一个极好的例子。第三，正是由于证监会人员预算等方面受到限制，更应当主动地为实现自己职责的法律目的而有效利用私人诉讼，以适当手段援助私人诉讼，积极使私人诉讼成为其行政活动的补充与支援，从根本上改变我国规制基金管理人不当行为的行政责任

① 王苏生著：《证券投资基金管理人的责任》，北京大学出版社 2001 年版，第 200 页。

机制与民事责任机制相互割裂的状况。[①] 因此，笔者建议我国今后的基金立法应鼓励我国证监会对基金持有人民事诉讼给予必要的援助，以进一步增强我国民事责任机制的实施功效。

当然，鉴于中美两国司法、行政体制上的极大差异，要求我国证监会像美国 SEC 那样通过提起禁止令诉讼或者代替基金持有人直接向法院提起诉讼这两种方式来支援基金持有人的民事诉讼那是不切实际的，笔者认为比较可行的方案是鼓励证监会以非当事人的身份参加到基金持有人的民事诉讼中，为弱势的基金持有人提供证据收集方面的帮助。不过，必须承认，即便是这种在美国看来最为简单低级的援助方式要为我国的证监会所接受和实行也需要一个长期的过程。对历来习惯以行政手段代替民事手段解决问题的证监会而言，要自发调整自身的监管思路与风格，把对基金持有人民事诉讼的适当援助纳入自己职责范围内的事务之一殊为不易。但是，利用一点一滴的制度改良，适当地鼓励我国证监会对基金持有人的民事诉讼给予提供尽可能的援助，即使无法马上实现，但从长远来看，其对促进我国基金持有人民事责任机制的有效实施是大有裨益的。

① 参见王苏生著：《证券投资基金管理人的责任》，北京大学出版社 2001 年版，第 201～202 页。

结束语

投资基金发展的历程表明:基金业发展的核心问题是如何有效地保护基金持有人的权益与稳定基金持有人对基金业的信心。而保护基金持有人的权益,稳定基金持有人信心的关键则在于遏制和减少基金管理人不当行为的发生,即对基金管理人的不当行为给予有效的规制。但是,这种规制是一个系统工程,须通过道德、经济和法律三个层面综合交叉进行。然就一国而言,在基金业的发展初期,本书认为法律规制比起其他两种规制方式更显亟须和有效,这可以从美国 1940 年《投资公司法》出台后基金管理人不当行为大为减少的例子得到有力的印证。

总结全文,美国基金管理人不当行为的法律规制机制主要由四个核心环节构成:信赖义务规范、独立董事规范、信息披露规范和法律责任规范。其中,信赖义务和独立董事规范是基于基金组织内部的法律安排,而信息披露和法律责任规范则为基金组织外部的法律安排。这四个法律规范以基金组织为基点,由内到外,相互嵌接,紧密相连、环环相扣,共同编织成一张极为严密的基金资产"防盗网"。这是因为:首先,信赖义务在法律上将基金管理人的不当行为置于违法行为的不利地位,因而必定会使一些基金管理人迫于法律的威慑力而不敢再像《投资公司法》出台前那样明目张胆地从事坑害基金持有人利益的不当行为。其次,基金独立董事这只"看门狗"的存在也使那些铤而走险,意欲"冒信赖义务之不韪"的不当行为难以为继。因为独立董事作为中小基金持有人利益的代表,拥有法定的批准和监督基金管理人许多重大交易事项的权力。除非基金独立董事不知情或被基金管理人所蒙骗或收买,否则基金独立董事是不可能如基金内部董事那样轻易地纵容和默许基金管理人从事不当行为。再次，即便基金独立董事这只“看门狗”被基金管理人“俘获”而无所作为，但“灯光是最好的警察”，基金信息披露的强制性要求又使得基金管理人的很多不当行为被置于 SEC 和大庭广众的监督之下，从而无形当中又增大了基金管理人实施不当行为的违法成本。最后，法律责任将信赖义务、独立董事和信息披露这三种规制手段的威慑力具体化，特别是《投资公司法》对有关基金持有人和 SEC 明示诉讼的规定以及判例法对基金持有人默示诉讼的演绎更是为基金持有人提供了对付基金管理人不当行为的强大武器。这使得不管是涉及基金管理人管理费的不当行为还是一般性的违反信赖义务的不当行为，美国基金持有人或 SEC 都可以直接向基金管理人提起民事诉讼，要求追究基金管理人不当行为的民事责任。事实表明，自《投资公司法》出台后 60 多年来，正是在这张“防盗网”的庇护之下，美国基金或基金持有人的利益基本得到了很好的维护，基金业中鲜有严重的不当行为。即便 2003 年 9 月发生了四家基金管理公司涉嫌与金丝雀(Canary)对冲基金进行择时交易的丑闻，但这种不当行为仍是局部和个别的，基金业发展的根基并没有因此而发生动摇。诚如美国耶鲁大学经济系陈志武教授的评价所言：美国现有的基金法律治理机制已经对基金管理人不当行为取得良好的规制效果，并具备了自我纠错和预警功能，基金持有人对基金业的信心并没有因择时交易事件受到很大的打击。

从上可见，美国基金法确立的这种法律治理机制的运作机理在于最大限度地调动基金组织内外的监督力量，凭借法律的威慑力以层层增加基金管理人实施不当行为的违法成本，最终让基金管理人在自感从事不当行为“得不偿失”的预期下自发有效地收敛或中止侵害基金持有人的不当行为。我国的投资基金虽为契约型基金，但运作机理与美国的共同基金如出一辙，都以信托法理为基础，因而基本具备了师法美国制度的可能，但这种学习并不等于全盘照抄，而应是立足于我国基金业发展实际和具体国情的一种有选择的借鉴。这种有选择的借鉴在本书研究思路中主要表现为注重美国的先进经验与我国现实体制的协调与契合。因此，本书针对我国现行基金法律不适之处所提出的一些完善设想和改进意见无不是从我国的实际出发。比如，本书正是在结合我国证券二级市场和基金管理人股东背景的实际才提出引进美国的一般性禁止原则和例外豁免相结合的立法安排来对现存的基金关联交易施以监管；另，本书虽建议效仿美国确立基金管理费的忠实义务，引入盈负两亏的业绩报酬制改革现有的基金管理费计提方式，但考虑到目前我国基金无力规避系统性风险，仍主张保证基金管理人必要的基本费用。此外，本书虽赞同引进美国基金独立董事制度以更好地保护基金利益，但并没有进行简单的移植，而是结合我国契约型基金并非为独立法人的现实主张建立受托人委员会……类似例子，在本书俯拾皆是。

当然，本书并不认为上述这些经过笔者“本土化”的设想和改进意见一旦实施就可以立即将我国基金业中的不当行为“斩草除根”，成为包治我国基金理人不当行为的一剂灵丹妙药。因为正如美国著名的经济学家克鲁曼所说的：“除非我们不再承认和接受社会分工，否则委托代理关系中的不当行为是任何再严密的法律或其他制度设计所无法消除的。”事实亦为如此，即便堪称当今不当行为法律治理机制最为严密和最完善的美国也无法避免 2003 年择时交易的发生，仅靠单一的法律规制方法更是无法彻底杜绝基金管理人的所有不当行为。因此，本书研究基金管理人不当行为的法律规制并不奢望让不当行为从基金业中“蒸发”，而只期望能通过与美国法相对照从中发现差距和尝试弥补差距，以助益于在我国建立起一套类似美国那样严密、科学、有效的不当行为法律规制机制，从而消弭那些严重的不当行为，并最大限度地减少一般的不当行为的发生，将之制约在我国基金持有人合法权益基本可以得到保障的底线上。如此，我国基金持有人对基金业的信心才能得以维护，今后我国基金业的持续、健康、快速发展才不会陷入空谈。

法律法规索引

一、美国法

(一)国会立法

《1933 年证券法》	Securities Act of 1933
《1934 年证券交易法》	Securities Act of 1934
《1940 年投资公司法》	Investment Company Act of 1940
《1940 年投资顾问法》	Investment Advisors Act of 1940
《1964 年证券法修正案》	Securities Acts Amendments of 1964
《联邦民事诉讼规则》	Federal Rules of Civil Procedure
《联邦证据规则》	Federal Rules of Evidence
《萨班斯—奥克斯利法案》	Sarbanes Oxley Act

(二)美国证券交易委员会(SEC)规章

投资公司法规则 17a-1	Investment Company Act Rule 17a-1
投资公司法规则 17d-1	Investment Company Act Rule 17d-1
投资公司法规则 17d-3	Investment Company Act Rule 17d-3
投资公司法规则 17e-1	Investment Company Act Rule 17e-1
投资公司法规则 10f-3	Investment Company Act Rule 10f-3
投资公司法规则 30b1-4	Investment Company Act Rule 30b1-4
投资顾问法规则 206(4)-6	Investment Advisor Act Rule 206(4)-6
证券法规则 10b-5	Securities Act Rule 10b-5
规则 434	Rule 434
规则 421(d)	Rule 421(d)
规则 175	Rule 175
规则 17h-1	Rule 17h-1

二、中国法

《中华人民共和国证券投资基金法》

《中华人民共和国信托法》

《中华人民共和国公司法》

《中华人民共和国证券法》

《中华人民共和国民事诉讼法》

《证券投资基金管理暂行办法》

《开放式证券投资基金试点办法》

《关于完善基金管理公司董事人选制度的通知》

《关于审理证券市场因虚假陈述引发的民事赔偿案件的若干规定》

《证券投资基金信息披露管理办法》

香港《单位信托及共同基金守则》

台湾《证券投资信托基金管理办法》

台湾《证券投资信托事业管理规则》

案例表

TSC. Indus. v. Northway, 426. U. S. 438, 96, S. Ct. 2126 (1976).

Brown v. Bullock 194 F. Supp. 207 (S. D. N. Y. 1961).

SEC v. Ostrander, 999F. 2d 27(2d Cir. 1993).

Gartenberg v. Merrill Lynch Asset Mgmt. , Inc. , 694F. 2d 923(2d Cir. 1982).

Meisellman v. Eberstadt, 39 Del. Ch. 563, 170A. 2d 720 (1961).

Saxe v. Brady, 40 Del. Ch. 474, 184A. 2d 602(1962).

Strougo v. Scudder, Stevens & Clark. Inc, 7 F. Supp. 2d 442; 1998 U. S. Dist.

Lampf, Pleva, Lipkind, Prupis& Petigrow v. Gilbertson 501 U. S. 350 (1991).

Fogel v. Chestnutt, 668 F. ed 100(2d Cir. 1981).

M. J. Whitman & Co. Pension Plan v. American Financial Enterprises, Inc,552 F. Supp。17(S. D. Ohio. 1982)

SEC v. Culpepper, 270F. 2d241, 249(2d Cir. 1959)

SEC v. Commonwealth Chemical Securities Inc. , 574 F. 2d 90, 99—100(2d Cir. 1978)

SEC v. First City Financial Corp,. 890 F. 2d1215(D. C. Cir, 1989)

Penfield of California v. SEC, 330 U. S. 585 (1947) (civil contempt); Williams v. United States, 402F. 2d 47(10th Cir, 1967)

(criminal contempt)

SEC v. United Fin. Group, Inc., 474 F. 2d 354, 358－359 (9th Cir. 1973)

Parklane Hosiery Co. v. Shore, 439 U. S. 322 (1979).

SEC v. Management Dynamics, 515F. 2d 801, 808 (2d Cir. 1975).

Los Angeles Trust Deed& Mortgage Exchange v. SEC, 285 F. 2d 162(9th Cir. 1960).

Grossman v. Johnson, 674 F. 2d 115(1st Cir.), cert. denied, 103 S. ct. 85 (1982).

Weiss v. Temporary Investment Fund, Inc., 692 F. 2d 928(3d Cir. 1982).

Fox v. Reich & Tang, Inc., 94 F. R. D. 94, 96－98(S. D. N. Y. 1982).

Cort v. Ash, 422 U. S. 66－78(1975).

Tannenbaum v. Zeller, 552 F. 2d 402(2d Cir. 1977)

Krinsk v. Fund Asset Management, Inc., 875 F. 2d 404(2d Cir, 1989) Kalish v. Franklin Advisers, Inc., 742 F. Supp. 1222 (S. D. N. Y. 1990), aff'd, 928 F. 2d 590(2d Cir, 1991).

附　录

《中华人民共和国证券投资基金法》

（2003 年 10 月 28 日第十届全国人民代表大会
常务委员会第五次会议通过）

目　录

第一章　总　则

第一条　为了规范证券投资基金活动，保护投资人及相关当事人的合法权益，促进证券投资基金和证券市场的健康发展，制定本法。

第二条　在中华人民共和国境内，通过公开发售基金份额募集证券投资基金(以下简称基金),由基金管理人管理,基金托管人托管,为基金份额持有人的利益,以资产组合方式进行证券投资活动,适用本法;本法未规定的,适用《中华人民共和国信托法》、《中华人民共和国证券法》和其他有关法律、行政法规的规定。

第三条 基金管理人、基金托管人和基金份额持有人的权利、义务,依照本法在基金合同中约定。

基金管理人、基金托管人依照本法和基金合同的约定,履行受托职责。基金份额持有人按其所持基金份额享受收益和承担风险。

第四条 从事证券投资基金活动,应当遵循自愿、公平、诚实信用的原则,不得损害国家利益和社会公共利益。

第五条 基金合同应当约定基金运作方式。基金运作方式可以采用封闭式、开放式或者其他方式。

采用封闭式运作方式的基金(以下简称封闭式基金),是指经核准的基金份额总额在基金合同期限内固定不变,基金份额可以在依法设立的证券交易场所交易,但基金份额持有人不得申请赎回的基金。

采用开放式运作方式的基金(以下简称开放式基金),是指基金份额总额不固定,基金份额可以在基金合同约定的时间和场所申购或者赎回的基金。

采用其他运作方式的基金的基金份额发售、交易、申购、赎回的办法,由国务院另行规定。

第六条 基金财产独立于基金管理人、基金托管人的固有财产。基金管理人、基金托管人不得将基金财产归入其固有财产。

基金管理人、基金托管人因基金财产的管理、运用或者其他情形而取得的财产和收益,归入基金财产。

基金管理人、基金托管人因依法解散、被依法撤销或者被依法宣告破产等原因进行清算的,基金财产不属于其清算财产。

第七条 基金财产的债权,不得与基金管理人、基金托管人固有财产的债务相抵消;不同基金财产的债权债务,不得相互抵消。

第八条　非因基金财产本身承担的债务，不得对基金财产强制执行。

第九条　基金管理人、基金托管人管理、运用基金财产，应当恪尽职守，履行诚实信用、谨慎勤勉的义务。

基金从业人员应当依法取得基金从业资格，遵守法律、行政法规，恪守职业道德和行为规范。

第十条　基金管理人、基金托管人和基金份额发售机构，可以成立同业协会，加强行业自律，协调行业关系，提供行业服务，促进行业发展。

第十一条　国务院证券监督管理机构依法对证券投资基金活动实施监督管理。

第二章　基金管理人

第十二条　基金管理人由依法设立的基金管理公司担任。

担任基金管理人，应当经国务院证券监督管理机构核准。

第十三条　设立基金管理公司，应当具备下列条件，并经国务院证券监督管理机构批准：

（一）有符合本法和《中华人民共和国公司法》规定的章程；

（二）注册资本不低于一亿元人民币，且必须为实缴货币资本；

（三）主要股东具有从事证券经营、证券投资咨询、信托资产管理或者其他金融资产管理的较好的经营业绩和良好的社会信誉，最近三年没有违法记录，注册资本不低于三亿元人民币；

（四）取得基金从业资格的人员达到法定人数；

（五）有符合要求的营业场所、安全防范设施和与基金管理业务有关的其他设施；

（六）有完善的内部稽核监控制度和风险控制制度；

（七）法律、行政法规规定的和经国务院批准的国务院证券监督管理机构规定的其他条件。

第十四条　国务院证券监督管理机构应当自受理基金管理公司

设立申请之日起六个月内依照本法第十三条规定的条件和审慎监管原则进行审查，作出批准或者不予批准的决定，并通知申请人；不予批准的，应当说明理由。

基金管理公司设立分支机构、修改章程或者变更其他重大事项，应当报经国务院证券监督管理机构批准。国务院证券监督管理机构应当自受理申请之日起六十日内作出批准或者不予批准的决定，并通知申请人；不予批准的，应当说明理由。

第十五条　下列人员不得担任基金管理人的基金从业人员：

（一）因犯有贪污贿赂、渎职、侵犯财产罪或者破坏社会主义市场经济秩序罪，被判处刑罚的；

（二）对所任职的公司、企业因经营不善破产清算或者因违法被吊销营业执照负有个人责任的董事、监事、厂长、经理及其他高级管理人员，自该公司、企业破产清算终结或者被吊销营业执照之日起未逾五年的；

（三）个人所负债务数额较大，到期未清偿的；

（四）因违法行为被开除的基金管理人、基金托管人、证券交易所、证券公司、证券登记结算机构、期货交易所、期货经纪公司及其他机构的从业人员和国家机关工作人员；

（五）因违法行为被吊销执业证书或者被取消资格的律师、注册会计师和资产评估机构、验证机构的从业人员、投资咨询从业人员；

（六）法律、行政法规规定不得从事基金业务的其他人员。

第十六条　基金管理人的经理和其他高级管理人员，应当熟悉证券投资方面的法律、行政法规，具有基金从业资格和三年以上与其所任职务相关的工作经历。

第十七条　基金管理人的经理和其他高级管理人员的选任或者改任，应当报经国务院证券监督管理机构依照本法和其他有关法律、行政法规规定的任职条件进行审核。

第十八条　基金管理人的董事、监事、经理和其他从业人员，不得担任基金托管人或者其他基金管理人的任何职务，不得从事损害基金财产和基金份额持有人利益的证券交易及其他活动。

第十九条　基金管理人应当履行下列职责：

（一）依法募集基金，办理或者委托经国务院证券监督管理机构认定的其他机构代为办理基金份额的发售、申购、赎回和登记事宜；

（二）办理基金备案手续；

（三）对所管理的不同基金财产分别管理、分别记账，进行证券投资；

（四）按照基金合同的约定确定基金收益分配方案，及时向基金份额持有人分配收益；

（五）进行基金会计核算并编制基金财务会计报告；

（六）编制中期和年度基金报告；

（七）计算并公告基金资产净值，确定基金份额申购、赎回价格；

（八）办理与基金财产管理业务活动有关的信息披露事项；

（九）召集基金份额持有人大会；

（十）保存基金财产管理业务活动的记录、账册、报表和其他相关资料；

（十一）以基金管理人名义，代表基金份额持有人利益行使诉讼权利或者实施其他法律行为；

（十二）国务院证券监督管理机构规定的其他职责。

第二十条　基金管理人不得有下列行为：

（一）将其固有财产或者他人财产混同于基金财产从事证券投资；

（二）不公平地对待其管理的不同基金财产；

（三）利用基金财产为基金份额持有人以外的第三人牟取利益；

（四）向基金份额持有人违规承诺收益或者承担损失；

（五）依照法律、行政法规有关规定，由国务院证券监督管理机构规定禁止的其他行为。

第二十一条　国务院证券监督管理机构对有下列情形之一的基金管理人，依据职权责令整顿，或者取消基金管理资格：

(一)有重大违法违规行为;

(二)不再具备本法第十三条规定的条件;

(三)法律、行政法规规定的其他情形。

第二十二条 有下列情形之一的,基金管理人职责终止:

(一)被依法取消基金管理资格;

(二)被基金份额持有人大会解任;

(三)依法解散、被依法撤销或者被依法宣告破产;

(四)基金合同约定的其他情形。

第二十三条 基金管理人职责终止的,基金份额持有人大会应当在六个月内选任新基金管理人;新基金管理人产生前,由国务院证券监督管理机构指定临时基金管理人。

基金管理人职责终止的,应当妥善保管基金管理业务资料,及时办理基金管理业务的移交手续,新基金管理人或者临时基金管理人应当及时接收。

第二十四条 基金管理人职责终止的,应当按照规定聘请会计师事务所对基金财产进行审计,并将审计结果予以公告,同时报国务院证券监督管理机构备案。

第三章 基金托管人

第二十五条 基金托管人由依法设立并取得基金托管资格的商业银行担任。

第二十六条 申请取得基金托管资格,应当具备下列条件,并经国务院证券监督管理机构和国务院银行业监督管理机构核准:

(一)净资产和资本充足率符合有关规定;

(二)设有专门的基金托管部门;

(三)取得基金从业资格的专职人员达到法定人数;

(四)有安全保管基金财产的条件;

(五)有安全高效的清算、交割系统;

(六)有符合要求的营业场所、安全防范设施和与基金托管业务有关的其他设施；

（七）有完善的内部稽核监控制度和风险控制制度；

（八）法律、行政法规规定的和经国务院批准的国务院证券监督管理机构、国务院银行业监督管理机构规定的其他条件。

第二十七条 本法第十五条、第十八条的规定，适用于基金托管人的专门基金托管部门的从业人员。

本法第十六条、第十七条的规定，适用于基金托管人的专门基金托管部门的经理和其他高级管理人员。

第二十八条 基金托管人与基金管理人不得为同一人，不得相互出资或者持有股份。

第二十九条 基金托管人应当履行下列职责：

（一）安全保管基金财产；

（二）按照规定开设基金财产的资金账户和证券账户；

（三）对所托管的不同基金财产分别设置账户，确保基金财产的完整与独立；

（四）保存基金托管业务活动的记录、账册、报表和其他相关资料；

（五）按照基金合同的约定，根据基金管理人的投资指令，及时办理清算、交割事宜；

（六）办理与基金托管业务活动有关的信息披露事项；

（七）对基金财务会计报告、中期和年度基金报告出具意见；

（八）复核、审查基金管理人计算的基金资产净值和基金份额申购、赎回价格；

（九）按照规定召集基金份额持有人大会；

（十）按照规定监督基金管理人的投资运作；

（十一）国务院证券监督管理机构规定的其他职责。

第三十条 基金托管人发现基金管理人的投资指令违反法律、行政法规和其他有关规定，或者违反基金合同约定的，应当拒绝执行，立即通知基金管理人，并及时向国务院证券监督管理机构报告。

基金托管人发现基金管理人依据交易程序已经生效的投资指令违反法律、行政法规和其他有关规定，或者违反基金合同约定的，应当立即通知基金管理人，并及时向国务院证券监督管理机构报告。

第三十一条　本法第二十条的规定，适用于基金托管人。

第三十二条　国务院证券监督管理机构和国务院银行业监督管理机构对有下列情形之一的基金托管人，依据职权责令整顿，或者取消基金托管资格：

（一）有重大违法违规行为；

（二）不再具备本法第二十六条规定的条件；

（三）法律、行政法规规定的其他情形。

第三十三条　有下列情形之一的，基金托管人职责终止：

（一）被依法取消基金托管资格；

（二）被基金份额持有人大会解任；

（三）依法解散、被依法撤销或者被依法宣告破产；

（四）基金合同约定的其他情形。

第三十四条　基金托管人职责终止的，基金份额持有人大会应当在六个月内选任新基金托管人；新基金托管人产生前，由国务院证券监督管理机构指定临时基金托管人。

基金托管人职责终止的，应当妥善保管基金财产和基金托管业务资料，及时办理基金财产和基金托管业务的移交手续，新基金托管人或者临时基金托管人应当及时接收。

第三十五条　基金托管人职责终止的，应当按照规定聘请会计师事务所对基金财产进行审计，并将审计结果予以公告，同时报国务院证券监督管理机构备案。

第四章　基金的募集

第三十六条　基金管理人依照本法发售基金份额，募集基金，应当向国务院证券监督管理机构提交下列文件，并经国务院证券监督管理机构核准：

（一）申请报告；

（二）基金合同草案；

（三）基金托管协议草案；

（四）招募说明书草案；

（五）基金管理人和基金托管人的资格证明文件；

（六）经会计师事务所审计的基金管理人和基金托管人最近三年或者成立以来的财务会计报告；

（七）律师事务所出具的法律意见书；

（八）国务院证券监督管理机构规定提交的其他文件。

第三十七条　基金合同应当包括下列内容：

（一）募集基金的目的和基金名称；

（二）基金管理人、基金托管人的名称和住所；

（三）基金运作方式；

（四）封闭式基金的基金份额总额和基金合同期限，或者开放式基金的最低募集份额总额；

（五）确定基金份额发售日期、价格和费用的原则；

（六）基金份额持有人、基金管理人和基金托管人的权利、义务；

（七）基金份额持有人大会召集、议事及表决的程序和规则；

（八）基金份额发售、交易、申购、赎回的程序、时间、地点、费用计算方式，以及给付赎回款项的时间和方式；

（九）基金收益分配原则、执行方式；

（十）作为基金管理人、基金托管人报酬的管理费、托管费的提取、支付方式与比例；

（十一）与基金财产管理、运用有关的其他费用的提取、支付方式；

（十二）基金财产的投资方向和投资限制；

（十三）基金资产净值的计算方法和公告方式；

（十四）基金募集未达到法定要求的处理方式；

（十五）基金合同解除和终止的事由、程序以及基金财产清算方式；

（十六）争议解决方式；

（十七）当事人约定的其他事项。

第三十八条 基金招募说明书应当包括下列内容：

（一）基金募集申请的核准文件名称和核准日期；

（二）基金管理人、基金托管人的基本情况；

（三）基金合同和基金托管协议的内容摘要；

（四）基金份额的发售日期、价格、费用和期限；

（五）基金份额的发售方式、发售机构及登记机构名称；

（六）出具法律意见书的律师事务所和审计基金财产的会计师事务所的名称和住所；

（七）基金管理人、基金托管人报酬及其他有关费用的提取、支付方式与比例；

（八）风险警示内容；

（九）国务院证券监督管理机构规定的其他内容。

第三十九条 国务院证券监督管理机构应当自受理基金募集申请之日起六个月内依照法律、行政法规及国务院证券监督管理机构的规定和审慎监管原则进行审查，作出核准或者不予核准的决定，并通知申请人；不予核准的，应当说明理由。

第四十条 基金募集申请经核准后，方可发售基金份额。

第四十一条 基金份额的发售，由基金管理人负责办理；基金管理人可以委托经国务院证券监督管理机构认定的其他机构代为办理。

第四十二条 基金管理人应当在基金份额发售的三日前公布招募说明书、基金合同及其他有关文件。

前款规定的文件应当真实、准确、完整。

对基金募集所进行的宣传推介活动，应当符合有关法律、行政法规的规定，不得有本法第六十四条所列行为。

第四十三条 基金管理人应当自收到核准文件之日起六个月内

进行基金募集。超过六个月开始募集，原核准的事项未发生实质性变化的，应当报国务院证券监督管理机构备案；发生实质性变化的，应当向国务院证券监督管理机构重新提交申请。

基金募集不得超过国务院证券监督管理机构核准的基金募集期限。基金募集期限自基金份额发售之日起计算。

第四十四条　基金募集期限届满，封闭式基金募集的基金份额总额达到核准规模的百分之八十以上，开放式基金募集的基金份额总额超过核准的最低募集份额总额，并且基金份额持有人人数符合国务院证券监督管理机构规定的，基金管理人应当自募集期限届满之日起十日内聘请法定验资机构验资，自收到验资报告之日起十日内，向国务院证券监督管理机构提交验资报告，办理基金备案手续，并予以公告。

第四十五条　基金募集期间募集的资金应当存入专门账户，在基金募集行为结束前，任何人不得动用。

第四十六条　投资人缴纳认购的基金份额的款项时，基金合同成立；基金管理人依照本法第四十四条的规定向国务院证券监督管理机构办理基金备案手续，基金合同生效。

基金募集期限届满，不能满足本法第四十四条规定的条件的，基金管理人应当承担下列责任：

（一）以其固有财产承担因募集行为而产生的债务和费用；

（二）在基金募集期限届满后三十日内返还投资人已缴纳的款项，并加计银行同期存款利息。

第五章　基金份额的交易

第四十七条　封闭式基金的基金份额，经基金管理人申请，国务院证券监督管理机构核准，可以在证券交易所上市交易。

国务院证券监督管理机构可以授权证券交易所依照法定条件和程序核准基金份额上市交易。

第四十八条　基金份额上市交易，应当符合下列条件：

（一）基金的募集符合本法规定；

（二）基金合同期限为五年以上；

（三）基金募集金额不低于二亿元人民币；

（四）基金份额持有人不少于一千人；

（五）基金份额上市交易规则规定的其他条件。

第四十九条 基金份额上市交易规则由证券交易所制定，报国务院证券监督管理机构核准。

第五十条 基金份额上市交易后，有下列情形之一的，由证券交易所终止其上市交易，并报国务院证券监督管理机构备案：

（一）不再具备本法第四十八条规定的上市交易条件；

（二）基金合同期限届满；

（三）基金份额持有人大会决定提前终止上市交易；

（四）基金合同约定的或者基金份额上市交易规则规定的终止上市交易的其他情形。

第六章 基金份额的申购与赎回

第五十一条 开放式基金的基金份额的申购、赎回和登记，由基金管理人负责办理；基金管理人可以委托经国务院证券监督管理机构认定的其他机构代为办理。

第五十二条 基金管理人应当在每个工作日办理基金份额的申购、赎回业务；基金合同另有约定的，按照其约定。

第五十三条 基金管理人应当按时支付赎回款项，但是下列情形除外：

（一）因不可抗力导致基金管理人不能支付赎回款项；

（二）证券交易场所依法决定临时停市，导致基金管理人无法计算当日基金资产净值；

（三）基金合同约定的其他特殊情形。

发生上述情形之一的，基金管理人应当在当日报国务院证券监督管理机构备案。

本条第一款规定的情形消失后，基金管理人应当及时支付赎回款项。

第五十四条　开放式基金应当保持足够的现金或者政府债券，以备支付基金份额持有人的赎回款项。基金财产中应当保持的现金或者政府债券的具体比例，由国务院证券监督管理机构规定。

第五十五条　基金份额的申购、赎回价格，依据申购、赎回日基金份额净值加、减有关费用计算。

第五十六条　基金份额净值计价出现错误时，基金管理人应当立即纠正，并采取合理的措施防止损失进一步扩大。计价错误达到基金份额净值百分之零点五时，基金管理人应当公告，并报国务院证券监督管理机构备案。

因基金份额净值计价错误造成基金份额持有人损失的，基金份额持有人有权要求基金管理人、基金托管人予以赔偿。

第七章　基金的运作与信息披露

第五十七条　基金管理人运用基金财产进行证券投资，应当采用资产组合的方式。

资产组合的具体方式和投资比例，依照本法和国务院证券监督管理机构的规定在基金合同中约定。

第五十八条　基金财产应当用于下列投资：

（一）上市交易的股票、债券；

（二）国务院证券监督管理机构规定的其他证券品种。

第五十九条　基金财产不得用于下列投资或者活动：

（一）承销证券；

（二）向他人贷款或者提供担保；

（三）从事承担无限责任的投资；

（四）买卖其他基金份额，但是国务院另有规定的除外；

（五）向其基金管理人、基金托管人出资或者买卖其基金管理人、基金托管人发行的股票或者债券；

（六）买卖与其基金管理人、基金托管人有控股关系的股东或者与其基金管理人、基金托管人有其他重大利害关系的公司发行的证券或者承销期内承销的证券；

（七）从事内幕交易、操纵证券交易价格及其他不正当的证券交易活动；

（八）依照法律、行政法规有关规定，由国务院证券监督管理机构规定禁止的其他活动。

第六十条 基金管理人、基金托管人和其他基金信息披露义务人应当依法披露基金信息，并保证所披露信息的真实性、准确性和完整性。

第六十一条 基金信息披露义务人应当确保应予披露的基金信息在国务院证券监督管理机构规定时间内披露，并保证投资人能够按照基金合同约定的时间和方式查阅或者复制公开披露的信息资料。

第六十二条 公开披露的基金信息包括：

（一）基金招募说明书、基金合同、基金托管协议；

（二）基金募集情况；

（三）基金份额上市交易公告书；

（四）基金资产净值、基金份额净值；

（五）基金份额申购、赎回价格；

（六）基金财产的资产组合季度报告、财务会计报告及中期和年度基金报告；

（七）临时报告；

（八）基金份额持有人大会决议；

（九）基金管理人、基金托管人的专门基金托管部门的重大人事变动；

（十）涉及基金管理人、基金财产、基金托管业务的诉讼；

（十一）依照法律、行政法规有关规定，由国务院证券监督管理机构规定应予披露的其他信息。

第六十三条　对公开披露的基金信息出具审计报告或者法律意见书的会计师事务所、律师事务所，应当保证其所出具文件内容的真实性、准确性和完整性。

第六十四条　公开披露基金信息，不得有下列行为：

（一）虚假记载、误导性陈述或者重大遗漏；

（二）对证券投资业绩进行预测；

（三）违规承诺收益或者承担损失；

（四）诋毁其他基金管理人、基金托管人或者基金份额发售机构；

（五）依照法律、行政法规有关规定，由国务院证券监督管理机构规定禁止的其他行为。

第八章　基金合同的变更、终止与基金财产清算

第六十五条　按照基金合同的约定或者基金份额持有人大会的决议，并经国务院证券监督管理机构核准，可以转换基金运作方式。

第六十六条　封闭式基金扩募或者延长基金合同期限，应当符合下列条件，并经国务院证券监督管理机构核准：

（一）基金运营业绩良好；

（二）基金管理人最近二年内没有因违法违规行为受到行政处罚或者刑事处罚；

（三）基金份额持有人大会决议通过；

（四）本法规定的其他条件。

第六十七条　有下列情形之一的，基金合同终止：

（一）基金合同期限届满而未延期的；

（二）基金份额持有人大会决定终止的；

（三）基金管理人、基金托管人职责终止，在六个月内没有新基金管理人、新基金托管人承接的；

（四）基金合同约定的其他情形。

第六十八条　基金合同终止时，基金管理人应当组织清算组对基金财产进行清算。

清算组由基金管理人、基金托管人以及相关的中介服务机构组成。

清算组作出的清算报告经会计师事务所审计，律师事务所出具法律意见书后，报国务院证券监督管理机构备案并公告。

第六十九条 清算后的剩余基金财产，应当按照基金份额持有人所持份额比例进行分配。

第九章 基金份额持有人权利及其行使

第七十条 基金份额持有人享有下列权利：

（一）分享基金财产收益；

（二）参与分配清算后的剩余基金财产；

（三）依法转让或者申请赎回其持有的基金份额；

（四）按照规定要求召开基金份额持有人大会；

（五）对基金份额持有人大会审议事项行使表决权；

（六）查阅或者复制公开披露的基金信息资料；

（七）对基金管理人、基金托管人、基金份额发售机构损害其合法权益的行为依法提起诉讼；

（八）基金合同约定的其他权利。

第七十一条 下列事项应当通过召开基金份额持有人大会审议决定：

（一）提前终止基金合同；

（二）基金扩募或者延长基金合同期限；

（三）转换基金运作方式；

（四）提高基金管理人、基金托管人的报酬标准；

（五）更换基金管理人、基金托管人；

（六）基金合同约定的其他事项。

第七十二条 基金份额持有人大会由基金管理人召集；基金管理人未按规定召集或者不能召集时，由基金托管人召集。

代表基金份额百分之十以上的基金份额持有人就同一事项要求

召开基金份额持有人大会，而基金管理人、基金托管人都不召集的，代表基金份额百分之十以上的基金份额持有人有权自行召集，并报国务院证券监督管理机构备案。

第七十三条　召开基金份额持有人大会，召集人应当至少提前三十日公告基金份额持有人大会的召开时间、会议形式、审议事项、议事程序和表决方式等事项。

基金份额持有人大会不得就未经公告的事项进行表决。

第七十四条　基金份额持有人大会可以采取现场方式召开，也可以采取通讯等方式召开。

每一基金份额具有一票表决权，基金份额持有人可以委托代理人出席基金份额持有人大会并行使表决权。

第七十五条　基金份额持有人大会应当有代表百分之五十以上基金份额的持有人参加，方可召开；大会就审议事项作出决定，应当经参加大会的基金份额持有人所持表决权的百分之五十以上通过；但是，转换基金运作方式、更换基金管理人或者基金托管人、提前终止基金合同，应当经参加大会的基金份额持有人所持表决权的三分之二以上通过。

基金份额持有人大会决定的事项，应当依法报国务院证券监督管理机构核准或者备案，并予以公告。

第十章　监督管理

第七十六条　国务院证券监督管理机构依法履行下列职责：

（一）依法制定有关证券投资基金活动监督管理的规章、规则，并依法行使审批或者核准权；

（二）办理基金备案；

（三）对基金管理人、基金托管人及其他机构从事证券投资基金活动进行监督管理，对违法行为进行查处，并予以公告；

（四）制定基金从业人员的资格标准和行为准则，并监督实施；

（五）监督检查基金信息的披露情况；

（六）指导和监督基金同业协会的活动；

（七）法律、行政法规规定的其他职责。

第七十七条　国务院证券监督管理机构依法履行职责，有权采取下列措施：

（一）进入违法行为发生场所调查取证；

（二）询问当事人和与被调查事件有关的单位和个人，要求其对与被调查事件有关的事项作出说明；

（三）查阅、复制当事人和与被调查事件有关的单位和个人的证券交易记录、登记过户记录、财务会计资料及其他相关文件和资料，对可能被转移或者隐匿的文件和资料予以封存；

（四）查询当事人和与被调查事件有关的单位和个人的资金账户、证券账户或者基金账户，对有证据证明有转移或者隐匿违法资金、证券迹象的，可以申请司法机关予以冻结；

（五）法律、行政法规规定的其他措施。

第七十八条　国务院证券监督管理机构工作人员依法履行职责，进行调查或者检查时，不得少于二人，并应当出示合法证件；对调查或者检查中知悉的商业秘密负有保密的义务。

第七十九条　国务院证券监督管理机构工作人员应当忠于职守，依法办事，公正廉洁，接受监督，不得利用职务牟取私利。

第八十条　国务院证券监督管理机构依法履行职责时，被调查、检查的单位和个人应当配合，如实提供有关文件和资料，不得拒绝、阻碍和隐瞒。

第八十一条　国务院证券监督管理机构依法履行职责，发现违法行为涉嫌犯罪的，应当将案件移送司法机关处理。

第八十二条　国务院证券监督管理机构工作人员不得在被监管的机构中兼任职务。

第十一章　法律责任

第八十三条　基金管理人、基金托管人在履行各自职责的过程中，违反本法规定或者基金合同约定，给基金财产或者基金份额持有人造成损害的，应当分别对各自的行为依法承担赔偿责任；因共同行为给基金财产或者基金份额持有人造成损害的，应当承担连带赔偿责任。

第八十四条　违反本法第四十五条规定，动用募集的资金的，责令返还，没收违法所得；违法所得五十万元以上的，并处违法所得一倍以上五倍以下罚款；没有违法所得或者违法所得不足五十万元的，并处五万元以上五十万元以下罚款；对直接负责的主管人员和其他直接责任人员给予警告，并处三万元以上三十万元以下罚款；给投资人造成损害的，依法承担赔偿责任；构成犯罪的，依法追究刑事责任。

第八十五条　未经国务院证券监督管理机构核准，擅自募集基金的，责令停止，返还所募资金和加计的银行同期存款利息，没收违法所得，并处所募资金金额百分之一以上百分之五以下罚款；构成犯罪的，依法追究刑事责任。

第八十六条　违反本法规定，未经批准，擅自设立基金管理公司的，由证券监督管理机构予以取缔，并处五万元以上五十万元以下罚款；构成犯罪的，依法追究刑事责任。

第八十七条　未经国务院证券监督管理机构核准，擅自从事基金管理业务或者基金托管业务的，责令停止，没收违法所得；违法所得一百万元以上的，并处违法所得一倍以上五倍以下罚款；没有违法所得或者违法所得不足一百万元的，并处十万元以上一百万元以下罚款；给基金财产或者基金份额持有人造成损害的，依法承担赔偿责任；对直接负责的主管人员和其他直接责任人员给予警告，并处三万元以上三十万元以下罚款；构成犯罪的，依法追究刑事责任。

第八十八条　基金管理人、基金托管人违反本法规定，未对基金财产实行分别管理或者分账保管，或者将基金财产挪作他用的，责令改正，处五万元以上五十万元以下罚款；给基金财产或者基金份额持有人造成损害的，依法承担赔偿责任；对直接负责的主管人员和其他直接责任人员给予警告，暂停或者取消基金从业资格，并处三万元以上三十万元以下罚款；构成犯罪的，依法追究刑事责任。

基金管理人、基金托管人将基金财产挪作他用而取得的财产和收益，归入基金财产。但是，法律、行政法规另有规定的，依照其规定。

第八十九条 基金管理人、基金托管人有本法第二十条所列行为之一的，责令改正，没收违法所得；违法所得一百万元以上的，并处违法所得一倍以上五倍以下罚款；没有违法所得或者违法所得不足一百万元的，并处十万元以上一百万元以下罚款；给基金财产或者基金份额持有人造成损害的，依法承担赔偿责任；对直接负责的主管人员和其他直接责任人员给予警告，暂停或者取消基金从业资格，并处三万元以上三十万元以下罚款；构成犯罪的，依法追究刑事责任。

第九十条 基金管理人、基金托管人有本法第五十九条第一项至第六项和第八项所列行为之一的，责令改正，处十万元以上一百万元以下罚款；给基金财产或者基金份额持有人造成损害的，依法承担赔偿责任；对直接负责的主管人员和其他直接责任人员给予警告，暂停或者取消基金从业资格，并处三万元以上三十万元以下罚款；构成犯罪的，依法追究刑事责任。

基金管理人、基金托管人有前款行为，运用基金财产而取得的财产和收益，归入基金财产。但是，法律、行政法规另有规定的，依照其规定。

第九十一条 基金管理人、基金托管人有本法第五十九条第七项规定行为的，除依照《中华人民共和国证券法》的有关规定处罚外，对直接负责的主管人员和其他直接责任人员给予警告，暂停或者取消基金从业资格，并处三万元以上三十万元以下罚款；给基金财产或者基金份额持有人造成损害的，依法承担赔偿责任。

第九十二条 基金管理人、基金托管人违反本法规定，相互出资或者持有股份的，责令改正，可以处十万元以下罚款。

第九十三条 基金信息披露义务人不依法披露基金信息或者披露的信息有虚假记载、误导性陈述或者重大遗漏的，责令改正，没收违法所得，并处十万元以上一百万元以下罚款；给基金份额持有人造成损害的，依法承担赔偿责任；对直接负责的主管人员和其他直接责任人员给予警告，暂停或者取消基金从业资格，并处三万元以上三十万元以下罚款；构成犯罪的，依法追究刑事责任。

第九十四条　为基金信息披露义务人公开披露的基金信息出具审计报告、法律意见书等文件的专业机构就其所应负责的内容弄虚作假的，责令改正，没收违法所得，并处违法所得一倍以上五倍以下罚款；情节严重的，责令停业，暂停或者取消直接责任人员的相关资格；给基金份额持有人造成损害的，依法承担赔偿责任；构成犯罪的，依法追究刑事责任。

第九十五条　基金管理人或者基金托管人不按照规定召集基金份额持有人大会的，责令改正，可以处五万元以下罚款；对直接负责的主管人员和其他直接责任人员给予警告，暂停或者取消基金从业资格。

第九十六条　基金管理人、基金托管人违反本法规定，情节严重的，依法取消基金管理资格或者基金托管资格。

第九十七条　基金管理人、基金托管人的专门基金托管部门的从业人员违反本法第十八条规定，给基金财产或者基金份额持有人造成损害的，依法承担赔偿责任；情节严重的，取消基金从业资格；构成犯罪的，依法追究刑事责任。

第九十八条　证券监督管理机构工作人员玩忽职守、滥用职权、徇私舞弊或者利用职务上的便利索取或者收受他人财物的，依法给予行政处分；构成犯罪的，依法追究刑事责任。

第九十九条　违反本法规定，应当承担民事赔偿责任和缴纳罚款、罚金，其财产不足以同时支付时，先承担民事赔偿责任。

第一百条　依照本法规定，基金管理人、基金托管人应当承担的民事赔偿责任和缴纳的罚款、罚金，由基金管理人、基金托管人以其固有财产承担。

依法收缴的罚款、罚金和没收的违法所得，应当全部上缴国库。

第十二章 附 则

第一百零一条 基金管理公司或者国务院批准的其他机构，向特定对象募集资金或者接受特定对象财产委托从事证券投资活动的具体管理办法，由国务院根据本法的原则另行规定。

第一百零二条 通过公开发行股份募集资金，设立证券投资公司，从事证券投资等活动的管理办法，由国务院另行规定。

第一百零三条 本法自 2004 年 6 月 1 日起施行。

参考文献

著作

[1]陈安总主编,李国安主编:《国际货币金融法学》,北京大学出版社 1999 年版。

[2]余劲松主编:《中国涉外经济法律问题新探》,武汉大学出版社 1999 年版。

[3]李仁真主编:《国际金融法学》,复旦大学出版社 2004 年版。

[4]徐冬根主编:《美国证券法律与实务》,上海社会科学院出版社 1997 年版。

[5][美]哈威尔·E. 杰克逊,小爱德华·L. 西蒙斯:《金融监管》,吴志攀译,中国政法大学出版社 2003 年版。

[6]王苏生著:《证券投资基金管理人的责任》,北京大学出版社 2001 年版。

[7]周玉华著:《投资信托基金法律应用》,人民法院出版社 2000 年版。

[8]周小明著:《信托制度的比较法研究》,法律出版社 1996 年版。

[9]方嘉麟著:《信托法之理论与实务》,中国政法大学出版社 2004 年版。

[10]王彦国主编:《证券投资基金论》,北京大学出版社 2002 年版。

[11]李曜主编:《证券投资基金学(第二版)》,清华大学出版社 2005 年版。

[12]陈春山著:《证券投资信托专论》,五南图书馆出版社 2000 年版。

[13][英]亚当·斯密著:《国民财富的性质和原因的研究(下卷)》,郭大力,王亚南译,商务印书馆 1974 年版。

[14]曾欣著:《中国证券市场道德风险研究》,西南财经大学出版社 2003 年版。

[15][美]肯尼恩·J. 阿罗著:《信息经济学》,何宝玉译,北京经济学院出版社 1989 年版。

[16]李建国著:《基金治理结构,一个分析框架及其对中国问题的解释》,中国社会科学出版社 2003 年版。

[17]张开平著:《英美公司董事法律制度研究》,法律出版社 1998 年版。

[18][英]大卫·海顿著:《信托法》,周翼,王昊译,法律出版社 2004 年版。

[20]徐国香著:《信托法研究》,五南图书出版公司 1996 年版。
[21][美]理查德·波斯纳:《法律的经济分析(下册)》,蒋兆康译,中国大百科全书出版社 1997 年版。
[22]欧阳卫民主编:《中外基金市场与管理法规》,法律出版社 1998 年版。
[23]张民安著:《现代英美董事法律地位研究》,法律出版社 2000 年版。
[24]中国证券业协会基金公会主编:《基金证券法规问题研究》,中国法制出版社 2002 年版。
[25]齐斌著:《证券市场信息披露法律监管》,法律出版社 2000 年版。
[26][美]托马斯·李·哈森著:《证券监管法》,张学安等译,中国政法大学出版社 2003 年版。
[27]张明远著:《证券投资损害诉讼救济论——从起诉董事和高级职员的角度进行的研究》,法律出版社 2002 年版。
[28]白绿铉著:《美国民事诉讼法》,经济日报出版社 1996 年版。
[29]何孝星著:《证券投资基金运行论》,清华大学出版社 2003 年版。
[30]杨志华著:《证券法律制度研究》,中国政法大学出版社 1995 年版。
[31] Tamar Frankel. *The Regulation of Money Managers: The Investment Company Act and the Investment Advisers Act*. New York: Little Brown and Company, 1980.
[32]James D. COX, Robert W. Hillman, Donald C. *Langevoort. Securities Regulation: Cases and Materials* (3). New York: Aspen Publishers, Inc. , 2001.
[33]James Landis. *The Administrative Process*. New Haven: Yale University Press, 1941.
[34]Louis Loss, Joel Seligman. *Securities Regulation* (3). New York: Little, Brown and Company, 1989.
[35]George G. Bogert. *Law of Trust*. New York: West Publishing Co. 1973.
[36]G. M. D. Bean. *Fiduciary Obligations and Joint Venture*. Londen: Clarendon Press, 1995.
[37]Susan P. Serota. *Erisa Fiduciary Law* . NewYork: The Bureau of National Affairs, Inc. , 1995.
[38]L. Loss, J. Seligman. *Fundamentals of Securities Regulation* (3). Little Brown and Company, 1999.

二、论文(包括中英期刊文章、论文集论文和学位论文)

[1]李国安:《虚假陈述的监管与信息披露担保》,《河北法学》2005 年第 3 期。

[2]刘俊海:《投资基金立法中的若干争议问题研究》,《杭州师范学院学报》2002 年第 2 期。

[3]张国清:《投资基金治理结构之法律分析》,中国政法大学 2003 级经济法专业博士论文。

[4][日]能见善久:《论专家的民事责任——其理论架构的建议》,载梁慧星主编:《民商法论丛》第五卷,法律出版社 1996 年版。

[5]南方基金管理公司:《独立董事制度与基金管理公司治理结构的完善》,载中国证券业协会基金公会主编:《基金证券法规问题研究》,中国法制出版社 2002 年版。

[6][美]亚瑟·拉维特:《基金信息披露应简洁明了》,李为译,《证券市场导报》2001 年第 3 期。

[7]平湖,李箐:《基金黑幕——关于基金行为的研究报告解析》,《财经》2000 年第 10 期。

[8]陈斌彬:《美国对基金关联交易的法律监管及其对我国的启示》,《江西财经大学学报》2005 年第 6 期。

[9]陈斌彬:《“谨慎投资者规则”与我国基金管理人注意义务的法律完善》,《现代财经》2006 年第 2 期。

[10]Leland E. Modesitt. The Mutual Fund－A Corporate Anomaly. *UCLA Law Rev*, Vol. 14, No. 2, 1967.

[11]Tom Baker. On the Genealogy of Moral Hazard. *Texas Law Review*, Vol . 237, No. 75, 1996.

[12]S. Ross. The Economic Theory of Agent: The Principal's Problem. *American Economic Review*, Vol . l63, No. 1, 1971.

[13]Joseph E. Stiglitz. Market, Market Failures, and Development. *American Economic Review*, Vol. 79, No. 5, 1989.

[14]Grossman, G. and Hart, O. The Costs and Benefits of Ownership: A Theory of Vertical and Lateral Integration. *Journal of Political Economy*, Vol. 194, No. 3, 1978.

[15]Brown K. K. C., W. V. Harlow, and L. T. Stacks. The Tournaments and

Temptations, an Analysis of Managerial Incentives In the Mutual Fund Industry. *Journal of Financial*, Vol. 5, 1996.

[16] Glick. Mutual Fund Management Fees: In Search of a Standard. *Bus. Law*, Vol. 26, No. 1, 1970.

[17] Paula Dwyer. Mutual Funds: Carpe Diem. *Business Week*, No. 4, 2004.

[18] James Pethokoukis. Time for an Accent?. *U. S. A News and World Report*, No. 5, 2004.

[19] Richard D. Schuler. Fiduciary Obligations of Mutual Fund Managers in Portfolio Transactions. *Syracuse Law Reviews*, Vol. 22, No. 1, 1970.

[20] Division of Investment Management, SEC, *Protecting Investors: A Half—Century of Investment Company Regulation*, 1992.

[21] George Djurasovic. The Regulation of Socially Responsible Mutual Funds. *Iowa J. Corp. L.*, Vol. 22, No. 1, 1997.

[22] Walter Werner. Protecting the Mutual Fund Investors: The SEC Reports on the SEC. *Colum. Law Review*, Vol. 68, No. 3, 1968.

[23] Joseph W. Bartlett, Stephen PL Dowd. Section 17 of the Investment Company Act—An Example of Regulation by Exemption. *Del. J. Corp. L*, Vol. 8, No. 3, 1984.

[24] Lawrence M. Greene. Fiduciary Standards of Conduct under the Investment Company Act of 1940. *Geo. Wash. L. Rev*, Vol. 28, No. 2, 1960.

[25] Clarke Randall. Fiduciary Duty of Investment Company Directors and Management Companies Act Under the Investment Company Act of 1940. *Okla. L. Rev*, Vol. 31, No. 1, 1978.

[26] Rottenberg. Developing limits on Compensation of Mutual Fund Advisors, *Harv. L. Rev*, Vol. 309, No. 4, 1970.

[27] Samuel S. Kim. Mutual Funds: Solving the Shortcomings of the Independent Director Response to Advisory Self—Dealing through Use of the Undue Influence Standard, *Colum. L. Rev*, Vol. 474, No. 2, 1998.

[28] Rosenblat & Lybecker. Some Thoughts on the Federal Securities Laws Regulating External Investment Management Arrangements and the All Federal Securities Code Project, *U. Pa. L. Rev*, Vol. 124, No. 1, 1976.

[29] Robert G. Leonard. The Second Circuit Review—1982—1983 Term: Secu-

rity: Shareholder Actions Against Mutual Fund Investment Advisers: Placing Limits on the Demand Requirement. *Brooklyn L. Rev*, Vol. 50, No. 3, 1984.

[30]Mundheim . Some Thoughts on the Duties and Responsibilities of Unaffiliated Directors of Mutual Funds. *Pa. L. Rev*, Vol. 115, No. 14, 1967.

[31] Harvey e. Bines. Modern Portfolio Theory and Investment Management Law: Refinement of Legal Doctrine. *Colum. L. Rev.* Vol. 23, No. 1, 1976.

[32]Lawrence M. Greene. Fiduciary Standards of Conduct under the Investment Company Act of 1940 *Geo. Wash. L. Rev*, Vol. 28, No. 3, 1960.

[33]Jefery N. Gordon. The Puzzliny Persistence of the Constrained Prudent Man Rule. *N. Y. U. L. Rev*, Vol. 62,1987.

[34]Robert J. Aatbers & Percy s. Roon. The New Prudent Investor Rule and the Modern Portfolio Theory: A new Direction for Fiduciaries. *American Business Law Journal*, Vol. 34, 1996.

[35]Roger M. Klein. Who will Manage the Managers? The Investment Company Act's Antipyramiding Provision and its Effect on the Mutual Fund Industry. *Ohio St. L. J.* Vol. 59, 1998.

[36]John D. Rea, Richard Marchis. Mutual Fund Shareholder Activity during U. S. Stock Market Cycles. *Perspective*, No. 2,1996.

[37]William P. Rogers & James N. Benedict. Money Market Fund Management Fees: How Much is Too Much? . *N. Y. U. L. Rev*, Vol. 57,No. 34, 1982.

[38]David Strums. Enhancing the Effectiveness of Independent Directors: Is the System Broken, Creaking or Working. *Villanova Journal of Law Investment Management*, Vol. 42, No. 4, 1999.

[39]Forum on Mutual Fund Governance Issues. *Mutual Fund Market News*, Vol. 23, No. 5, 1999.

[40]Brian K. Reid, Samuel Ankrah, Kimberiee Millar, Mutual Fund Developments in 1997. *Perspective*, No. 4, 1998.

[41]Matthew Sevick, Peter Tufano. Board Structure and Fee－Setting in the U. S. Mutual Fund Industry. *Journal of Financial Economics*, Vol. 57, No. 4,1997.

[42]Brian K. Reid, Kimberlee W. millar. Mutual Fund Developments in 1998. *Perspective*, Vol. 5, No. 3,1999.

[43]Mike Garrity. Case Questions Levitt's Views. *Mutual Fund Market News*, No. 19, 1997.

[44]Matthew Sevick, Peter Tufano. Costly Search and. Mutual Fund Flows. *Journal of Finance*, Vol. 134, No. 5, 1998.

[45] Matthew P. Fink. Mutual Fund Regulation: Forging a New Federal and State Partnership . *Perspective*, Vol. 12, No. 2,2001.

[46] Richard M. Phillips. Mutual Fund Independent Directors: A Model for Corporate: A Model for Corporate America? . *Perspective*, Vol. 21, No. 4, 2003.

[47]Frank Easterbrook and Daniel Fischel. Mandatory Disclosure and the Protection of Investors. *Virginia Law Review*, Vol. 70, No. 123, 1984.

[48]Roberta Romano. Empowering Investors: A Market Approach to Securities Regulation. *Yale Law Journal*, Vol. 107, No. 296, 1998.

[49]Stephen J. Choi and Andrew Guaman. Portable Reciprocity: Rethinking the International Reach of Securities Regulation. *California Law Review*, Vol. 71,1998.

[50]John C. Coffee, Jr. Rescuing the Private Attorney General: Why the Model of the Lawyer as Bounty Hunter is not Working. *Md. L. Rev*, Vol. 42, No. 214, 1983.

[51]Edwin H. Sutherland. Is White Collar Crime Crime. *American Sociological Review*, Vol. 10, 2002(10).

[52]David C. Weiss. Comments and Note: The Effect of Section 36(b) of the Investment Company Act of 1940 on the "Demand Requirement" of Federal Rules of Civil Procedure 23. 1: Weiss v. Temporary Investment Fund, Inc. *Del. J. Corp. L.* Vol. 67,No. 7,1983.

[53]Robert G. Leonard. The Second Circuit Review—1982—1983 Term: Security: Shareholder Actions Against Mutual Fund Investment Advisers: Placing Limits on the Demand Requirement. *Brooklyn L. Rev*, Vol. 50, No. 5, 1984.

[54]John. A. Otoshi. Note: Class Action Treatment of Shareholders's Suits

under Section 36(b) of the Investment Company Act. *Colum. L. Rev*, Vol. 83, No. 1, 1983.

[55]Maher. Implied Private Rights of Action and the Federal Securities Laws: A Historical Perspective. *Wash & Lee L. Rev*, Vol. 37, No. 1, 1980.

[56]Kartering Carruth Link. Implied Private Rights of Action Under the Investment Company Act of 1940. *Wash & Lee L. Rev*, Vol. 40. No. 1, 1983.

[57]Loomis & Eisenberg. the SEC as Amicus Curiae in Shareholder Litigation—A Reply. *A. B. A. J.* Vol. 52, 1966.

三、主要网站

[1]www. lexis. com,收录本书引用的部分英文论文及美国案例,收费网站。

[2]www. westlaw. com,收录本书引用的部分英文论文及美国案例,收费网站。

[3]www. heionline. org,收录本书引用的部分英文论文及美国案例,收费网站。

[4]www. sec. gov,美国证券交易委员会网站,本书有关 SEC 的规则及相关资料来源此网站,免费网站。

[5]www. ici. org,美国投资公司协会网站,本书有关美国投资基金数据及资料来源于此网站,免费网站。

[6]www. chinafund. cn,中国基金网,本书有关我国投资基金发展的数据及最新资料来源于此网站,免费网站。

[7]www. csrc. gov. cn,中国证监会网站,有关我国投资基金的法律、法规和行政规章均来源于此网站,免费网站。

后　记

本书是在我的博士论文基础上修改而成的。三年的博士求学经历是短暂的，遥想当年紧张备考、法学院的面试、导师的第一次接见，都似在眼前，犹在耳边；然而三年的求学生涯又是漫长的，当年仅凭对国家级重点学科——厦门大学国际法的仰慕之情和一股“初生牛犊不怕虎”的豪气决定攻读法学博士学位时，我对后面学业完成的艰辛与困难是始料不及的。博士三年，我几乎是在图书馆、教室、食堂与宿舍四点一线中度过，特别是在最后一年的博士论文创作期间，由于宿舍被安排在厦门大学制高点凌云八号楼的最高层，我更是深居简出，过着十足的“宅男”生活：常常为论文章节的构思夜不能寐，期间数易文稿，既充满了快感，又历经彷徨、恐慌与兴奋，而今面对即将付梓的论文，不禁百感交集，感激之情油然而生。

首先，我要感谢我的导师李国安教授和师母肖彬女士，攻读博士学位这些年来，李老师不仅授我以知识，诲我以研学之径、为人之道，他那种一丝不苟、恬淡儒雅的学者风范更深深地影响和感染了我。正是在李老师微笑与宽容演绎的氛围中，我爬出了许多“青涩”的格子，并一次次体验到文章发表后的快乐。而就本博士论文而言，无论是从题目的拟定到结构的安排，还是从具体内容的撰写到措辞的推敲，都倾注了李老师大量的心血。尤其是在最后一年，李老师远赴日本做访问学者，但每周仍通过电子邮件对我进行学术指导，帮我克服了一个又一个难题。师恩浩荡，无以言表，弟子唯有以今后不懈的努力和不断的进步方能报答。师母肖彬女士更像我的姐姐一样，在学习和生活上给了我莫大的关心与帮助，她的开朗和活泼像阳光一样冲散了我生命中曾有的阴霾，使我彻底变成了一个乐观豁达之人。

其次，我也要把同样诚挚的谢意献给我尊敬的厦门大学国际经济法学科组的陈安教授、曾华群教授、徐崇利教授和廖益新教授，感谢他们在三年期间对我无私的教育和帮助。陈安教授作为我国国际经济法学界公认的学术泰斗，我常常以能当面得到他专业知识的传授和为人、为学方面的教导而自豪。身处繁华、富庶的经济特区，难免会受到校园外的现实世界所袭扰，每每有急功近利之念头，陈老师的那句“板凳甘坐十年冷，文章不写半句空”的教导就令我十分汗颜，给予我鞭策。而曾华群教授的和蔼可亲、平易近人与乐于提携后进的大师风范令我至今回想起来“犹暖心头”；徐崇利教授那勇攀学术高峰的科研干劲和旁征博引、洋洋洒洒的教学风格令我“虽不能至，但心却向往之”；而廖益新教授那渊博的税法知识更填补了我知识结构固有的缺陷与空白。

同时，我要感谢武汉大学法学院的李仁真教授，上海交通大学法学院的徐冬根教授和辽宁大学法学院的杨松教授，作为厦门大学法学院聘请的校外评审专家，他们对我博士学位论文进行了认真的审阅，做出了权威的评语，提出了宝贵的意见，评定了公正的等级。能够得到上述三位著名教授的评审与指点，我感到非常的幸运。特别是李仁真教授，当时还不远千里从北京飞往厦门来主持我和其他几位同学论文的答辩，令我倍感激动。当然，我也要感谢论文答辩组的其他成员，包括曾华群教授、古祖雪教授、傅崐成教授与邹立刚教授四人，是他们在答辩会上对我论文轮番近乎“尖酸刻薄”般的挑剔与指点迷津，才使我的论文更上一层楼。

再次，我要感谢厦门大学法学院国际经济法研究所国际法文库系列的出版资助，感谢厦门大学出版社的施高翔编辑，他的辛勤劳动使本书稿最终得以出版。

最后，我要感谢我的家人：感谢我故去的父亲陈炳光，因为他，我明白了男人的责任，即便再苦再累，我也会去支撑整个家庭；感谢我的母亲林秀琴，因为她，我懂得了平凡中的伟大，哪怕点点滴滴，我也会去孝敬晚年的她；感谢我的妻子蔡彬妮，因为她，我知道了生活的美丽，就是步履蹒跚，我也会和她相扶到老！

此外，我也非常怀念和珍惜曾经在厦大一起学习和共同进步的张晓凌、陈延忠、王海浪、韩秀丽、吕微平、江海平、缪心毫、余锋、许楚敬、钟付和、吴永辉、李文青、庄玉友、原凯等诸多学友，如果少了他们的鼓励与帮助，我的厦大生活定会黯然失色。

2008 年 8 月，博士后出站后，我开始任教于华侨大学法学院，在此，我要感谢钟伟丽书记和王敏远院长及张德瑞副院长，戴仲川副院长，白晓东副主任等其他各位领导和同事对我的支持和帮助。

末了，我想还是借用歌德的那句名言来作为总结吧，那就是：理论是灰色的，但生命之树常青！愿以此自勉，并祝愿上述的好人一生平安！

陈斌彬

2008 年 10 月 1 日于厦门寓所

图书在版编目(CIP)数据

证券投资基金管理人不当行为的法律规制/陈斌彬著.—厦门:厦门大学出版社,2009.4
(厦门大学国际经济法文库/陈安主编)
ISBN 978-7-5615-3263-8

Ⅰ.证… Ⅱ.陈… Ⅲ.证券投资基金法—研究 Ⅳ.912.280.4

中国版本图书馆 CIP 数据核字(2009)第 049797 号

厦门大学出版社出版发行
(地址:厦门市软件园二期望海路 39 号 邮编:361008)
http://www.xmupress.com
xmup @ public.xm.fj.cn
厦门金凯龙印刷有限公司印刷
2009 年 4 月第 1 版 2009 年 4 月第 1 次印刷
开本:880×1230 1/32 印张:10.75 插页:2
字数:284 千字 印数:1～2 000 册
定价:22.00 元